Les Cantons-de-l'Est

Paysages • Histoire • Attraits

Crédits photos:
• Photo fournie par Richard Thouin, 85
• Jacques Valiquette, 119
• *Orford Express*, 331
• Marie-José Auclair, 2, 3, 30, 33, 36, 42, 43, 48, 75H, 79, 95, 108, 111, 138B, 139H, 140, 141H, 142, 143, 146B, 147B, 148, 150H, 162, 163, 164H, 167, 196H, 200, 210, 212B, 223, 224, 227, 228H, 229, 251, 267, 289, 338, 356, 364B, 366H, 369H, 371H, 388H, 391B, 393B, 396, 397

Conception graphique: François Daxhelet
Infographie: Luisa da Silva
Traitement des images: Mélanie Sabourin
Révision et correction: Marie-Annick Thabaud

Catalogage avant publication de Bibliothèque et Archives nationales du Québec et Bibliothèque et Archives Canada

Laramée, Paul

Les Cantons-de-l'Est: paysages, histoire, attraits

1. Cantons-de-l'Est (Québec). 2. Cantons-de-l'Est (Québec) - Histoire. 3. Cantons-de-l'Est (Québec) - Ouvrages illustrés. I. Auclair, Marie-José. II. Titre.

FC2943.4.L37 2007 917.4'6 C2007-940595-9

Pour joindre les auteurs:
mariejoseauclair@videotron.ca
paullaramee@videotron.ca

05-07

Dépôt légal: 2007
Bibliothèque et Archives nationales du Québec

ISBN 978-2-7619-2366-8

DISTRIBUTEURS EXCLUSIFS:

• Pour le Canada et les États-Unis:
MESSAGERIES ADP*
2315, rue de la Province
Longueuil, Québec J4G 1G4
Tél.: (450) 640-1237
Télécopieur: (450) 674-6237
*une division du Groupe Sogides inc.,
filiale du Groupe Livre Quebecor Média inc.

• Pour la France et les autres pays:
INTERFORUM editis
Immeuble Paryseine, 3, Allée de la Seine
94854 Ivry CEDEX
Tél.: 33 (0) 4 49 59 11 56/91
Télécopieur: 33 (0) 1 49 59 11 33
Service commandes France Métropolitaine
Tél.: 33 (0) 2 38 32 71 00
Télécopieur: 33 (0) 2 38 32 71 28
Internet: www.interforum.fr
Service commandes Export – DOM-TOM
Télécopieur: 33 (0) 2 38 32 78 86
Internet: www.interforum.fr
Courriel: cdes-export@interforum.fr

• Pour la Suisse:
INTERFORUM editis SUISSE
Case postale 69 – CH 1701 Fribourg – Suisse
Tél.: 41 (0) 26 460 80 60
Télécopieur: 41 (0) 26 460 80 68
Internet: www.interforumsuisse.ch
Courriel: office@interforumsuisse.ch
Distributeur: OLF S.A.
ZI. 3, Corminboeuf
Case postale 1061 – CH 1701 Fribourg – Suisse
Commandes: Tél.: 41 (0) 26 467 53 33
Télécopieur: 41 (0) 26 467 54 66
Internet: www.olf.ch
Courriel: information@olf.ch

• Pour la Belgique et le Luxembourg:
INTERFORUM editis BENELUX S.A.
Boulevard de l'Europe 117,
B-1301 Wavre – Belgique
Tél.: 32 (0) 10 42 03 20
Télécopieur: 32 (0) 10 41 20 24
Internet: www.interforum.be
Courriel: info@interforum.be

Gouvernement du Québec – Programme de crédit d'impôt pour l'édition de livres – Gestion SODEC – www.sodec.gouv.qc.ca

L'Éditeur bénéficie du soutien de la Société de développement des entreprises culturelles du Québec pour son programme d'édition.

Le Conseil des Arts du Canada
The Canada Council for the Arts

Nous remercions le Conseil des Arts du Canada de l'aide accordée à notre programme de publication.

Nous reconnaissons l'aide financière du gouvernement du Canada par l'entremise du Programme d'aide au développement de l'industrie de l'édition (PADIÉ) pour nos activités d'édition.

Marie-José Auclair
Paul Laramée

Les Cantons-de-l'Est

Paysages • Histoire • Attraits

LES ÉDITIONS DE L'HOMME

Remerciements

Cet ouvrage n'aurait pu voir le jour sans l'aide de nombreux collaborateurs pour le travail de recherche, de documentation, de validation et de repérage photographique.

Nous tenons tout d'abord à souligner l'existence de deux livres réalisés par l'Institut québécois de recherche sur la culture et qui se sont révélés être des ouvrages de référence indispensables. Il s'agit de l'*Histoire des Cantons-de-l'Est,* rédigé sous la direction de Jean-Pierre Kesteman, et de *l'Histoire du Piémont des Appalaches,* écrit sous la direction de Mario Gendron. Ces livres nous ont grandement inspirés et nous ont permis d'illustrer, par les mots et les images, l'histoire et le patrimoine estriens. Par ailleurs, le *Cybermagazine Patrimoine des Cantons* de l'Association des Townshippers, alimenté notamment par Matthew Farfan et Richard Roy, a, lui aussi, été une source intarissable d'informations. Merci à tous ces auteurs.

Nous sommes particulièrement reconnaissants envers le personnel de Tourisme Cantons-de-l'Est, notamment Alain Larouche, Danie Béliveau et Marie-France Bourdages, pour leur soutien, leurs judicieux conseils et leur grande disponibilité.

Nous voulons également exprimer toute notre gratitude à Louise Gratton, écologiste auprès de Conservation de la nature ; à Claude Chapdelaine, du département d'anthropologie de l'Université de Montréal ; à Gérard Leduc, de l'Association du patrimoine de Potton ; à Michel Fortin, de la Maison du granit à Lac-Drolet ; à Jacques Boisvert, de la Société d'histoire du Lac Memphrémagog à Magog ; et à Brigitte De Souza, de BM Artemis à Knowlton. Leurs indications, leurs conseils et la validation d'informations en rapport avec divers aspects de l'histoire et de l'environnement nous ont été très précieux.

En ce qui concerne le patrimoine et l'accueil des Estriens, merci à Louise Gauvin, de Tourisme Sherbrooke ; à Lyne Brault, du CLD Brome-Missisquoi ; à Cynthia Langevin, de Tourisme Granby-Bromont ; à Manon Vaillancourt, de la Maison de la culture de Dudswell ; à Lysanne Gallant, des Productions Traces et Souvenances ; et à Diane Lauzon, de la Municipalité d'East Hereford, pour les informations qu'elles nous ont données.

Notre travail fut amplement facilité par la collaboration du personnel des parcs nationaux, en particulier Marie-Georges Bélanger et Sébastien

Giguère, du parc national du Mont-Mégantic, Annie Béliveau, du parc national du Mont-Orford, Éric Lessard, du parc national de Frontenac, ainsi qu'Annie Choinière et Alain Mochon, du parc national de la Yamaska. Leurs permissions spéciales et leur aide sur le terrain furent grandement appréciées.

Pour avoir épaulé le travail photographique et la collecte d'informations, nous tenons à exprimer notre reconnaissance à Patrice Poissant, de Tourisme Québec ; à Marika Perron, de la Société des établissements de plein air du Québec (Sépaq) ; à Jocelyna Dubuc, du Spa d'Eastman ; à Jean-Philippe Bourassa et à Joannie Chartier, de Massawippi Aventures ; et à Benoît Gélineau, de la station Au diable vert.

Merci également à toutes les personnes que nous avons croisées et qui nous ont permis de découvrir une partie de l'immense richesse des Cantons-de-l'Est.

Nous espérons que tous ces auxiliaires formidables trouveront une gratification dans ce livre.

◀ **Superbe grange dans le paysage rural de Lambton.**

Avant-propos

◀ En bordure du ruisseau Ruiter.

Aux Estriens...

Je n'habite pas dans les Cantons-de-l'Est, mais eux, ils m'habitent. Cette région est unique! Située aux confins méridionaux du Québec et à proximité des grands centres urbains, elle nous transporte dans un monde exceptionnel par la diversité des paysages et des lieux habités.

Le relief ondulé, les montagnes richement boisées ainsi que les nombreux lacs et rivières procurent aux Cantons une grande variété d'habitats naturels. Les terres cultivées alternant avec les milieux forestiers composent un paysage rural enchanteur.

Le peuplement des Cantons-de-l'Est par des immigrants d'origines variées et aux mœurs différentes est bien singulier par rapport aux autres contrées du Québec. Le mode de vie et le passé culturel des premiers habitants demeurent inscrits dans le patrimoine architectural. Les ponts couverts, les granges rondes, les maisons, les églises de diverses confessions religieuses et les cimetières rappellent encore ces pionniers.

De nos jours, les lacs des Cantons-de-l'Est sont les plus grands plans d'eau des régions habitées du Québec. Plusieurs d'entre eux sont très recherchés pour la navigation ou... la tranquillité. Grâce à ses massifs montagneux, la région est aussi d'un grand intérêt pour les adeptes des activités sportives en pleine nature, et ce, pendant les quatre saisons.

Mais la plus grande richesse des Cantons réside dans le cœur de ses résidents. La chaleur des Estriens se ressent à la manière dont ils accueillent les visiteurs dans les établissements hôteliers de grande qualité et les restaurants de haute gastronomie, où ils savent parfaitement mettre en valeur les nombreux produits de leur terroir. Par ailleurs, ils ne ménagent pas leurs efforts pour leur présenter leurs trésors culturels ou naturels et les inviter à des événements des plus divertissants.

Par ces mots et ces images, j'ai tenté d'illustrer la merveilleuse mosaïque de milieux naturels et humains qu'offre les Cantons-de-l'Est et de vous faire partager mon amour pour cette région. Je vous invite donc à vous écarter des sentiers battus, à vous perdre dans l'arrière-pays et à faire votre propre lecture du paysage estrien. Bonne route!

MARIE-JOSÉ AUCLAIR

Géographie

◀ Sur les contreforts des Appalaches, la forêt est essentiellement composée de feuillus, notamment d'érables à sucre. C'est eux qui font toute la richesse et la beauté des Cantons-de-l'Est. À l'automne, peu de régions déploient un tel éventail de couleurs flamboyantes. Cette photo montre l'étang aux Castors, dans les monts Sutton, un joyau de la nature.

Les Cantons-de-l'Est, une diversité de paysages

▼ Photo de gauche : Ces clôtures de perches rappellent la Nouvelle-Angleterre, dont de nombreux colons étaient originaires.

◀ Photo de droite : Couleurs incendiaires de l'automne.

Grâce à ses vastes plateaux, à ses chaînes de montagnes aux profils arrondis et à ses villages nichés au creux des vallées, la région touristique des Cantons-de-l'Est présente toute une mosaïque de paysages pittoresques. Cette région au charme anglo-saxon en sol québécois est unique en Amérique du Nord. À moins d'une heure de Montréal en voiture (80 km) et non loin de Québec (120 km), elle nous offre un dépaysement total. Le long de milliers de kilomètres de routes secondaires, elle recèle d'innombrables trésors naturels, culturels et historiques.

Cette contrée s'étend sur plus de 15 000 km^2, soit approximativement 1 % de la superficie du Québec, ce qui équivaut à la moitié de l'étendue de la Belgique. Au sud, elle est bordée par la frontière de trois États américains, le Vermont, le New Hampshire et le Maine, et au nord, par la plaine du Saint-Laurent, dont elle se démarque par ses reliefs ondulés et ses immenses plateaux. Elle est rattachée à la très vieille chaîne de montagnes des Appalaches.

Les Townships

Géographiquement, les Cantons-de-l'Est correspondent à la région du Québec délimitée à l'ouest par les rivières Richelieu et Yamaska ; au sud par la frontière du Vermont ; au sud-est par les frontières du New Hampshire et du Maine ; à l'est et au nord par la rivière Chaudière et le fleuve Saint-Laurent. Fondé en 1792 par décret des autorités britanniques du Bas-Canada (Québec), cet énorme territoire fut finalement subdivisé en 95 cantons. La plupart des noms donnés à ces cantons furent tirés du répertoire toponymique britannique.

Dans les Cantons-de-l'Est se trouvent les plus grands lacs des régions habitées du Québec, des lacs propices aux activités récréatives et à la détente ; le plus impressionnant est sans contredit le lac Memphrémagog, qui s'étend sur 44,5 km de long jusqu'à New Port, dans l'État américain du Vermont. Accrochés aux flancs des collines, les hameaux présentent un cachet imprégné de l'architecture de style Nouvelle-Angleterre. L'influence des colons loyalistes établis au XVIIIe siècle est encore bien visible dans le patrimoine bâti, qui évoque ainsi tout un pan de l'histoire du Québec. Le secteur agricole, notamment le domaine de la production laitière, joue un rôle prépondérant dans l'économie de la région. Témoins d'un riche passé agricole, les paysages comportent de spectaculaires percées visuelles sur les lacs et les montagnes, lesquelles offrent de magnifiques panoramas. Environ 418 000 personnes sont réparties dans plus d'une centaine de villes et villages. En dehors des principaux pôles urbains, soit Asbestos, Bromont, Coaticook, Cowansville, Farnham, Granby, Lac-Brome, Lac-Mégantic, Magog, Sherbrooke, Shefford et Windsor, la plupart des localités comptent moins de 5 000 âmes.

Au XIXe siècle, la majorité des habitants, issus des familles pionnières d'origine américaine aussi bien que britannique, étaient d'expression anglaise. Puis, enrichie d'une vigoureuse souche canadienne-française provenant des seigneuries des rives du Saint-Laurent, la population est devenue essentiellement francophone. De nos jours, elle l'est à 94 %. Toutefois, quelques localités, comme Lac-Brome dans la région de Brome-Missisquoi et Bolton-Ouest, Ayer's Cliff, Hatley ou North Hatley dans la région de Memphrémagog, demeurent de véritables bastions pour la minorité anglophone.

Figure 1: Les Cantons-de-l'Est

Source: Tourisme Cantons-de-l'Est

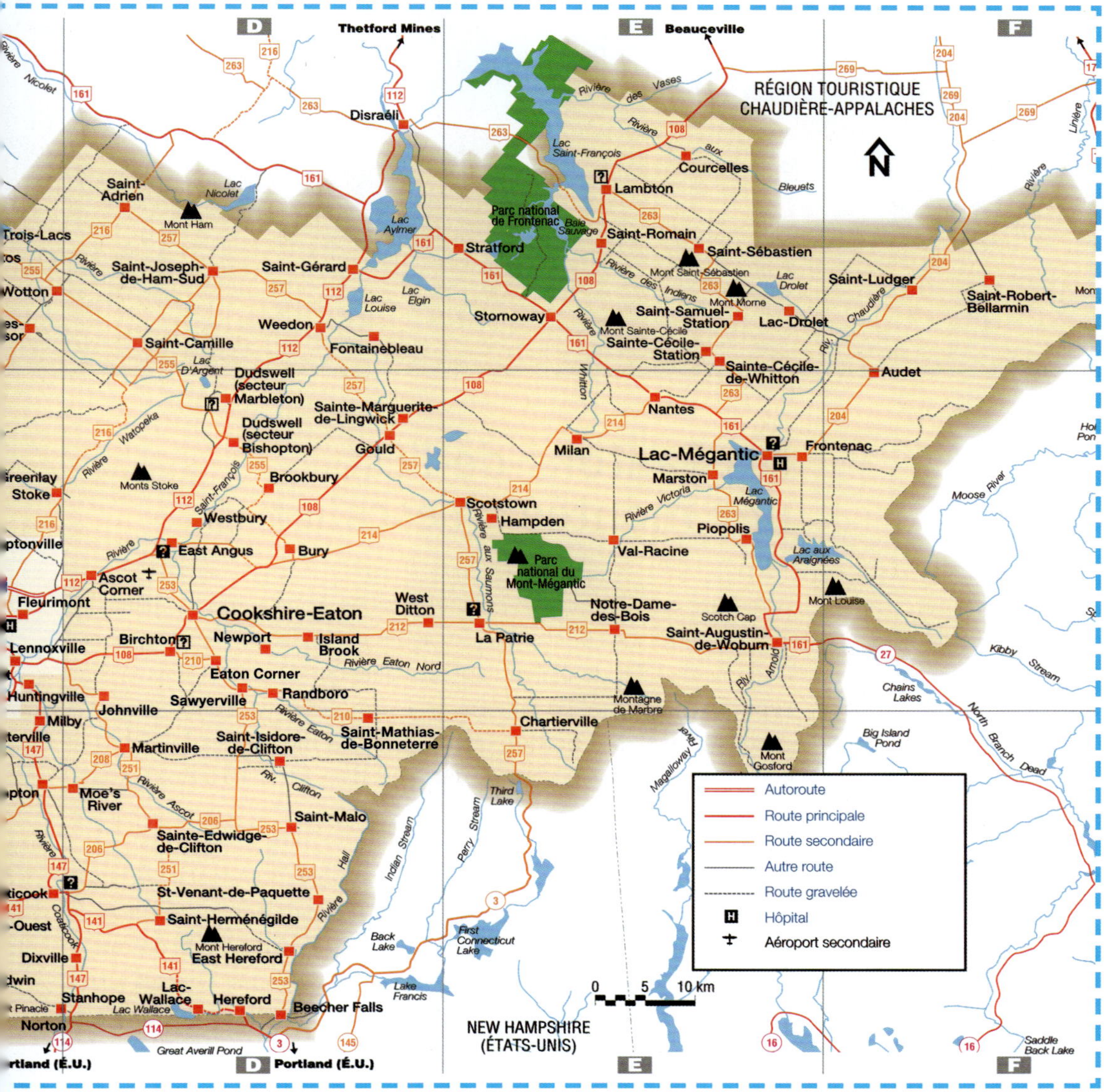

D
E
F
Thetford Mines
Beauceville
RÉGION TOURISTIQUE
CHAUDIÈRE-APPALACHES
N
Disraéli
Lac Saint-François
Rivière des Vases
Rivière aux Bleuets
Courcelles
Lambton
Parc national de Frontenac
Baie Sauvage
Saint-Romain
Saint-Sébastien
Mont Saint-Sébastien
Lac Drolet
Mont Morne
Saint-Ludger
Saint-Robert-Bellarmin
Lac-Drolet
Rivière Chaudière
Saint-Adrien
Lac Nicolet
Mont Ham
Rivière Nicolet
Saint-Joseph-de-Ham-Sud
Saint-Gérard
Lac Aylmer
Stratford
Lac Louise
Lac Elgin
Stornoway
Rivière des Indiens
Mont Sainte-Cécile
Saint-Samuel-Station
Sainte-Cécile-Station
Sainte-Cécile-de-Whitton
Audet
Weedon
Fontainebleau
Saint-Camille
Lac D'Argent
Dudswell (secteur Marbleton)
Dudswell (secteur Bishopton)
Sainte-Marguerite-de-Lingwick
Gould
Rivière Whitton
Nantes
Milan
Lac-Mégantic
Frontenac
Marston
Lac Mégantic
Rivière Victoria
Piopolis
Monts Stoke
Rivière Watopeka
Brookbury
Rivière Saint-François
Westbury
Scotstown
Hampden
Rivière aux Saumons
Parc national du Mont-Mégantic
Val-Racine
Lac aux Araignées
Moose River
East Angus
Bury
Ascot Corner
Fleurimont
Mont Louise
Cookshire-Eaton
West Ditton
Notre-Dame-des-Bois
Scotch Cap
Saint-Augustin-de-Woburn
Lennoxville
Birchton
Newport
Island Brook
La Patrie
Rivière Eaton Nord
Rivière Arnold
Kibby Stream
Eaton Corner
Randboro
Chains Lakes
Huntingville
Johnville
Sawyerville
Montagne de Marbre
North Branch Dead
Milby
Rivière Eaton
Saint-Mathias-de-Bonneterre
Chartierville
Big Island Pond
Martinville
Saint-Isidore-de-Clifton
Magalloway River
Mont Gosford
Moe's River
Rivière Ascot
Rivière Clifton
Third Lake
Saint-Malo
Sainte-Edwidge-de-Clifton
Indian Stream
Perry Stream
Rivière Hall
St-Venant-de-Paquette
Rivière Coaticook
Saint-Herménégilde
Mont Hereford
East Hereford
Back Lake
First Connecticut Lake
Dixville
Lac-Wallace
Stanhope
Hereford
Beecher Falls
Lake Francis
Lac Wallace
Norton
Great Averill Pond
Portland (É.U.)
NEW HAMPSHIRE
(ÉTATS-UNIS)
Saddle Back Lake
0 5 10 km
Autoroute
Route principale
Route secondaire
Autre route
Route gravelée
Hôpital
Aéroport secondaire

Les Cantons-de-l'Est, une montée en escalier

▲ Le piedmont des Appalaches borde les véritables reliefs appalachiens.

À mesure que l'on progresse au cœur des Appalaches, le relief des différentes régions s'accentue: le piedmont, en façade nord-ouest des Cantons-de-l'Est; le plateau appalachien, qui occupe la plus grande superficie de l'espace estrien; et les montagnes frontalières, qui correspondent à la portion québécoise des montagnes Blanches et constituent une mince bande de territoire dans les Hautes-Appalaches.

Le piedmont des Appalaches

Au nord-ouest des Cantons-de-l'Est, le piedmont des Appalaches borde la plaine du Saint-Laurent. Compris dans la région administrative de la Montérégie, il couvre les régions touristiques de **Granby-Bromont** et la partie ouest de **Brome-Missisquoi.** Appelée aussi «basses terres appalachiennes», la région s'étend largement autour de Granby et constitue une transition entre la plaine du Saint-Laurent et les véritables reliefs appalachiens. L'altitude de cette plaine ondulée augmente à mesure que l'on s'approche des Appalaches. À l'extrême sud-ouest du territoire, les environs de la baie Missisquoi, de Notre-Dame-de-Stanbridge, de Stanbridge East et de Farnham forment une vaste étendue plane. Par conséquent, ils ne font pas partie des gradins du piedmont mais plutôt de la plaine du Saint-Laurent. Une exception cependant: Saint-Armand, dont les collines frisant 100 m d'altitude annoncent déjà le piedmont.

Les paliers du piedmont

Dans la région du piedmont des Appalaches, le relief présente plusieurs paliers, bien visibles. Un premier, celui de Farnham, longe la limite occidentale des Cantons-de-l'Est à une altitude de 60 à 90 m. Les villes de Granby et de Cowansville sont établies le long d'un deuxième gradin large de 5 à 10 km et d'une altitude moyenne de 120 m. Vers l'est, un troisième palier, celui de Brome, s'élève à 245 m et se distingue par les collines montérégiennes de Brome et Shefford, qui tranchent avec les alentours. Enfin, un dernier gradin qui s'étend du mont Pinacle vers Valcourt atteint 315 m d'altitude.

Malgré leur hauteur relativement faible, les collines montérégiennes de Brome (553 m) et Shefford (519 m) se détachent nettement du paysage plat auquel elles donnent du relief. Résultant du retrait de la mer de Champlain, de petits lacs peu profonds se sont comblés de matière végétale pour former des dépressions marécageuses, comme le lac Boivin à Granby et l'étang Roxton. Le paysage rural du piedmont témoigne de la richesse du sol argileux et des conditions climatiques clémentes dont bénéficie cette partie du Québec.

Figure 2 : Les régions naturelles des Cantons-de-l'Est

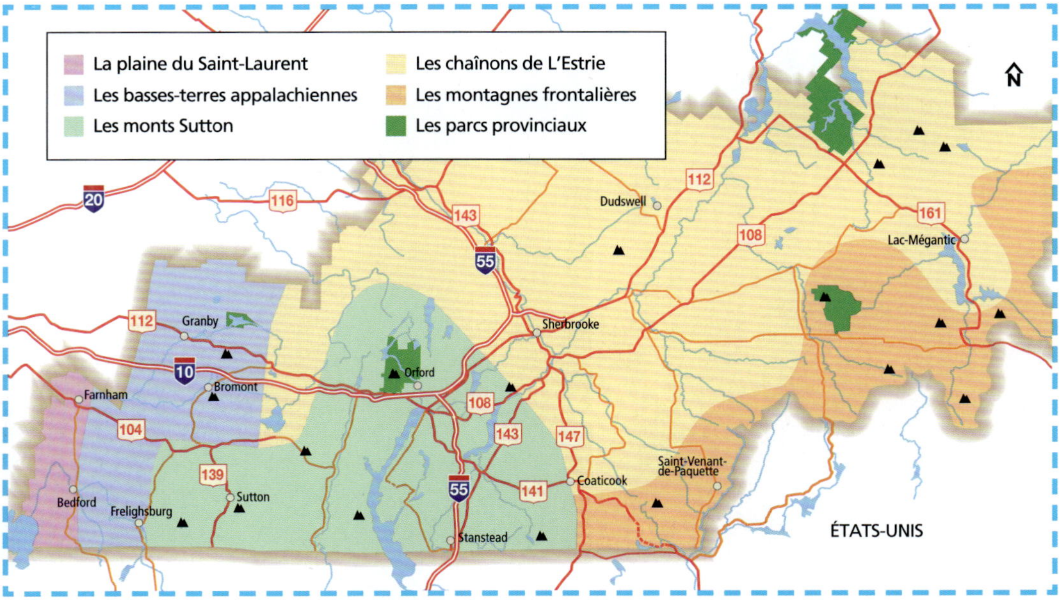

Source : Le Québec au naturel

La région de **Granby-Bromont,** ou Haute-Yamaska, constitue une porte d'entrée des Cantons-de-l'Est le long de l'autoroute 10 (sorties 68 à 90). Bien que celle de Granby soit propice à l'agriculture, elle possède également une longue tradition industrielle, amorcée par des familles anglophones à la fin du XIXe siècle. Aujourd'hui, grâce à plusieurs événements populaires, notamment le Festival international de la chanson et l'International des voitures anciennes, Granby mérite bien son titre de princesse des Cantons-de-l'Est. Cette municipalité s'est aussi dotée d'une structure majeure en matière de tourisme : un zoo. Située aux abords de la rivière Yamaska, elle jouit de la présence d'un lac, le lac Boivin. Trois magnifiques pistes cyclables aménagées sur d'anciens tronçons ferroviaires longent et surplombent ce plan d'eau. À Roxton Pond se trouve un des sites touristiques les plus attrayants et les plus populaires de la région : le parc national de la Yamaska, rendez-vous des baigneurs et des plaisanciers.

▼ Le lac Boivin, au cœur de la ville de Granby, a été ainsi nommé en l'honneur de Pierre-Horace Boivin, ancien maire de la ville et fondateur du célèbre Zoo de Granby. La fontaine, dont la gerbe d'eau s'élève à 45 m de hauteur, porte elle aussi le nom de cet homme.

L'environnement champêtre et la proximité du mont Shefford confèrent à Waterloo un charme indéniable. Située à l'est de Granby, cette jolie petite ville fut fondée par des anglophones au cours du XIXe siècle. Grâce à l'arrivée du chemin de fer en 1861, elle a connu une période faste. Les édifices patrimoniaux dont elle s'enorgueillit datent d'ailleurs de cette époque. Elle possède un circuit urbain réservé aux cyclistes, et plusieurs pistes cyclables de la région, notamment L'Estriade et La Campagnarde, convergent vers elle ; c'est pourquoi on la nomme la « capitale canadienne du vélo ».

▲ Réputée pour sa beauté, la région d'Iron-Hill attire les amoureux des chevaux.

Au pied de la montagne du même nom, la ville de Bromont s'illustre par ses nombreux attraits touristiques et les événements d'envergure internationale qui s'y déroulent, dont la prestigieuse compétition équestre l'International Bromont et les Championnats mondiaux de vélo de montagne. Le centre de ski et les terrains de golf des environs sont aussi très recherchés. Le cœur du village a conservé son cachet pittoresque et son patrimoine historique. Bromont se démarque également par son centre industriel et de haute technologie.

Le paysage et les activités de la région de **Brome-Missisquoi** sont en grande partie liés à sa situation entre la plaine du Saint-Laurent, à l'ouest, et les Appalaches, à l'est. Ainsi, l'agriculture domine largement dans la plaine, du côté occidental. Dans cette partie, on trouve les terres les plus fertiles de la région et un climat favorable aux grandes cultures. Plusieurs hameaux et villages charmants, tels que Pike River, Stanbridge East, Bedford et Notre-Dame-de-Stanbridge, se prélassent le long de la rivière aux Brochets. Les anciens moulins à eau et les ponts couverts dévoilent des vestiges d'une exploitation hydraulique bien particulière. Quant aux centres urbains de Cowansville et de Farnham, ils offrent une large gamme de biens et services.

◄ Page 20 : La Montérégiade.

C'est à Philipsburg, en bordure de la baie Missisquoi, que s'installèrent certains des premiers colons loyalistes dès 1784, dans l'attente que leur soient concédés des *townships*. De ce fait, l'influence de la Nouvelle-Angleterre se voit partout dans le paysage : l'emplacement des maisons en retrait du chemin, les massifs d'arbres de part et d'autre des routes, et surtout les modèles architecturaux d'inspiration loyaliste et anglaise. Construite en marbre provenant de la région, l'église de Philipsburg affiche le style *meeting house,* qui cadre bien avec la tradition méthodiste. Une carrière de marbre assura d'ailleurs la prospérité du village du début du XIXe jusqu'au milieu du XXe siècle. Cette industrie du marbre, qui fut dans les années 1930 la plus importante au Canada, permit l'édification de plusieurs bâtiments canadiens célèbres, comme le château Frontenac à Québec, l'édifice Sun Life à Montréal, le Royal Bank Building à Toronto et le parlement d'Ottawa.

▼ Pigeon Hill.

Les routes vallonnées dévoilent une suite de localités charmantes, dont Saint-Armand, Pigeon Hill et Hunter Mills. Pour découvrir Mystic, il faut s'éloigner de la route principale entre Farnham et Bedford. Une superbe grange de forme dodécagonale (la plus vieille du genre au Québec) témoigne du passé glorieux que connut ce hameau sous l'impulsion d'Alexander Salomon Walbridge, qui fit bâtir en 1864 une fonderie et un atelier de travail du métal. Avec son toit conique et ses 12 côtés, cette grange construite en 1882 atteste de l'imagination de son constructeur, inspiré par les plaques tournantes utilisées pour faire pivoter les locomotives.

Le plateau appalachien

Dans la portion centrale des Cantons-de-l'Est, le vaste plateau appalachien englobe la région administrative de l'Estrie, large ceinture autour de la ville de Sherbrooke. Selon le relief, on peut subdiviser cet immense territoire en deux sous-régions : les monts Sutton et les chaînons de l'Estrie.

À l'extrême sud du Québec, le massif des **monts Sutton** comprend la portion orientale de la région touristique **Brome-Missisquoi** et celle de **Memphrémagog.** Dans le prolongement des montagnes Vertes américaines, il s'étend de la frontière avec les États-Unis jusqu'aux environs de Saint-Denis-de-Brompton, au-delà du mont Orford. Il passe graduellement de plus de 900 m à moins de 200 m d'altitude. Généralement vallonné, le relief y est plus accentué dans le sud-ouest, où se trouvent des vallées encaissées. Cet ensemble montagneux comprend certains des plus hauts sommets du Québec

▼ Dominant le village de Frelighsburg, le mont Pinacle annonce les monts Sutton.

Estrie ou Cantons-de-l'Est... il faut faire la distinction

Depuis le début de la colonie, les Cantons-de-l'Est se démarquent des autres régions du Québec. Au moment où les basses-terres du Saint-Laurent étaient soumises au régime français et découpées en seigneuries, l'immense territoire correspondant aux terres du Sud québécois vers la frontière américaine n'était pas encore concédé. Les Abénaquis en avaient fait leur terrain de chasse. À partir de 1792, la couronne britannique accorda aux loyalistes ayant fui la révolution américaine des terres le long de la frontière. La région fut alors baptisée *Eastern Townships* par opposition aux *Western Townships* du Haut-Canada, qui allaient devenir la province de l'Ontario. À l'arrivée massive des Canadiens français au cours de la deuxième moitié du XIXe siècle, le terme fut francisé sous le nom de *Cantons de l'Est,* toponyme inspiré des divisions territoriales de la Suisse et popularisé par Antoine Gérin-Lajoie en 1858 dans son roman *Jean Rivard, le défricheur.* Puis, en 1946, monseigneur Maurice O'Bready, soucieux du bon usage français, proposa l'appellation *Estrie.* À cette époque, on appelait les Canadiens français *Québécois.* Le toponyme *Estrie* fut finalement adopté officiellement en 1981 à la création de la région administrative de l'Estrie, qui ne correspond qu'à une partie des Cantons-de-l'Est d'antan. Cette région centrée sur Sherbrooke s'étend du lac Memphrémagog au lac Mégantic. De nos jours, pour renouer avec l'histoire, le terme *Cantons-de-l'Est* désigne la région touristique qui comprend l'ensemble des 95 *townships* d'origine. Ce territoire dépasse la région administrative de l'Estrie et englobe aussi les municipalités régionales de comté (MRC) de Granby-Bromont et Brome-Missisquoi. Le *township,* division de base employée pour le levé des terres, fut transformé en municipalité en 1854 ; aujourd'hui, le canton demeure une entité de l'administration locale des MRC de la région. Par ailleurs, le terme *Estriens* est d'usage courant pour désigner les personnes qui résident dans les Cantons-de-l'Est.

méridional. Son point culminant, à 962 m d'altitude, est le sommet Rond (Round Top), dans la région de Sutton, et ses principaux monts sont les monts Gagnon (865 m), Écho (747 m), Glen (645 m), Pinacle (712 m), Orford (850 m), Owl's Head (750 m) et Sugar Loaf (650 m). Trait distinctif de cette partie des Appalaches, de nombreux plans d'eau, tels les lacs Memphrémagog, Massawippi et Brompton, sont orientés dans l'axe des montagnes.

Dans ces contreforts appalachiens, la région de **Brome-Missisquoi** présente une mosaïque de paysages naturels et humanisés des plus enchanteurs. Cette contrée intimement liée à la révolution américaine fut au cœur du peuplement de la région par les loyalistes à la fin du XVIIIe siècle. Au détour des chemins de campagne, on découvre avec ravissement de nombreuses perles de l'héritage laissé par ces pionniers fondateurs. Les ponts couverts, les granges rondes, les cimetières familiaux et de nombreux ensembles patrimoniaux reflètent l'influence de la Nouvelle-Angleterre au cours de cette période historique.

Les zones de villégiature de Lac-Brome (Knowlton) et de Sutton accueillent des milliers de visiteurs qui tombent sous le charme de l'architecture anglo-saxonne et des paysages naturels, où les montagnes, les lacs et les rivières ne manquent pas. De surcroît, elles leur offrent quantité d'événements culturels et sportifs, de spectacles et de galeries d'art.

Dans les terres fertiles de l'ouest de la région, les paysages à prédominance rurale révèlent une grande diversité de cultures. Profitant du climat relativement clément régnant sur les flancs des collines, la viticulture s'y est développée. Aujourd'hui, au cœur de la fameuse « Route des vins », la région de Dunham est considérée comme le berceau de la viticulture au Québec.

▼ Vignoble dans la région de Dunham.

Vers l'est, le relief devient de plus en plus accidenté, et les coteaux font place à une série de collines et de vallons. Dans les contreforts appalachiens, les monts Sommet Rond (Round Top) et Pinacle se démarquent. Les fermes laitières et d'élevage avoisinent les forêts exploitées et les terres cultivées. Nichée au creux de la verdoyante vallée de la rivière aux Brochets, Frelighsburg est riche d'un patrimoine bâti particulièrement bien conservé. La présence de collines a favorisé l'implantation de vergers, et dans les années 1920, la région s'est distinguée en tant que foyer de la pomoculture.

▲ **Le chemin Collège, à Dunham.**

Dans la région de Sutton, les visiteurs sont tout aussi charmés par le patrimoine architectural que par les activités sportives offertes – randonnée pédestre, ski de fond, raquette et, depuis 1960, ski alpin. En retrait de la rue principale de Sutton, les coquettes maisons forment de superbes ensembles de style victorien. Quant aux nombreuses églises parsemées dans ce village, elles attestent de la diversité religieuse des premiers colons qui l'ont fondé. Maints artistes et artisans, attirés par la sérénité et la beauté de l'endroit, s'y sont établis afin de pratiquer leur art. Parcourir à pied cette localité pittoresque permet de découvrir ses boutiques d'artisanat, ses ateliers d'artistes, ses bonnes boulangeries et pâtisseries, ainsi que ses petits restos pour fines bouches.

Ce pays de vergers et de vignobles invite aux escapades. De multiples tracés pour des promenades à pied, à vélo ou en voiture permettent d'en découvrir non seulement les splendides panoramas et les charmants villages, mais aussi les nombreux attraits gastronomiques. Les produits du terroir, dont le fameux canard du lac Brome, y sont à l'honneur. Dans un cadre bucolique, les producteurs des régions de Dunham et Frelighsburg proposent aux amateurs des dégustations de vin et de cidre.

▲ Le Sommet Rond surplombe la région de Sutton.

Les routes panoramiques de la région **Memphrémagog** offrent, quant à elles, des horizons exceptionnels: tantôt une vue plongeante sur les lacs Memphrémagog, Magog, Lovering et Massawippi, tantôt des reliefs montagneux à couper le souffle, dominés par les monts Orford et Owl's Head. Ces paysages splendides, rehaussés par le caractère anglo-saxon des agglomérations, font de cette région touristique un lieu de villégiature extrêmement recherché. Une trentaine d'églises protestantes de confessions diverses enrichissent le patrimoine historique et architectural. Le charme des lieux a d'ailleurs inspiré plusieurs artistes, dont les peintres Cornelius Krieghoff et William Henry Bartlett.

Surnommé à juste titre «le joyau des Cantons», le majestueux lac Memphrémagog s'étire sur 44,5 km de Magog, dans sa partie septentrionale, jusqu'à Newport, dans le Vermont. C'est le plus imposant plan d'eau des Appalaches québécoises. Bordé au nord par le mont Orford et à l'ouest par un cortège de sommets, il est réputé, comme toute la région alentour, pour sa grande beauté.

▼ Entre le massif des monts Sutton et le lac Memphrémagog, la rivière Missisquoi coule paresseusement au creux d'une vallée fertile.

▲ Vue sur le lac Memphrémagog.

La vallée de la rivière Missisquoi serpente à travers les collines dans la partie nord du canton de Bolton et la moitié sud du canton de Potton. L'histoire de plusieurs villages de la région, Glen Sutton, Dunkin, High Water, Mansonville et South Bolton, est liée au parcours autrefois suivi par la diligence et qui, encore de nos jours, est jalonné de vieilles églises et de paysages enchanteurs. Le mont Owl's Head, ainsi nommé en l'honneur d'un chef amérindien, veille fièrement sur le lac Memphrémagog. La rive ouest du lac, près de Vale Perkins et Knowlton Landing, offre des points de vue époustouflants sur ce lac et sur les monts Bear, Sugar Loaf et Hog's Back (mont Éléphant).

À Bolton Centre, les églises Saint-Patrick (1874) et Unie (1879) ainsi que l'édifice municipal demeurent des témoins du passé. Dans cette municipalité, l'exploitation des mines de cuivre a duré jusqu'à la fin du XIXe siècle. Une superbe grange circulaire et son silo, classés monuments historiques, de même que l'abbaye de Saint-Benoît-du-Lac, conçue dans le style architectural de Dom Paul Bellot, font d'Austin

L'église anglicane Saint-Patrick et l'édifice municipal de Bolton Centre.

un arrêt obligatoire. Les moines bénédictins y produisent du cidre de pomme et du fromage, et sont renommés pour leur interprétation des chants grégoriens. La municipalité d'Eastman est bien connue pour son aspect pittoresque. Au cœur du village, on trouve le lac d'Argent. Enclavée entre les monts Sutton et Orford, à quelques kilomètres du lac Memphrémagog, Saint-Étienne-de-Bolton se distingue par ses belvédères donnant sur des horizons majestueux. Cette municipalité est un havre pour les personnes en quête de paysages paisibles.

Longtemps peu habité en raison de son relief montagneux, le secteur de Magog-Orford – au nord du lac Memphrémagog et au pied du mont Orford – est devenu au fil des ans une région touristique internationale. Plusieurs établissements hôteliers de prestige se sont établis dans cet endroit de prédilection pour les vacanciers. La beauté du mont Orford fut une source d'inspiration pour le célèbre poète québécois Alfred Desrochers. Sa fille Clémence, elle aussi amoureuse des Cantons, a élu domicile dans la région. Cet espace naturel d'importance fait partie du réseau des parcs du Québec et s'est révélé propice à une grande variété d'activités en pleine nature.

Tirant parti de l'énergie hydraulique fournie par la rivière du même nom, la ville de Magog s'est développée grâce à l'industrie du textile à la fin du XIXe siècle, ce qui lui a valu le surnom de « Manchester des Cantons-de-l'Est ». Puis, le chemin de fer la reliant à Montréal et à Sherbrooke donna une impulsion déterminante à son développement économique.

Plusieurs demeures patrimoniales de Magog témoignent de cette époque d'essor et de prospérité. De nos jours, la ville bourdonne d'activité: spectacles au *Vieux Clocher,* croisières sur le lac Memphrémagog, vie nocturne trépidante et sports de plein air tels que le golf, la baignade, la navigation de plaisance, le ski nautique, le patin à roues alignées et le cyclisme. Même si l'été est ici une saison privilégiée, l'hiver n'est pas en reste grâce à la station de ski alpin du mont Orford, à la pêche blanche sur le lac et à la familiale Fête des Neiges au parc de la Pointe-Merry. Quant à l'automne, La Flambée des couleurs Magog-Orford en célèbre les couleurs et propose toute une série d'activités sportives et culturelles.

La région offre aussi d'autres attractions majeures: le Circuit des arts Memphrémagog, les Fêtes des vendanges Magog-Orford, événement mettant en vedette les vins et les produits régionaux dans une ambiance champêtre, et la Traversée internationale du lac Memphrémagog, compétition annuelle de nage de longue distance. Et, bien sûr, le fabuleux monstre Memphré, qui habiterait le lac Memphrémagog depuis des siècles et fait partie de l'imaginaire collectif.

▼ Le lac d'Argent, à Eastman.

« Midi à
Georgeville
Les geais bleus
jasent à Georg'ville
Le village
dort tranquille
Les arbres et les
hommes vivent vieux
À Georg'ville où jasent
les geais bleus. »

– Clémence DesRochers

Georgeville a connu l'époque prospère d'un relais de diligence sur la ligne Boston-Montréal et, plus tard, celle de la villégiature de luxe favorisée par l'avènement des bateaux à vapeur. On peut y découvrir de magnifiques demeures de style géorgien. Le quai, où furent tournées certaines scènes du *Déclin de l'empire américain,* offre une vue imprenable sur le lac Memphrémagog. À travers le couvert forestier, l'imposant clocher de l'abbaye de Saint-Benoît-du-Lac se dresse sur l'autre rive.

Haut lieu de l'industrie canadienne du granit, la région de Stanstead a connu un développement bien particulier en raison de son voisinage avec les États-Unis. Dans la ville même, la rue Canusa (route 247) est d'ailleurs divisée en son centre par la frontière ; d'un côté les maisons sont situées au Vermont et de l'autre, au Québec. Quant aux anciennes villes de Beebe Plain, Rock Island et Stanstead Plain, aujourd'hui incorporées dans la municipalité de Stanstead, leur vie économique a beaucoup dépendu de leur situation frontalière. La nouvelle agglomération regorge de somptueuses résidences du XIXe siècle, assez semblables aux résidences américaines de cette époque.

Dans les environs du lac Massawippi, la beauté de North Hatley a très tôt attiré les touristes. En particulier sur la rive orientale du lac, la villégiature a joué un rôle important dans le développement et constitue encore

▼ Sur la route 247, près de Fitch Bay.

▲ Vue sur Rock Island (Stanstead), au Québec, et Derby Line, au Vermont. Les bâtiments sont construits à cheval sur la frontière.

aujourd'hui le moteur de l'activité économique. L'endroit est réputé pour la qualité des équipements touristiques, ainsi que pour le raffinement des auberges et des tables.

À l'extrémité méridionale du lac Massawippi, Ayer's Cliff offre une magnifique vue sur ce lac. On y remarque un alignement de coquettes résidences. Et chaque été, le parc d'exposition accueille l'une des plus anciennes foires agricoles de la région.

Dans la partie est du plateau appalachien, les **chaînons de l'Estrie** englobent les régions touristiques de Sherbrooke, d'Asbestos, de Val-Saint-François et une partie de Coaticook, du Haut-Saint-François et de Mégantic (région du Granit). Dans cette région centrale des Cantons-de-l'Est, la rivière Saint-François, principal élément du réseau hydrographique, coule dans une large vallée. Traversant le territoire d'est en ouest et reliant le fleuve Saint-Laurent au bassin de la rivière Connecticut, cette rivière était autrefois empruntée par les Abénaquis pour se rendre à des lieux de chasse et de pêche. Elle fut ensuite un pôle d'attraction pour les divers groupes d'immigrants qui peuplèrent la région.

D'altitude moindre (environ 350 m) que les monts Sutton, les chaînons de l'Estrie sont plutôt formés de coteaux très arrondis aux versants en

Entre Moe's River et Eaton Corner.

pente faible. Néanmoins, quelques montagnes s'élèvent bien au-dessus des coteaux environnants: ce sont les monts Stoke, Ham, le morne de Saint-Sébastien et le mont Sainte-Cécile, qui frise les 900 mètres d'altitude. Elles constituent le lien naturel entre les monts Sutton au sud-ouest et la région des monts Notre-Dame au nord-est, lesquels s'étendent de la Beauce jusqu'à la vallée de la Matapédia, en Gaspésie. Les chaînons comportent aussi de grands plans d'eau, notamment les lacs Aylmer, Saint-François et Mégantic.

Bénéficiant de conditions climatiques clémentes, la région présente une grande diversité de cultures. L'alternance des terres cultivées et de la forêt, qui occupe 70 % du territoire, crée une mosaïque de paysages champêtres, parmi les plus beaux du Québec. Domaine par excellence de l'érable à sucre, cette contrée regorge d'exploitations pour la production de sirop d'érable.

Considérée comme la ville-reine des Cantons-de-l'Est, **Sherbrooke** invite à faire une halte urbaine dans un environnement naturel et culturel exceptionnel. Le paysage, essentiellement composé de vallées, de collines et de promontoires, raconte son histoire. Quinze ponts

Paysage de la région de Fitch Bay.

enjambent les majestueuses rivières Massawippi, Magog et Saint-François qui serpentent sur son territoire et qui, pour les Abénaquis, constituaient des voies navigables importantes. Là où Sherbrooke est établie actuellement se trouvait jadis un portage pour franchir les chutes de la rivière Magog. Le confluent des rivières Magog et Saint-François fut appelé Big Forks (Grandes Fourches) pour le distinguer de Little Forks (Petites Fourches), aujourd'hui Lennoxville, situé en amont, à la rencontre des rivières Saint-François et Massawippi.

Réputée pour l'aménagement d'innombrables espaces verts et de ses berges, notamment par l'opération CHARM (Comité d'hygiène et d'aménagement de la rivière Magog) au début des années 1980, Sherbrooke dispose maintenant d'un parc linéaire en plein cœur de la ville et jalonné d'accès à l'eau. Autour du lac des Nations, élargissement de la rivière Magog, l'organisme La Cité des Rivières a aménagé un sentier polyvalent de 3,5 km, au grand plaisir des randonneurs, des cyclistes et des patineurs (patins à roues alignées). L'ensemble est relié au réseau des Grandes Fourches, qui compte 124 km de sentiers, eux aussi polyvalents. Le réseau se prolonge également en bordure des rivières

▼ **Surplombant les quartiers sherbrookois, la basilique-cathédrale Saint-Michel offre une image saisissante dans le centre de la ville.**

Magog, Saint-François et Massawippi, et donne accès à divers parcs urbains, dont le parc Lucien-Blanchard, à La Maison de l'eau ainsi qu'au Marais Saint-François. En hiver, les rives du lac des Nations attirent les patineurs, qui profitent d'un kilomètre de sentier glacé. Dans la majestueuse gorge de la Magog, des passerelles et des belvédères permettent d'admirer des panoramas saisissants.

Sherbrooke accorde à sa vie culturelle une attention toute particulière et propose, en période estivale, de nombreux festivals, spectacles et événements. Cette municipalité est riche d'un patrimoine bâti au charme anglo-saxon, qu'on peut apprécier dans le quartier du Vieux-Nord. La multiplicité des confessions religieuses et œcuméniques reflète la diversité ethnique qui la caractérise. Plusieurs circuits touristiques mettent en évidence ses volets historiques et patrimoniaux ainsi que ses paysages et sa richesse agrotouristique. Sherbrooke est aussi dotée de plusieurs musées et centres d'interprétation.

D'abord axée sur l'industrie textile, la ville s'est transformée après la fondation de l'Université de Sherbrooke, au début des années 1950, jusqu'à devenir chef de file dans le domaine biomédical. Elle compte également le campus de l'Université Bishop et trois campus collégiaux.

▲ **Photo du haut :** Le réseau cyclable de la région de Sherbrooke longe la rivière Saint-François.

▲ **Photo du bas :** Détente sur la promenade du lac des Nations, à Sherbrooke.

Voisine du Centre-du-Québec, la région d'**Asbestos** fait office de porte d'entrée des Cantons-de-l'Est. Telle une bienveillante sentinelle, le mont Ham, haut de 713 m, se profile à l'horizon. Connue pour sa mine d'amiante à ciel ouvert, qui figure parmi les plus grandes au monde, la région offre un paysage varié où se conjuguent lacs, rivières et grands espaces ruraux. La ville d'Asbestos en est le pôle. Pour sa part, Danville se distingue par son riche patrimoine architectural, qui rappelle l'origine des premiers colons, venus de la Nouvelle-Angleterre. Chaque année, elle est l'hôte d'un événement artistique d'envergure, le Symposium des arts de Danville. Le secteur des Trois-Lacs est recherché par les villégiateurs, alors que Ham-Sud, Saint-Adrien, Saint-Camille, Saint-Georges-de-Windsor et Wotton constituent des milieux ruraux aux attraits touristiques bien particuliers.

Le relief ondulé, succession de collines et de vallons, confère aux paysages du **Val-Saint-François** un charme bucolique. Du fait de la grande concentration de lacs et de rivières alliée à un faible développement urbain, cet endroit est très prisé par les amoureux de la nature. De petits chemins offrent de belles percées visuelles sur la rivière Saint-François. Au sud, le milieu naturel est particulièrement riche et varié.

▼ La rivière Saint-François, près de Melbourne.

La vache géante à Saint-Georges-de-Windsor

L'aquarelliste Josée Perreault, de Saint-Adrien-de-Ham, a proposé ce monticule de grosses pierres des champs pour représenter l'animal nourricier de la région, la vache laitière, et pour ériger un promontoire du haut duquel on peut admirer les environs. Les communautés de la MRC d'Asbestos ont chacune réalisé un aménagement floral au pied de la vache. Bref, un site inhabituel...

Les Sentiers de l'Estrie traversent les collines du Val-Saint-François, à partir de Kingsbury et Brompton, avant de passer par les monts Orford, Glen et Sutton pour atteindre la frontière américaine. Le marais de Kingsbury, zone de nidification du grand héron, constitue un territoire d'intérêt écologique bien particulier. À l'est de la région, les monts Stoke dominent la campagne en offrant de magnifiques points de vue.

Le patrimoine architectural du Val-Saint-François reflète la diversité culturelle des communautés qui s'y sont installées : loyalistes, Écossais, Irlandais, Anglais puis Canadiens français. Témoins de ces vagues d'immigration, les églises protestantes et catholiques constituent le noyau des villes et des villages. Il en est de même du grand nombre de bâtiments historiques de styles architecturaux variés et datant du XIXe siècle, entre autres dans les charmantes villes de Melbourne et de Richmond, situées face à face aux abords de la rivière Saint-François, ainsi que dans le village de Kingsbury. La région présente la plus forte concentration de constructions à toiture d'ardoise au Québec, notamment à Richmond, dans le quartier sud, où l'architecture des maisons cossues est inspirée des styles classique et néogothique. Point de rencontre de deux lignes de chemin de fer canadiennes, Richmond était autrefois le chef-lieu du canton du même nom et a connu un essor remarquable.

▲ À Cleveland, près de Richmond, la maison Beechmore est un lieu de répit pour les enfants handicapés. On remarque son style néogothique et son toit d'ardoises joliment assemblées.

◀ Église en bordure de la rivière Saint-François, à Windsor.

▲ Ferme laitière dans la région de Coaticook.

Par son caractère champêtre, la région de **Coaticook** illustre parfaitement la vigueur de la ruralité dans les Cantons-de-l'Est. Ses fermes prospères lui ont d'ailleurs valu le titre de bassin laitier du Québec. Les activités agrotouristiques proposées favorisent une découverte en profondeur du mode de vie en milieu rural.

La région s'étend du mont Orford jusqu'aux confins des Appalaches, à la limite des frontières américaines du Vermont et du New Hampshire. Grâce à l'énergie hydraulique qu'elles procurent, les rivières et les chutes ont été à la base de son développement. À preuve, plusieurs hameaux portent des noms se terminant par Mills, rappelant que l'installation de moulins était primordiale pour l'établissement des collectivités.

L'influence des diverses cultures des premiers venus paraît dans les nombreux visages du patrimoine architectural et religieux. Les énigmatiques granges circulaires, typiques des Cantons-de-l'Est, sont fréquentes. Parmi les villages, celui de Compton est surtout réputé pour ses fermes d'élevage de vaches laitières et ses vergers.

► Grange ronde de Barnston.

Sur les innombrables routes tranquilles et pittoresques sillonnant la région du **Haut-Saint-François,** on découvre de petits villages coquets, encadrés par de magnifiques paysages ruraux. Le réseau routier, avec ses routes qui se coupent à angle droit, rappelle le découpage en cantons bien caractéristique de cette contrée. Le territoire est ceinturé par le mont Stoke à l'ouest et les montagnes frontalières au sud. À l'est se profilent le mont Mégantic, qui culmine à plus de 1100 m d'altitude, et son observatoire astronomique. La région est typiquement agroforestière. On y trouve d'ailleurs la plus importante concentration de «sapins de Noël» au Québec.

▲ Culture de sapins de Noël.

▼ La gare de Coaticook abrite désormais le *SPA Menthe-Fraîcheur,* qui utilise essentiellement des produits à base de menthe pour les soins.

Toute la richesse de l'histoire et de la culture du Haut-Saint-François se révèle dans la diversité des bâtiments à caractère patrimonial: de petits temples protestants admirablement bien conservés, d'imposantes églises catholiques, des résidences et des immeubles à l'architecture évocatrice d'un passé lointain. Les paysages parsemés de fermes ancestrales nous

▶ Au parc du Vieux Moulin, à Weedon, 3 km de sentiers pédestres aménagés le long du ruisseau Weedon permettent de se plonger dans l'histoire de la région et offrent une halte pour pique-niquer.

transportent au cœur même de la vie rurale. Dans les ravages d'Island Brook, de Lingwick et de Dudswell, les cerfs de Virginie se rassemblent en grand nombre.

Développée plus tardivement à cause de l'éloignement, la **région du Granit** accueillit jadis des Écossais gaéliques de l'île de Lewis et des Canadiens français. Les premiers s'établirent à Stornoway, à Marnston et à Lac-Mégantic, sur la rive nord de la rivière Chaudière. Quant aux

Canadiens français, pour la plupart des Beaucerons, ils fondèrent Saint-Romain et s'installèrent aussi aux abords du lac Mégantic, mais du côté sud de la rivière, dans l'ancien village d'Agnès. Sur la rive ouest du lac, des zouaves pontificaux, ardents défenseurs du pape Pie IX, fondèrent Piopolis, nom signifiant « cité du pape ».

La région du Granit, qui s'étend jusqu'aux frontières du Maine et du New Hampshire, est l'un des endroits les plus pittoresques du Québec. Elle comprend des forêts *en bois debout,* des montagnes vertigineuses et les majestueux lacs Mégantic, Aylmer, Drolet et Saint-François. À la limite nord-est du territoire, le parc national de Frontenac, en bordure du magnifique lac Saint-François, attire les amoureux de la nature. Les activités nautiques douces qu'on peut y pratiquer favorisent, en effet, un contact privilégié avec la nature.

▼ À la brunante, il est fréquent de voir un troupeau de cerfs de Virginie broutant à l'orée d'un boisé dans les environs d'Island Brook.

◄ Le village de Gould, surnommé « La Petite Écosse du Québec ».

Les montagnes frontalières (Hautes-Appalaches)

Situées dans le prolongement des montagnes Blanches américaines, les **montagnes frontalières** se démarquent bien des chaînons de l'Estrie, au nord, grâce à une différence de relief très nette. Sur une étroite bande de 5 à 20 km de largeur, elles s'étendent dans l'extrême sud-est des Cantons-de-l'Est jusqu'à la frontière des États américains du Maine et du New Hampshire, en traversant les régions touristiques du **Granit,** de **Coaticook** et du **Haut-Saint-François.** D'une altitude moyenne la plus élevée des Cantons-de-l'Est (700 m), leurs principaux sommets comptent parmi les plus hauts du Québec méridional. Ce sont ceux des monts Gosford (1 183 m), Mégantic (1 105 m) et Pisgah (1 059 m). L'ensemble de la région offre des panoramas magnifiques.

Le réseau hydrographique n'est constitué que de quelques petits cours d'eau. Néanmoins, la région porte la ligne de partage des eaux de deux grands bassins hydrographiques ; autrement dit, le long de la crête des montagnes, l'eau s'écoule soit vers le fleuve Saint-Laurent au nord, soit

▼ Vue sur les montagnes Blanches à partir du mont Gosford. Du sommet, la nature sauvage s'étend à perte de vue.

Figure 3: Les chaînes des montagnes Vertes et Blanches

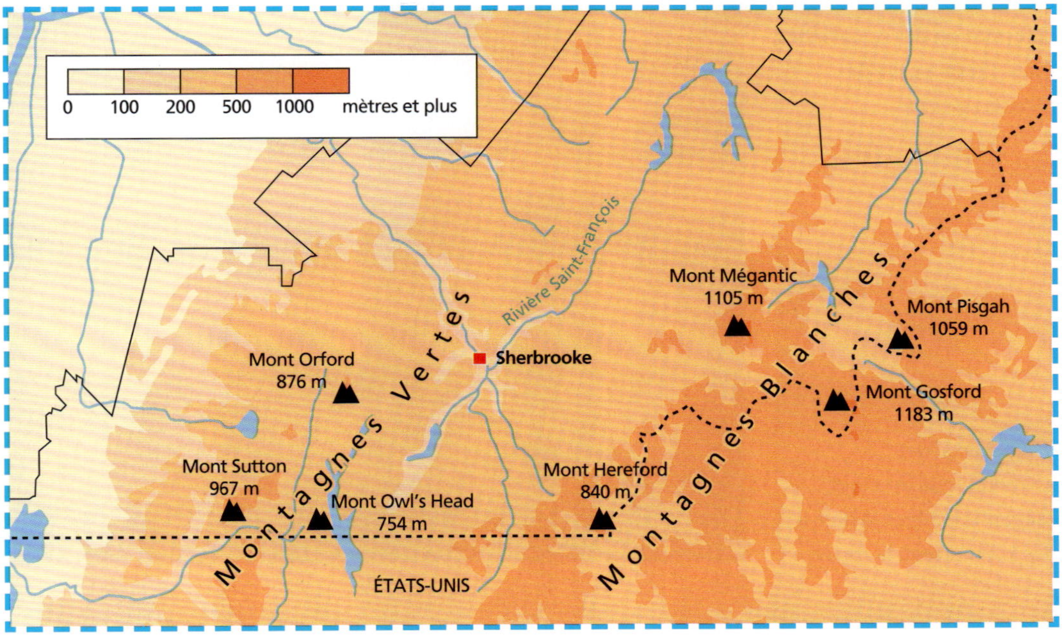

Adapté de: Histoire des Cantons-de-l'Est

vers l'océan Atlantique au sud. Cette ligne a d'ailleurs servi à établir le tracé de la frontière canado-américaine.

Pour ce qui est du climat, les températures sont fraîches en été et froides en hiver, les précipitations sont abondantes, et la saison sans gel est de courte durée. Cette rigueur du climat conjuguée aux fortes pentes et au sol mince rend la région assez peu propice à l'agriculture. Elle a donc conservé son visage forestier. Dans la partie sud-est de la région de Coaticook, les villages paisibles de Saint-Herménégilde, Hereford, East Hereford et Saint-Venant-de-Paquette se fondent dans un cadre agroforestier où abondent les sapins de Noël (on en a dénombré plus d'un million). Dans cette partie se trouve aussi Saint-Malo, le plus haut village du Québec.

En plein cœur des contreforts appalachiens, la région montagneuse de Notre-Dame-des-Bois donne accès au parc national du Mont-Mégantic. Outre les amoureux de la nature, ce parc attire les amateurs d'observation astronomique, en raison de la pureté et de la clarté du ciel.

► L'origine du mont Mégantic n'est pas associée à la formation des Appalaches, mais plutôt à celle des Montérégiennes.

▼ L'observatoire astronomique du mont Mégantic est bien visible à des kilomètres à la ronde.

Le village de Notre-Dame-des-Bois.

Le plus haut village du Québec

Près de la frontière du New Hampshire, le village de Saint-Malo, perché à 585 m d'altitude, domine toutes les autres municipalités du Québec. La tour d'observation La Montagnaise offre une vue exceptionnelle sur la campagne environnante, encadrée de collines cultivées et de forêts. Ici, les Appalaches se dévoilent dans toute leur splendeur. On aperçoit le mont Orford, vers l'ouest, et le mont Mégantic, vers le nord-est. Une invitation à admirer des paysages s'étendant à perte de vue.

La tour La Montagnaise, à Saint-Malo.

L'édification du paysage

Sur le plan géologique, les Cantons-de-l'Est appartiennent aux Appalaches, l'un des grands ensembles géologiques du Québec méridional. Ces montagnes s'étendent sur plus de 2 500 km de l'Alabama jusqu'à Terre-Neuve dans l'est de l'Amérique du Nord, et au-delà jusqu'en Norvège. Polies depuis des millions d'années par les vents et les intempéries, elles ont un profil arrondi. La partie de cette chaîne de montagnes située dans les Cantons-de-l'Est présente une succession de monts parallèles qui alternent avec de grands plans d'eau, tels les lacs Memphrémagog, Massawippi et Mégantic, alors que la partie située en Gaspésie est beaucoup plus accidentée. Elle comporte aussi un chapelet de collines, les Montérégiennes. Il s'agit des monts Brome et Shefford dans la partie du piedmont des Appalaches, et du mont Mégantic au nord-est des Cantons, en plein cœur des Appalaches.

▼ Vue sur les Appalaches.

Figure 4 : La chaîne des Appalaches

Les Appalaches, une chaîne de montagnes qui s'étend de l'État de l'Alabama jusqu'à Terre-Neuve.

Adapté de : Parc national de la Gaspésie

Les grands bouleversements géologiques

Plusieurs phases géologiques complexes ont marqué l'édification des Appalaches : dérive des continents, remontées volcaniques, fractures et chevauchements rocheux, cycles d'érosion et de sédimentation, qui se sont succédé pendant près de 200 millions d'années (Ma). À une époque très reculée, il y a 625 Ma, le vaste océan *Iapétus* recouvrait l'est de l'Amérique du Nord (appelée Laurentia), et des milliers de mètres de boues marines s'y étaient accumulées, formant différentes strates. Sous l'effet de la collision entre les plaques tectoniques quelque 200 Ma plus tard, ces boues marines stratifiées (ou sédiments) ont été comprimées et soulevées pour finalement donner naissance à une chaîne de montagnes : les Appalaches. Depuis longtemps pétrifiées, elles renferment des fossiles de coquillages et de poissons, ainsi que de nombreux coraux. À l'époque de la formation des Appalaches, la masse continentale de l'Amérique du Nord se situait sous les tropiques. Le climat était chaud, et la mer, riche en récifs de corail. La présence de ces derniers dans les Cantons-de-l'Est témoigne d'ailleurs du climat tropical qui régnait alors dans cette région.

De la roche à la chaux

Il y a 410 millions d'années, les eaux de l'océan Iapétus bordant les côtes de l'ancien continent Laurentia étaient chaudes, et une barrière récifale de 1 000 km longeait le plateau continental. Lors de l'édification des Appalaches, la déformation de la croûte terrestre fit sortir certaines parties de cette barrière. Au Québec, des gisements de calcaire ressortent de manière significative à plusieurs endroits, dans les Cantons-de-l'Est, plus spécifiquement dans la région de Dudswell, et en Gaspésie.

Les Appalaches résultent de deux soubresauts de la croûte terrestre qui ont eu lieu à des époques distinctes. Il y a 450 Ma, à l'époque où les formes de vie les plus évoluées étaient encore confinées dans le milieu aquatique et représentées par les invertébrés et les poissons, une première période d'agitation de la croûte terrestre, l'orogenèse taconienne, fit émerger les monts Sutton dans la partie sud-ouest des Appalaches québécoises. Les forces de compression engendrées par

▼ À partir du kilomètre 99 de l'autoroute 10, la muraille du mont Orford surgit dans toute sa splendeur.

la poussée des plaques continentales ont provoqué les plissements du relief et donné naissance aux montagnes. Certaines roches, déformées dans les profondeurs de la Terre, contiennent des schistes ardoisiers, qui sont à l'origine des carrières d'ardoise exploitées jusque dans les années 1920 dans la région de Melbourne et Richmond. L'orogenèse taconienne produisit également la grande faille du Saint-Laurent, aussi nommée «faille de Logan», qui sépare le Bouclier canadien des Appalaches. Les monts Orford, Owl's Head et Ham proviennent d'un fragment du fond de l'océan Iapétus coincé entre les continents (la dorsale océanique) et soulevé lors de la formation de cette chaîne de montagnes. Curieusement, ils constituent des vestiges de cet océan disparu. Dans les roches péridotides et serpentines (de couleur olive) qui constituaient cette croûte océanique se trouvent les riches gisements d'amiante d'Asbestos et de Thetford Mines. Quant au cuivre, son exploitation connut un essor important, notamment dans les cantons de Bolton et de Potton, durant la guerre de Sécession américaine, qui réclamait la fabrication d'armes.

Les ressources minérales des Cantons-de-l'Est

Dans les Cantons-de-l'Est, on trouve du marbre près de Philipsburg et du granit près de Stanstead, de Scotstown et de Weedon, ainsi que dans les monts Sainte-Cécile et Saint-Sébastien. On trouve également de l'ardoise et des calcaires à de nombreux endroits. La ceinture de serpentine qui s'étire de Mansonville à East Broughton est riche en amiante, en stéatite et en talc. Cette même zone recèle des gisements de divers métaux, comme le chrome et l'antimoine. La formation d'Ascot, qui va de Weedon jusqu'au lac Saint-François, est réputée pour son sulfure massif contenant des gîtes de cuivre, de plomb, de zinc, d'argent et d'or. Le cuivre est également présent dans les cantons de Bolton, de Roxton, d'Acton et de Leeds, et l'or, dans les graviers localisés entre le sud de l'Estrie et la Beauce.

La région de Sherbrooke, celle des monts Stoke et les environs du lac Saint-François sont constitués de roches volcaniques. Ces roches sont les vestiges d'îles volcaniques situées au front de la zone de collision entre le continent nord-américain et le microcontinent des Chain Lakes, et qui ont été comprimées et métamorphisées. À l'est de Sherbrooke, le plateau appalachien est composé de roches sédimentaires qui s'étaient déposées au fond de l'océan existant entre les deux continents.

▶ Cette formation géologique en dit long sur une histoire remontant à 450 millions d'années.

Le pli couché

En examinant attentivement la base d'une paroi rocheuse dans la gorge de Coaticook, on remarque un plissement qui remonte au début de l'histoire des Appalaches. À cette époque, il y a 450 millions d'années, les formes de vie les plus évoluées étaient encore confinées dans le milieu aquatique et se limitaient aux invertébrés et aux poissons. Ce « pli couché » résulte des grandes pressions exercées sur la croûte terrestre lors de la collision des masses continentales de l'Amérique du Nord et des Chain Lakes, pressions qui ont engendré la chaîne des Appalaches.

Au cours de la deuxième phase d'édification des Appalaches, l'orogenèse acadienne, plusieurs îlots continentaux sont entrés en collision avec l'Amérique du Nord. Cet événement s'est produit il y a plus de 360 Ma, à l'époque de l'apparition des premiers amphibiens et des fougères arborescentes. Les grands bouleversements de l'écorce terrestre ont alors favorisé la remontée de la lave en fusion contenue dans les profondeurs de la Terre. En se refroidissant, cette lave s'est transformée en massifs granitiques. De ce fait, les monts Saint-Sébastien et Sainte-Cécile, le secteur du lac aux Araignées et le secteur sud du parc de Frontenac ainsi que les régions de Beebe et de Scotstown sont formés de roches très dures issues des entrailles de la Terre. Mais, contrairement aux volcans qui explosent en surface, ces intrusions granitiques ont cristallisé à plusieurs kilomètres sous la croûte terrestre. Depuis ce temps-là, l'érosion incessante a dégagé environ 8 km d'épaisseur de la masse rocheuse qui les recouvrait.

Dans les régions de Saint-Sébastien, Sainte-Cécile, Beebe Plain, Graniteville, Saint-Gérard et Scotstown, plusieurs carrières de granit ont connu une importante activité il y a à peine quelques décennies. Le granit devint même la pierre angulaire de leur économie locale. Il a notamment été utilisé pour la construction de l'oratoire Saint-Joseph et de l'édifice de la Sun Life à Montréal, du pont de l'île d'Orléans en aval de Québec, et de l'abbaye de Saint-Benoît-du-Lac. Dans les villages frontaliers de Stanstead, Beebe Plain et Rock Island, il s'est imposé dans la construction des édifices publics, et plusieurs entreprises exploitent encore le gisement de granit de la région. Depuis quelque temps, il est surtout employé pour fabriquer des monuments funéraires.

▼ **Ces plissements dans les « schistes de Sutton » témoignent des formidables bouleversements planétaires qui ont donné naissance aux Appalaches.**

À l'époque de l'orogenèse acadienne, les Appalaches devaient être aussi imposantes que le sont aujourd'hui les Rocheuses, les Alpes ou les Andes, qui, du point de vue géologique, sont très récentes. Mais depuis plus de 300 Ma, elles ont été polies par l'érosion exercée par le vent, les intempéries et les glaciers. Au fil du temps, leur relief escarpé a été nivelé pour leur donner l'allure des collines arrondies et des plaines mollement ondulées que nous voyons aujourd'hui dans les Cantons-de-l'Est. Les Appalaches constituent désormais l'une des plus vieilles chaînes de montagnes de la planète.

Les intrusions montérégiennes résultent quant à elles d'un phénomène géologique beaucoup plus récent, datant du crétacé (-125 Ma). La migration de l'Amérique du Nord au-dessus d'un point chaud du manteau terrestre a favorisé la remontée de magma (roches en fusion) des profondeurs de la Terre. Ces roches intrusives se sont cristallisées sous la surface terrestre. Mais étant donné qu'elles étaient plus dures que les roches encaissantes qui les recouvraient, elles ont par la suite résisté à l'érosion. Au fil des ans, elles ont été dégagées jusqu'à former les Montérégiennes. Dans la région des Cantons-de-l'Est, les monts Shefford, Brome et Mégantic font partie de l'ensemble des collines montérégiennes.

▼ La campagne de la région de Stanstead recèle d'impressionnantes carrières de granit, dont certaines sont exploitées depuis 1890.

▶ La colline montérégienne de Shefford.

▼ Les glaciers ont achevé de sculpter le relief de la région.

Le passage des glaciers

À l'ère géologique la plus récente, celle du quaternaire (-1,6 Ma) où l'être humain fit son apparition sur la Terre, quatre périodes de glaciation ont donné la touche finale au relief des Appalaches.

Dans les régions montagneuses et dans celles situées à des latitudes élevées, une baisse des températures d'environ cinq degrés centigrades suffit pour que la neige accumulée durant l'hiver tienne jusqu'à l'année suivante. En ce cas, la couche de neige se transforme en glace et au bout d'environ 200 ans, le glacier avance sous l'effet de son poids. À chacune de ces périodes qui durent environ 100 000 ans, la végétation disparaît devant le glacier, et les animaux migrent vers le sud.

▲ Vue sur le massif des monts Sutton, aux sommets arrondis.

Lors de la dernière glaciation, qui a débuté il y a 75 000 ans et atteignit son apogée il y a 18 000 ans, une immense calotte glaciaire, le glacier du Wisconsin ou *l'inlandsis Laurentien,* occupait tout le nord-est de l'Amérique du Nord jusqu'au Middle-West américain. Son épaisseur dépassait deux kilomètres. Le passage de ce mastodonte de glace dans les Cantons-de-l'Est a arrondi le sommet des collines, décapé les vallées et creusé les cuvettes qui ont donné naissance aux grands lacs de la région. Au cours de son avancée, un glacier déloge des blocs rocheux qu'il transporte ensuite sur de grandes distances et laisse derrière lui des débris de forme et de taille diverses.

Dans les secteurs très accidentés de la région, le glacier a aussi surcreusé le relief, créant les verrous que l'on observe sur le parcours de certaines rivières. Les vallées ainsi incisées présentent une dénivellation importante dans le paysage. Il en est ainsi, entre autres, dans les gorges de la rivière Coaticook et de la rivière Magog à Sherbrooke.

◀ Ce bloc erratique qu'on peut voir au Parc d'environnement naturel de Sutton a beaucoup voyagé. Il témoigne de la force colossale des glaciers, qui l'ont arraché au socle du Bouclier canadien sur la Côte-Nord et transporté jusqu'ici. De tels blocs peuvent avoir plusieurs mètres de hauteur.

L'empreinte des géants

En avançant, les glaciers érodent les roches sur lesquelles ils glissent, élargissant les vallées et arrondissant le sommet des montagnes. Ces mastodontes de glace laissent également d'autres empreintes de leur passage, des stries glaciaires. Telles des égratignures sur les pierres, ces stries sont dues à des débris rocheux enchâssés à la base du glacier et agissant comme du papier de verre sur les surfaces rocheuses.

▶ L'empreinte des glaciers, comme ces stries glaciaires au mont Ham, est encore visible de nos jours.

Avec le réchauffement du climat il y a 13 000 ans, l'énorme masse glaciaire se retira vers le nord. Elle laissa derrière elle des montagnes aux sommets aplanis, d'où leur forme arrondie si caractéristique dans les Cantons-de-l'Est. L'eau salée envahit les basses-terres du Saint-Laurent et forma la mer de Champlain, qui atteignit le piedmont des Appalaches, dans les secteurs de Granby, Cowansville et Bedford. La croûte terrestre s'étant affaissée sous le poids de la glace, les cuvettes façonnées par le glacier se remplirent d'eau de fonte, retenue par des barrages de glace. Le lac Chaudière recouvrant le lac Mégantic et le lac Memphrémagog, alors beaucoup plus vaste, inonda toute la vallée de la rivière Saint-François jusqu'à Richmond. La partie occidentale des Cantons-de-l'Est, la vallée de la rivière Missisquoi et le nord du Vermont furent recouverts par le lac Vermont, précurseur du lac Champlain. Puis, au fur et à mesure que les barrages de glace cédaient, les lacs se vidèrent, et seules les parties les plus profondes des vallées demeurèrent inondées. Les lacs Memphrémagog, Massawippi, Saint-François et Mégantic résultent du retrait des eaux et occupent ces dépressions. Quant aux parties les plus hautes de ces vallées, elles sont à présent occupées par des rivières telles que les rivières Magog, Massawippi, Saint-François et Coaticook. Depuis le retrait des glaciers vers 6500 AA (années avant aujourd'hui), l'eau, tout comme les intempéries, a repris son rôle de premier plan dans le processus d'érosion.

▶ À partir du barrage Frontenac, on mesure le caractère grandiose de la gorge de la rivière Magog. Le lit de la rivière se resserre entre deux falaises, dont celle de la rive gauche, particulièrement escarpée. On aperçoit le belvédère de l'îlot à côté de la centrale Frontenac.

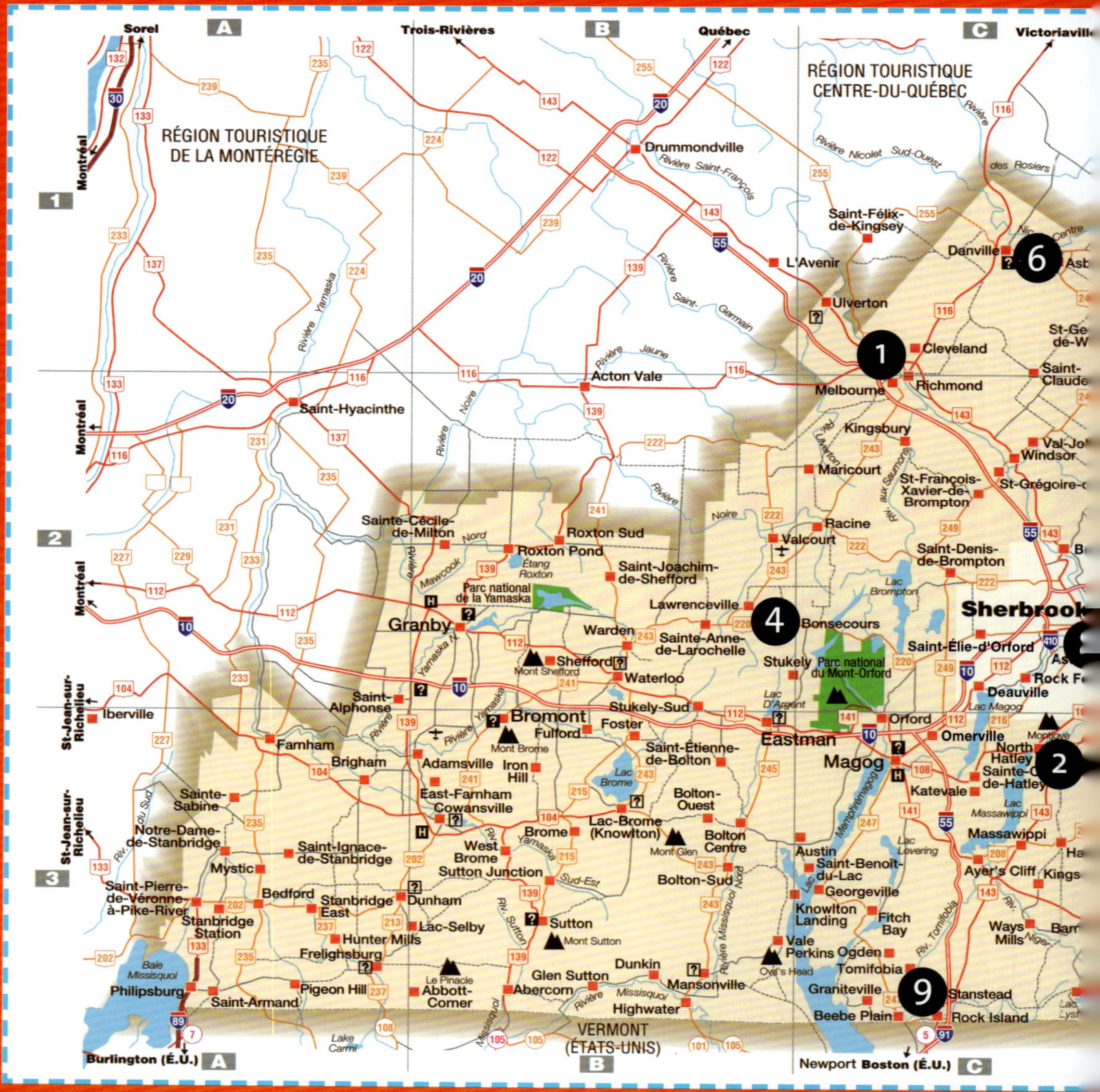

Les points d'intérêt géographique

Ces points d'intérêt sont tous facilement accessibles par les voies routières ou à pied.

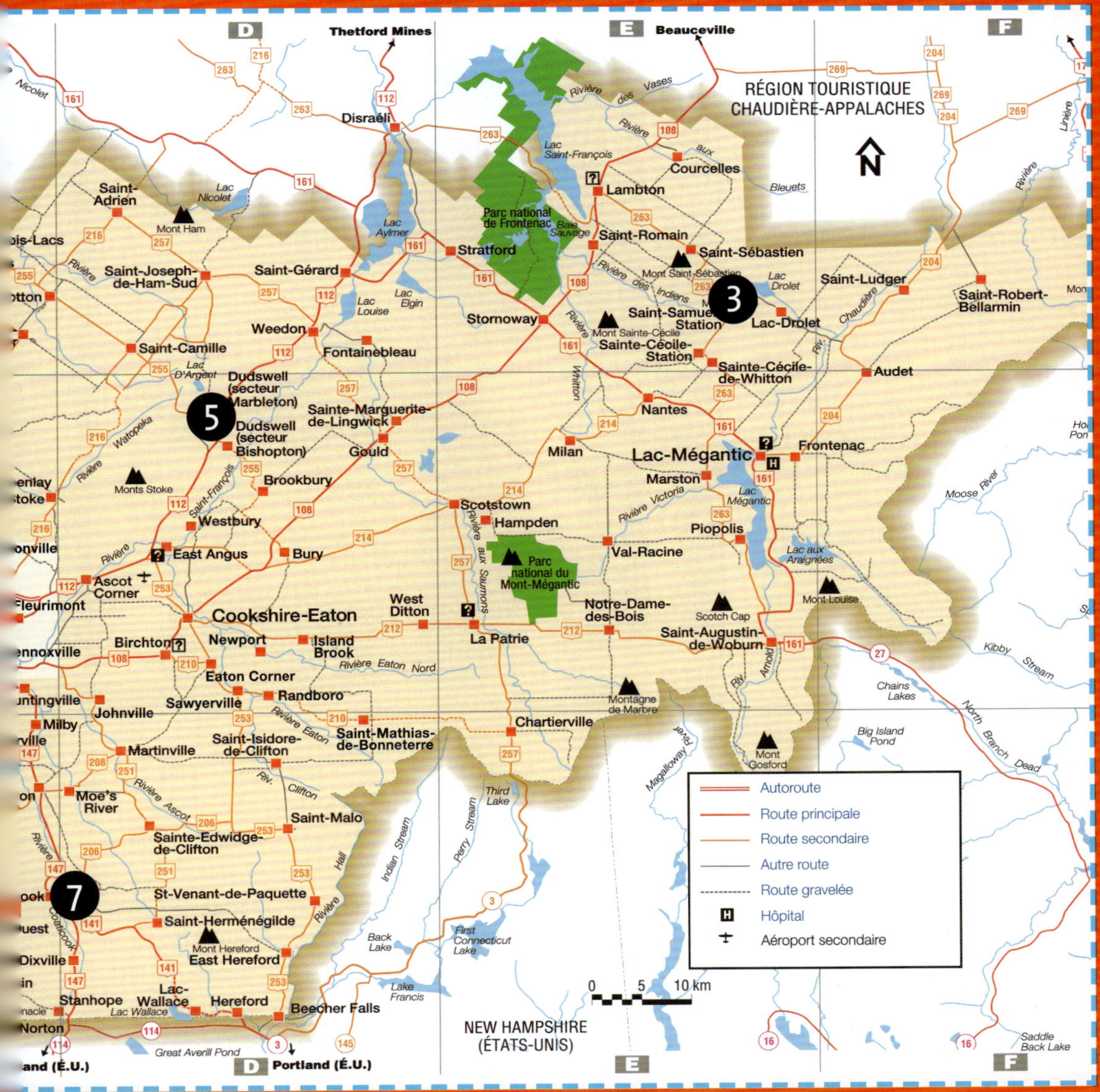

1. Le Centre d'interprétation de l'ardoise à Melbourne
2. La mine Capelton à North Hatley : une expérience souterraine inoubliable !
3. La Maison du Granit à Lac-Drolet
4. Le Sanctuaire du Cristal à Bonsecours
5. La Maison de Lime Ridge à Dudswell
6. Le Musée minéralogique et d'histoire minière à Asbestos
7. Le parc de la Gorge de Coaticook : une nature taillée dans le roc
8. La gorge de la rivière Magog et la centrale Frontenac à Sherbrooke
9. Le GranitExpo Musée de Stanstead

Le Centre d'interprétation de l'ardoise à Melbourne

Pour ceux d'entre nous qui ont fait leurs classes avant les années 1960, l'ardoise évoque surtout les grands tableaux noirs des couvents et des séminaires ou les petites tablettes sur lesquelles les écoliers écrivaient leurs devoirs. Les architectes, eux, utilisèrent ce noble matériau afin d'ajouter du panache à leurs constructions. Quant aux résidents du Val-Saint-François, ils considèrent que cette pierre joua un rôle prépondérant dans le développement de la région au XIXe siècle. À cette époque, une dizaine d'ardoisières fournissaient un gagne-pain à des centaines de travailleurs, venus pour la plupart de Grande-Bretagne.

L'ardoise provient des boues fines sédimentées au fond des océans anciens et résulte des plissements ayant donné naissance aux montagnes. Soumis à de fortes pressions, les minéraux forment des feuillets parallèles, des schistes ardoisiers qui se débitent en minces plaques. Imperméable à l'eau et peu altérable à l'air, l'ardoise s'est révélée d'une grande durabilité, dépassant un siècle. De plus, elle convient parfaitement à des formes de toits complexes et permet, grâce à sa variété de couleurs, des motifs très fantaisistes, ce qui s'harmonisait admirablement aux nouveaux styles architecturaux Second Empire et néogothique de l'époque victorienne.

▲ Logé dans une église presbytérienne datant de 1889, au cœur du Melbourne historique, le Centre d'interprétation de l'ardoise invite les visiteurs à découvrir les multiples usages de cette pierre et les sensibilise à ce patrimoine unique du Val-Saint-François. Comme plusieurs autres bâtiments dans la région, l'église possède encore son toit original en ardoise.

Conférant un chic incontestable aux résidences bourgeoises et la noblesse de rigueur aux bâtiments publics, l'ardoise devint vite un matériau en vogue dans les grandes villes. En raison de sa qualité, celle de la carrière de Melbourne fut le matériau retenu pour la couverture de l'édifice du parlement à Ottawa. Mais à proximité des carrières, cette pierre était un choix tout naturel pour les résidents. À l'époque, elle était utilisée non seulement pour les toitures, mais aussi pour fabriquer divers objets de la vie courante, tels que des tableaux noirs, des lavabos et des planches à laver. Par la suite, elle fut toutefois supplantée par des matériaux modernes moins coûteux. Si bien que dans les années 1920, les dernières ardoisières de la région fermèrent.

Le Centre d'interprétation de l'ardoise nous donne, bien évidemment, une foule d'informations sur l'ardoise. Mais il nous invite aussi à découvrir les outils et autre matériel jadis utilisés pour l'exploiter dans les carrières des environs, la manière dont on la taille et on la pose, ainsi que le très beau patrimoine ardoisier datant de l'âge d'or de cette pierre. De surcroît, la *Boutique d'Art-doise* nous présente une collection d'artefacts fabriqués en ardoise, extraite dans la région.

2 La mine Capelton à North Hatley : une expérience souterraine inoubliable !

▲ L'entrée de la mine Capelton.

Ayant été au centre d'une massive ruée vers le cuivre au début des années 1850, les Cantons-de-l'Est sont considérés comme le berceau de l'industrie minière au Québec. La Commission géologique du Canada, instaurée en 1841, y a dénombré plus de 500 gisements de minerai. À quelques kilomètres de Lennoxville, la mine Capelton fut parmi les premières exploitées dans la région.

En cherchant des traces de minerais sur sa propriété, George Capel y découvrit du cuivre et de l'or. Puis, la demande en cuivre suscitée par la guerre de Sécession aux États-Unis pour la fabrication d'armes et de munitions entraîna d'autres recherches similaires. En 1863, deux mines furent ouvertes, Albert Mines et Capelton, en raison de leur richesse en chalcopyrite, un mélange de cuivre, de soufre et de fer. Deux ans plus tard, ce fut le tour de celle d'Eustis, qui recelait un peu d'or et fut à l'époque la plus profonde au Canada. L'ouverture consécutive de ces mines donna naissance à trois petits villages : Capelton, Albert Mines et Eustis. Après la guerre civile américaine, le prix du cuivre chuta, mais les activités minières se poursuivirent dans les Cantons. Si bien qu'en 1870, la région minière de Capelton fut reliée par chemin de fer aux importants marchés canadiens et américains.

En 1887, pour faciliter le traitement du minerai, une première usine de fabrication d'acide sulfurique fut construite à Capelton. Mais les vapeurs de soufre qu'elle dégageait dans l'atmosphère conduisirent vite les habitants de la région à se plaindre régulièrement de leur effet polluant sur l'environnement. Peu après, l'entreprise diversifia ses activités en se tournant vers la fabrication de produits chimiques, d'explosifs et d'engrais. Elle devint ainsi le plus grand complexe de produits chimiques de l'Empire britannique et l'un des plus importants au monde.

Devenues vétustes, les mines Capelton et Albert furent fermées en 1907. Le complexe de produits chimiques poursuivit ses activités jusqu'au moment où un incendie dévasta toutes les installations, en 1924. À Eustis, la mine de chalcopyrite fut exploitée jusqu'en 1939, année qui marqua la fin de l'activité du complexe industriel et minier de Capelton. Puis en 1995, la famille Vallières-Langlois ouvrit le site au public sous la forme d'un centre d'interprétation du patrimoine local industriel et minier, afin d'y faire revivre l'époque prospère de ce petit village et de la région, à la fin du XIXe siècle.

Après avoir mis les bottes, le manteau de pluie et le casque de mineur fournis, les visiteurs sont emmenés en charrette jusqu'à l'entrée de la mine désaffectée pour une visite de deux heures sous terre. De couloirs en chantiers d'abattage, ils découvrent, en compagnie d'un guide, l'histoire de la plus ancienne mine de cuivre au Québec, la rude vie des mineurs, la géologie, ainsi que les fresques naturelles et très colorées peintes par les lentes coulées d'eau. En toute saison, il est recommandé de porter un chandail, car à l'intérieur de la mine, la température n'atteint jamais plus de 9 degrés Celsius.

Adjacent au bâtiment d'accueil, un musée relate l'histoire des mines Albert, Eustis et Capelton. Situé sur un terrain boisé de 600 acres, le site offre aussi une piste cyclable, une piste d'hébertisme, des sentiers pédestres et un parcours de chasse au trésor. Le service de location de bicyclettes permet d'accéder à la très longue piste cyclable du réseau Les Grandes Fourches, piste qui relie North Hatley à Lennoxville et Sherbrooke. Par ailleurs, dans une vaste cavité pouvant accueillir une soixantaine de personnes au fond de la mine, on présente des événements artistiques. Enfin, on trouve également sur place une boutique, un casse-croûte et des aires de pique-nique.

▲ À l'intérieur de la mine Capelton.

◀ Une visite dans la mine Capelton est une expérience unique !

▲ Le belvédère de la Maison du Granit offre une vue spectaculaire sur le lac Drolet.

3 La Maison du Granit à Lac-Drolet

Il y a 365 Ma, le choc des continents a provoqué l'émergence de massifs granitiques le long de la chaîne des Appalaches. Du fait de leur très grande dureté, ces massifs ont ensuite résisté au processus d'érosion et au décapage des glaciers. Dans la région du Granit, les « mornes » de Sainte-Cécile et de Saint-Sébastien en demeurent les preuves bien visibles. Cette masse granitique pourrait former un cube de 10 km de longueur, 10 km de largeur et 3 km de profondeur.

Vers les années 1880, les premiers colons des villages de Saint-Sébastien, Sainte-Cécile-de-Whitton et Lac-Drolet (appelé Saint-Samuel jusqu'en 1968) découvrent la possibilité de tailler le granit gris qui abonde dans les champs. Grâce au passage du chemin de fer du Québec Central, les premières carrières ouvrent à partir de 1895, et dès 1911, la transformation artisanale du granit amorce un déve-loppement industriel qui se poursuivra tout au long du XXe siècle. La plus importante carrière de granit gris au Canada sera exploitée par la compagnie Silver Granite.

Les églises de Saint-Sébastien et Lac-Drolet ainsi que l'ancien presbytère de Sainte-Cécile-de-Whitton sont les plus anciens bâtiments construits avec le granit de la région. Ailleurs au Québec, plus d'une centaine d'églises et autres édifices ont été bâtis avec ce matériau, dont l'oratoire Saint-Joseph, à Montréal, et la basilique Sainte-Anne-de-Beaupré.

Depuis la fin des années 1970, l'industrie s'oriente vers la production de plaques en granit de couleur et provenance très variées, servant à fabriquer des tuiles et du mobilier ou à recouvrir les murs de grands bâtiments. Le granit transformé dans les usines de Saint-Sébastien et des autres villages de la région n'est pas seulement utilisé au Canada, il est aussi exporté dans divers pays. Au mont Sainte-Cécile, une carrière est toujours exploitée.

Perchée à 640 m d'altitude dans une ancienne carrière et sur l'un des sommets du mont Saint-Sébastien, la Maison du Granit fut créée pour rendre hommage au savoir-faire des pionniers dans le domaine et mettre en valeur la richesse du patrimoine lié à l'exploitation du granit. Elle nous invite à découvrir non seulement une ressource naturelle exploitée depuis plus d'un siècle dans la région, mais aussi les techniques employées hier et aujourd'hui par les tailleurs de pierre. Elle nous propose des ateliers de taille de pierre, la visite d'une usine de transformation du granit et des expositions.

◄ Le centre d'interprétation de la Maison du Granit.

4 Le Sanctuaire du Cristal à Bonsecours

Le Sanctuaire du Cristal, à Bonsecours, présente de magnifiques cristaux de quartz pur et, depuis 1989, met en valeur la beauté naturelle et les propriétés exceptionnelles de cette pierre. Les cristaux de quartz que l'on trouve dans les «veines de la Terre» se sont formés il y a plus de 300 Ma, dans les coulées de lave volcanique. Sous l'effet de températures extrêmes et de fortes pressions, la silice s'est dissoute, et ces cristaux se sont constitués à mesure que les matières en fusion se refroidissaient et se durcissaient. En raison de ses multiples qualités, le quartz est très utilisé dans l'industrie, notamment en électronique et en optique, grâce à ses propriétés piézoélectriques, ainsi qu'en horlogerie, grâce à sa vibration très régulière, qui assure le bon fonctionnement des montres à quartz.

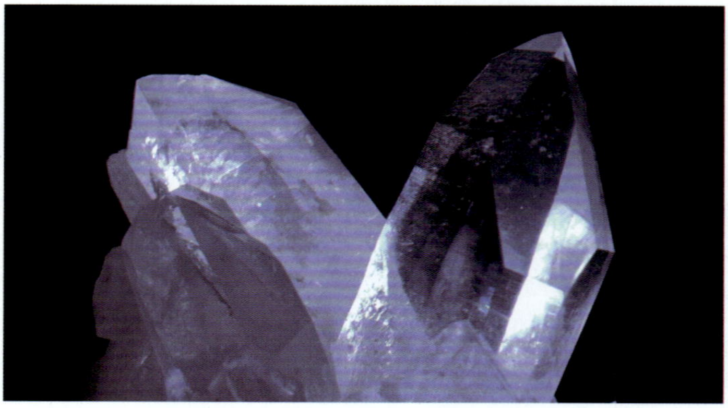

▲ L'une des plus belles sculptures de la nature : des cristaux de quartz naturels aux formes infinies.

Bien que le quartz constitue environ le tiers de la croûte terrestre, peu d'endroits au monde recèlent cette pierre sous forme de cristaux de haute qualité et en quantité suffisante pour en justifier l'extraction. Découvert en 1959, le gisement de Bonsecours représente la seule région minière au Canada et la septième au monde où l'on extrait des cristaux de quartz de première qualité en quantité commerciale. Les cristaux se trouvent dans des cavités appelées «géodes», et la cueillette à la main, dix jours par été, est effectuée de la façon la plus respectueuse qui soit. Les cristaux demeurent ainsi tels que la nature les a façonnés.

Chaque été, un peu plus de 15 000 visiteurs enrichissent ici leurs connaissances de la géographie, de l'histoire et de la géologie de l'endroit, ainsi que de l'extraction, des applications technologiques et industrielles, et de la fréquence universelle des cristaux de quartz. La visite guidée de la mine à ciel ouvert se fait à pied. Le musée contient les plus belles pièces découvertes à Mine Cristal Québec, dont un cristal géant qui mesure plus d'un mètre! La boutique offre une vaste sélection de cristaux fins extraits de la mine et une grande variété de produits reliés aux pierres et aux minéraux, notamment des bijoux et des instruments de musique en cristal. Les visiteurs peuvent également assister à la naissance de véritables joyaux en participant à l'atelier «Minéralogie et cueillette des cristaux». Et durant l'été, ils peuvent se laisser bercer par les sons très reposants des instruments de musique en cristal, en assistant à un «concertférence».

▼ Le Sanctuaire du Cristal, site unique en son genre au Canada, offre non seulement des visites guidées, mais aussi des concerts dont les vedettes sont des instruments en cristal.

5 La Maison de Lime Ridge à Dudswell

Dès 1824, le gisement de calcaire de Dudswell a fourni une chaux d'une qualité exceptionnelle, la classant parmi les meilleures au monde. En 1871, le Québec comptait près de 380 fabriques de chaux. À Dudswell, la production permettait l'exportation à Sherbrooke et même à Stanstead, située à environ 100 km. Avec la mécanisation, l'exploitation de la chaux à la carrière de Dudswell passa du stade artisanal au stade industriel dès le début du XXe siècle. Aujourd'hui, cette carrière fournit annuellement 170 000 tonnes métriques de chaux. La chaux est utilisée dans les domaines du traitement des eaux et de celui des sols acides en agriculture, dans la fabrication du ciment, ainsi que dans les industries chimique, sidérurgique et papetière.

La Maison de Lime Ridge a pour vocation de retracer l'histoire industrielle de la chaux et de faire revivre les moments forts du village du même nom. Ce bâtiment historique construit en 1880 abrite deux expositions : au premier étage, une exposition sur la géologie particulière de la région ainsi que sur la faune et la flore sous le thème de la « Forêt habitée de Dudswell », et au second étage, une fascinante exposition sur l'exploitation de la pierre à chaux de Dudswell, exposition proposée par le Centre d'interprétation de la chaux.

▲ **Centre d'interprétation de la Maison de Lime Ridge.**

6 Le Musée minéralogique et d'histoire minière à Asbestos

L'amiante a autrefois joué un rôle prépondérant dans l'économie québécoise. Dès le début du XXe siècle jusqu'à la grande crise économique de 1929, puis entre 1946 et 1963, l'« or blanc » fut la plus importante substance minérale exploitée au Québec. Dans l'Antiquité, son utilisation était déjà très courante en Égypte et à Rome, mais depuis près d'un siècle, l'industrie a mis au point une vaste gamme de produits (habits de pompier, tuyaux, carreaux pour revêtement de sol) qui tirent profit de son extraordinaire résistance à la chaleur et aux agents chimiques.

Asbestos est un mot anglais dérivé du grec et signifiant *incombustible*. Au sens large, le terme « amiante » désigne les minerais à structure fibreuse, mais au Québec l'amiante se présente surtout sous la forme de fibres de chrysotile, une variété de roche appelée « serpentine ». L'amiante chrysotile provient de vestiges d'un fond océanique aujourd'hui disparu, l'*Iapétus*. Elle serait apparue le long des fractures créées dans la roche lors de l'édification des Appalaches.

L'extraction minière de l'amiante dans la région d'Asbestos débuta en 1881, lancée par un riche cultivateur, W. H. Jeffery. Par la suite, elle a toutefois essuyé de sérieux revers économiques, notamment après la crise de l'amiante dans les années 1980, qui a fait chuter considérablement la demande mondiale, en raison des risques pour la santé qu'elle présente. Depuis 1998, les activités à la mine Jeffery connaissent un net ralentissement.

La ville d'Asbestos, qui s'est développée autour de la mine, a graduellement vu son territoire

▲ Vue du poste d'observation de la mine Jeffery, à Asbestos. La couleur bleue des eaux au fond du puits est due au dépôt de poussière de magnésium et d'autres minéraux présents dans la mine.

▲ Pierres exposées au Musée minéralogique et d'histoire minière d'Asbestos.

diminuer en raison de l'expansion de l'immense cratère, au point que son centre-ville a disparu à plusieurs reprises. Aujourd'hui, la mine Jeffery a un diamètre de 2,5 km, une profondeur de 375 m et une superficie globale de 6 km^2, et son puits est sillonné par 16 km de routes. Elle est la plus vaste mine à ciel ouvert au Canada, ce qui valut à Asbestos le titre de Capitale de l'amiante. De 1950 à 1962, l'extraction s'y fit à la fois sous terre et à ciel ouvert.

Le Musée minéralogique et d'histoire minière d'Asbestos est dédié aux richesses minérales de la mine Jeffery et à l'évolution des techniques d'exploitation de telles ressources. On y trouve des collections en rapport avec la minéralogie et la géologie, des objets rappelant l'histoire minière locale, des échantillons d'amiante de différents pays, ainsi que d'anciens appareils d'arpentage minier et d'exploration géologique.

7 Le parc de la Gorge de Coaticook : une nature taillée dans le roc

La gorge de Coaticook est sans contredit l'une des splendeurs naturelles du Québec. La rivière Coaticook serpente tranquillement au milieu d'une magnifique vallée des Cantons-de-l'Est. Mais à Coaticook, son cours s'accélère très vite, au moment où elle y rencontre un formidable « verrou glaciaire » qui l'oblige à s'engouffrer dans une « gorge » étroite. La formation de ce phénomène géologique remonte à la dernière période de glaciation, soit à plus de 50 000 ans. Créée

Des arbres aux formes étonnantes

Dans les endroits présentant des pentes escarpées, comme dans la gorge de Coaticook, on observe souvent un phénomène naturel surprenant, le phototropisme. Des glissements de terre le long de telles pentes favorisent l'enracinement d'arbres et de plantes sur les parois rocheuses. Lors d'un affaissement de terrain, les arbres sont déplacés et se retrouvent parfois en position horizontale. Afin d'assurer leur survie et de combler leur besoin de lumière, ils s'orientent vers le soleil, ce qui provoque une courbure de leurs troncs.

▶ **Le sentier d'interprétation de la gorge de Coaticook réserve de nombreuses surprises !**

La marmite... de géants

La marmite de géants est une marque d'érosion typique dans la roche dure. Elle est créée dans un lit de rivière rocheux par le travail incessant de l'eau, qui entraîne une pierre très dure dans un mouvement tourbillonnaire. Dans cette valse folle, la pierre use le roc et creuse lentement un trou. Le processus dure jusqu'à ce que le caillou soit complètement désagrégé ou que la force du courant le déloge. Le lit de plusieurs rivières des Cantons-de-l'Est, comme la Niger à Burrough's Falls et la Coaticook, est parsemé de telles marmites. On raconte que, autrefois, les sorcières préparaient leurs potions magiques dans ces cuvettes.

◄ **Dans la gorge de Coaticook, cette marmite de géants remonte à 10 000 ans, lorsque la rivière coulait 30 m plus haut qu'actuellement.**

par le passage d'un glacier et par l'érosion, cette gorge présente une nette dénivellation de 50 m. La force de ses chutes et cascades d'eau spectaculaires, qui attira les premiers pionniers dans la région, est à l'origine de Coaticook.

Enjambant la rivière Coaticook, une passerelle longue de 169 m offre une vue imprenable sur l'ensemble de la gorge. Elle figure dans le *Livre des Records Guiness* comme étant le plus long pont piétonnier suspendu au monde. À cet endroit, la rivière décrit une courbe de 90°, puis continue sa route vers la rivière Massawippi.

En 1974, la municipalité décida de mettre en valeur ce lieu singulier. Aujourd'hui, le parc de la Gorge accueille environ 50 000 visiteurs par an dans un site naturel magnifique. Sur plus de dix kilomètres, des sentiers pédestres dévoilent d'étonnantes formations géomorphologiques : verrou glaciaire, grotte, pli couché dans la roche sédimentaire, schistes ardoisiers, affleurements de quartz, marmites de sorcières, cascades naturelles qui jaillissent du roc.

En plus des découvertes géologiques, une foule d'activités sont proposées dans ce parc : ornithologie, équitation, vélo de montagne, ski de fond, raquette, glissade sur tube, exploration d'une grotte, camping, visites d'une centrale hydroélectrique en activité depuis 1928 et d'une grange ronde, forme typique des granges des Cantons-de-l'Est. Un pont couvert y a été reconstruit et deux tours d'observation y ont été érigées. Le site est aussi un relais officiel du réseau de motoneige de l'Estrie. Enfin, le *Coffret de l'imagination* marie boutique et restaurant. Un cachet unique dans un cadre enchanteur !

▼ **Pont suspendu au-dessus de la gorge de Coaticook.**

8 La gorge de la rivière Magog et la centrale Frontenac à Sherbrooke

La gorge de la rivière Magog vous invite à découvrir l'histoire de Sherbrooke par une excursion dans la nature et un voyage dans le temps. Après la fonte de l'immense calotte de glace qui recouvrait les Cantons-de-l'Est il y a plus de 12 500 ans, les principaux cours d'eau tentèrent de reprendre leur lit précaire. Mais ne réussissant pas à déblayer les dépôts laissés par le glacier, la rivière Magog dut se frayer un passage dans les roches friables, creusant ainsi la spectaculaire gorge qui porte aujourd'hui son nom. Au cœur de Sherbrooke, elle s'élance dans cette gorge atteignant 30 m de profondeur et dévale la pente sur une distance de plus d'un kilomètre en prenant fréquemment la forme de chutes. Ces dernières ayant favorisé l'installation de manufactures dépendantes de l'énergie hydraulique, la gorge de la rivière Magog est perçue comme le pivot du développement de Sherbrooke.

Située dans un site exceptionnel au cœur de la ville, la centrale Frontenac fait aujourd'hui partie d'un circuit touristique pédestre en bordure de la rivière Magog. En compagnie d'un guide-animateur, on peut découvrir comment cette rivière a façonné le caractère de Sherbrooke. Grâce à des passerelles, des belvédères et des sentiers spécialement aménagés, les visiteurs peuvent longer les berges de la Magog, franchir des barrages et admirer des paysages où se marient ville et nature, industries et espaces verts.

La centrale Frontenac, qui produit 2 600 kW d'électricité, est la plus vieille centrale électrique encore en activité au Québec. Construite en 1888 par la Sherbrooke Gaz and Water sur un îlot de la rivière Magog, elle était approvisionnée par un barrage érigé par la compagnie BALCO (British American Land Company). Cette dernière vendait l'énergie produite et contrôlait le développement industriel de la gorge de la rivière Magog. La centrale Frontenac fournissait alors l'électricité nécessaire à l'éclairage des rues de Sherbrooke. Acquise par la Ville en 1908, elle est maintenant gérée par Hydro-Sherbrooke, qui produit, transporte et distribue l'électricité dans la ville de Sherbrooke et une partie de sa banlieue. Même si cette société achète aujourd'hui la majeure partie de son électricité à Hydro-Québec, elle possède l'un des derniers réseaux municipaux au Québec.

◀ L'exposition interactive *Lumière sur la ville* est un voyage à travers l'histoire de la municipalisation de l'électricité à Sherbrooke.

9 Le GranitExpo Musée de Stanstead (GEMS)

Le GranitExpo Musée de Stanstead présente une impressionnante exposition sur l'histoire de la ville, capitale canadienne du granit, et sur les techniques employées et mises au point pour l'extraction de cette pierre à cet endroit. Dans ce musée, on apprend une foule de choses en rapport avec le granit : comment il s'est formé, comment on le scie, on le polit et on le taille, comment s'effectue la gravure sur granit, quelles grandes constructions ont été faites avec ce matériau et comment s'organise le travail dans une carrière. On peut visiter une salle où sont exposées de splendides pièces de granit et rencontrer des artisans. On peut aussi visiter la plus ancienne carrière de granit au pays, en exploitation depuis 1885.

▲ Affleurement de schistes aux « Marmites des sorcières » dans la rivière Sutton.

Histoire et patrimoine

◀ La grange insolite qu'abrite le hameau de Mystic est unique et maintenant reconnue comme un « bien culturel ». Elle témoigne de l'imagination débordante d'Alexander Salomon Walbridge, qui la construisit en 1882. Cette grange possède un toit conique et douze renfoncements, chacun étant destiné à un fourrage différent.

Les Cantons-de-l'Est, un lieu de mémoire

La colonisation des Cantons-de-l'Est par des populations sédentaires de race blanche venues de la Nouvelle-Angleterre ne débute qu'à la fin du XVIIIe siècle. Mais pendant des millénaires, des membres d'une nation amérindienne, les Abénaquis, aussi appelés « peuple du Levant », sillonnaient forêts et rivières, tirant leur subsistance de la cueillette, de la chasse et de la pêche. Toutefois, ces premiers arrivants ont laissé peu de traces, et les premiers écrits relatant les us et coutumes des Amérindiens ne datent que du début des années 1600. Notre connaissance du passé amérindien antérieur est donc très fragmentaire et repose sur l'archéologie préhistorique.

Les premiers occupants

Dans la grande région appalachienne de l'est de l'Amérique du Nord, après les dernières glaciations, les conditions ne furent propices à l'occupation humaine qu'à partir de l'an 12500 avant aujourd'hui (AA). Dans ce lointain passé, les archéologues distinguent deux phases d'occupation humaine : le *paléoindien ancien,* de 12000 à 10000 AA, et le *paléoindien récent,* de 10000 à 8000 AA.

Il a été longtemps admis que les premiers habitants en terre québécoise appartenaient à la culture *Plano* de la période paléoindienne récente. Plusieurs vestiges de cette occupation avaient été mis au jour sur le littoral nord de la Gaspésie. Toutefois, selon de récentes découvertes

Le Méganticois : 12 000 ans d'histoire amérindienne

Aux confins des Cantons-de-l'Est et de la Beauce, le *Méganticois* correspond à un corridor transappalachien qui permettait d'aller des bassins du Saint-Laurent jusqu'à l'Atlantique. Son cœur, qui comprend trois lacs : le lac Mégantic, le lac des Joncs et le lac aux Araignées, fut un lieu de passage et un milieu de vie pour des populations humaines. Les résultats des recherches menées par l'équipe de l'archéologue Claude Chapdelaine et l'École de fouilles du Département d'anthropologie de l'Université de Montréal en août 2003 démontrent l'originalité de l'aventure qu'ont vécue ces populations à cet endroit-là. Les outils taillés dans la pierre répondaient aux besoins de se nourrir, de se vêtir et de se loger en fonction des rigueurs du climat. Les artefacts de pierre trouvés sur les rives du lac aux Araignées indiquent que la présence humaine dans la région du lac Mégantic remonte à plus de 12 000 ans.

faites dans les Cantons-de-l'Est, les premiers occupants seraient arrivés plus tôt, aux alentours de 12000 AA, dans le *Méganticois*.

▲ **Réplique d'un biface taillée dans une rhyolite du Maine. Cet outil est considéré comme le couteau « suisse » de la préhistoire. On ne partait jamais sans lui.**

Des fragments de pointes de flèches à cannelures furent mis au jour sur une terrasse naturelle surplombant la rivière aux Araignées, près de Lac-Mégantic. Les cannelures facilitaient l'emmanchement de la pointe au bout d'une hampe de bois. Elles sont typiques de la culture *Clovis,* la plus ancienne culture répertoriée par les archéologues dans l'est de l'Amérique du Nord. Il s'agit donc de la plus ancienne preuve d'occupation humaine au Québec, après le retrait des glaciers. Ancien couloir d'écoulement d'eau de fonte glaciaire, le Méganticois aurait vraisemblablement servi de pâturage aux caribous et, par conséquent, attiré les chasseurs préhistoriques.

D'autres fouilles pratiquées dans les régions de Weedon, de Capelton, d'East Angus, du lac Brompton et de Mégantic ont révélé des traces de campement datant de la période de l'*Archaïque,* qui s'étend de 8000 à 3000 AA. L'identité des groupes nomades n'a pas été confirmée, mais ils étaient sans doute les ancêtres des Amérindiens abénaquis. Les divers outils trouvés avaient été taillés dans du quartz et polis dans du schiste, et ils servaient à découper la viande ou à apprêter les peaux d'animaux comme le chevreuil, l'ours et le caribou. Des vestiges de la période de l'Archaïque ont aussi été découverts en bordure du lac Champlain, qui s'étend de la frontière du Québec vers les États du Vermont et de New York.

La dernière phase de l'histoire du Québec avant l'arrivée des Européens, au XVIe siècle, est appelée le *Sylvicole.* Cette période, qui remonte à 3000 AA, fut marquée par la fabrication de poteries en terre cuite. De tels objets ont été trouvés dans des sépultures, entre autres à la pointe Merry, à Magog. Ils comportent souvent des éléments de cuivre ou des pierres. Au cours des siècles, les techniques de façonnage et de décoration de la poterie se raffinèrent. Des pointes de flèche, des haches de pierre polie, des grattoirs, des pendentifs et des pipes complètent le matériel représentatif de cette évolution. On en a retrouvé à Ayer's Cliff, à Capelton, à Lennoxville, à Weedon, sur les rives du lac Aylmer et à la baie Missisquoi.

Vers l'an 1000 de notre ère, l'agriculture se développa progressivement entre le lac Ontario et la région de Montréal, avec la culture du maïs, de la courge, des fèves et du tabac. Ce changement profond dans le mode

Les Abénaquis

Les Abénaquis étaient nomades, et les échanges qu'ils entretenaient avec d'autres populations étaient essentiels à leur survie. Pour subvenir à leurs besoins, ils devaient parcourir de grandes distances à certains moments de l'année. Les cours d'eau étaient leurs principales voies de communication. Le cuivre, la pierre à savon et le chert, matériaux rares, étaient recherchés. Des artefacts ont permis d'établir des liens entre les groupes nomades du sud du Québec et ceux du Maine et du Vermont aux États-Unis. L'histoire de ces Amérindiens doit donc se concevoir dans un cadre beaucoup plus vaste que les Cantons-de-l'Est, sur un territoire s'étendant de la vallée du Saint-Laurent à la côte Atlantique de la Nouvelle-Angleterre et à la vallée de l'Hudson, dans l'État de New York.

de subsistance est attribué aux peuples iroquoiens de la vallée du Saint-Laurent, qui connaissaient alors une forte croissance démographique. Des regroupements de longues maisons pouvant abriter plusieurs familles et entourés de palissades reflètent des habitudes de vie plus sédentaires. Même si aucune preuve n'en atteste l'existence dans les Cantons-de-l'Est, il est plausible que des Iroquois aient vécu dans des villages de ce type à l'époque du passage de Jacques Cartier sur le fleuve Saint-Laurent, en 1535. Des indices archéologiques révèlent la présence saisonnière de membres de cette nation entre 1400 et 1450 sur les rives de la rivière aux Brochets, près de la baie Missisquoi.

▶ Cette pierre plate exposée à Vale Perkins est gravée de pétroglyphes dont l'origine demeure mystérieuse. Certains associent ces marques aux Amérindiens, tandis que d'autres y voient la preuve du passage des Celtes dans la région, en raison d'une similitude entre les caractères gravés et l'écriture Ogham. Il existe de nombreux sites semblables dans le canton de Potton.

Terre ancestrale des Abénaquis

À la suite de l'arrivée des Européens (Hollandais, Français, Anglais) au début du XVIIe siècle dans le nord-est de l'Amérique du Nord, les Amérindiens vont modifier radicalement leur mode de vie. Le déferlement des maladies contagieuses, qui, estime-t-on, ont fauché plus de 80 % de la population, la traite des fourrures, qui les détourne de leurs activités traditionnelles, les guerres entre tribus et les conflits entre les colonies anglaise et française auront finalement des conséquences dramatiques pour les Abénaquis.

La marque des premiers occupants

Aujourd'hui, la présence des Abénaquis est encore visible dans les Cantons-de-l'Est. Les noms de lieux d'origine abénaquise reflètent les particularités du paysage et des cours d'eau qui étaient essentiels pour ces premiers habitants : Abénaquis signifie « terre de l'aurore » ou « pays qui est à l'est » ; Coaticook (Koatikeku), « rivière de la terre du pin » ; Magog (Namagok), « lac où il y a de la truite saumonée » ; Massawippi, « beaucoup d'eau claire » ; Mégantic (Namagwottik), « lieu où il y a de la truite de lac » ; Memphrémagog (Mamhlawbagak), « grande étendue d'eau » ; Missisquoi, « multitudes d'oiseaux aquatiques » ; Tomifobia, « rivière tranquille » ; Yamaska (Mamaska), « crapaud ».

Les Abénaquis ont joué un rôle prédominant dans l'histoire contemporaine des Cantons-de-l'Est. Toutefois, ils n'auraient pas occupé la région en permanence. Les Cantons-de-l'Est étaient un territoire où ils pouvaient chasser, pêcher, faire du piégeage, et, parfois, se réfugier. Situés entre le lac Champlain et la rivière Chaudière, ils constituaient en outre une zone de passage leur permettant d'accéder à leurs terres ancestrales, en Nouvelle-Angleterre. Le confluent des rivières Saint-François et Massawippi, à Lennoxville, et celui des rivières Saint-François et Magog, à Sherbrooke, servaient aussi de lieux de rencontre entre les nations.

Pour se déplacer, les Abénaquis empruntaient de grands lacs, comme les lacs Memphrémagog, Champlain et Massawippi, et des rivières, comme la Saint-François et la Missisquoi. En Nouvelle-Angleterre, ils voyageaient par la rivière Penobscot dans le Maine et par la rivière Connecticut dans les États du New Hampshire, du Massachusetts et

Les Abénaquis de l'Ouest et les Abénaquis de l'Est

Même s'ils appartiennent à la même famille des Algonquins maritimes, les Abénaquis de l'Ouest et les Abénaquis de l'Est diffèrent par leurs traits culturels.

Vers 1600, les Abénaquis de l'Ouest occupaient le territoire correspondant au Vermont et au New Hampshire, et le groupe principal, les *Sokokis,* contrôlait la rivière Connecticut. D'autres bandes étaient établies en bordure des rivières Merrimack et Haute-Connecticut, ainsi que sur les rives orientales du lac Champlain. Ayant finalement adopté un mode de vie sédentaire, les Abénaquis de l'Ouest se mirent à cultiver la terre, à récolter l'eau d'érable ainsi que les fruits sauvages et à pratiquer la chasse, la pêche et le piégeage sur leur territoire. Leurs longues maisons à armature de bois recouvertes d'écorces étaient entourées de palissades. Chez eux, la cellule de base était la famille, qui s'identifiait à un animal totémique. Ils étaient en bons termes avec les Mohicans de la vallée de l'Hudson, mais en conflit avec les Iroquois mohawks.

Pour leur part, les Abénaquis de l'Est étaient répartis le long des côtes et à l'intérieur du Maine. Ils subsistaient surtout grâce à la pêche en rivière et en estuaire, ce qui accentuait leur nomadisme. Leurs structures familiale et politique différaient de celles des Abénaquis de l'Ouest : ils pratiquaient la polygamie, et leurs chefs, appelés « sagamores », contrôlaient un vaste réseau de familles. Ils étaient souvent en conflit avec les Micmacs, qui occupaient la région des Maritimes.

de New York. Ils utilisaient soit des canots en écorce de bouleau, soit des canots fabriqués dans un tronc d'arbre. Entre les voies d'eau, ils ouvraient des chemins pour le portage. On raconte que celui reliant la rivière Missisquoi au lac Memphrémagog passait par le village actuel de Mansonville et allait jusqu'à Vale Perkins.

Dès 1689, les guerres entre la France et l'Angleterre se répercutèrent sur le continent américain, déclenchant des conflits incessants entre les colonies de ces pays. Les Amérindiens étaient entraînés dans ces hostilités en fonction de leur allégeance : les Abénaquis et les Mohicans, alliés aux Français, affrontaient les Iroquois, alliés aux Anglais. Jusqu'à la conquête anglaise, des raids punitifs persistèrent dans les Cantons-de-l'Est et dans le nord des États du Vermont et du New Hampshire.

En 1695, à la suite de la destruction par les Iroquois du village d'Arsigantegik, dans la région de Sherbrooke, les survivants se réfugièrent en bordure du lac Saint-Pierre. En réponse, le gouvernement de la Nouvelle-France décida de concéder des terres à ces Amérindiens d'origines diverses. Il jeta ainsi les bases de la mission de Saint-François, qui serait connue plus tard sous le nom de « mission d'Odanak ».

Après la capitulation de la France en 1760, les Abénaquis reprirent leurs activités traditionnelles de subsistance dans les environs du lac Memphrémagog, jusqu'à l'ouverture des Cantons-de-l'Est à la colonisation. Toutefois, les maladies, la guerre et l'alcool faisant des ravages, la population diminua jusqu'à la fin du XVIIIe siècle. L'installation des colons américains sur les rives du lac Champlain évinça les Abénaquis de leur fief historique de Missisquoi, et la Couronne anglaise concéda aux Abénaquis de Saint-François des terrains de chasse dans la région de La Tuque, en Mauricie. Ces derniers continuèrent néanmoins de chasser, pêcher et poser des pièges dans les Cantons-de-l'Est jusqu'à la fin du XIXe siècle. Ils y installèrent des campements saisonniers, notamment à Cookshire et en bordure des lacs Massawippi et Mégantic. Au début du XXe siècle, certains Abénaquis se rendaient chaque été aux États-Unis pour y vendre leur vannerie de frêne et de foin d'odeur. Aujourd'hui, 1 600 Abénaquis vivent au Québec. Près de 350 habitent dans les villages d'Odanak et de Wôlinak, au bord du Saint-Laurent, en face de Trois-Rivières. Ils pratiquent toujours leurs activités traditionnelles sur un territoire situé en Haute-Mauricie.

▲ **Poterie amérindienne vieille de plusieurs siècles, trouvée par Richard Thouin lors d'une plongée dans le lac Memphrémagog.**

Le Mena'sen, à Sherbrooke

Le *Mena'sen*, « île au rocher » en abénaquis, fut le théâtre d'une bataille légendaire entre un chef iroquois et un chef abénaquis pour la possession de terres de chasse dans la vallée de la Saint-François. Les deux guerriers convinrent de tourner autour d'un arbre jusqu'à épuisement. L'Abénaquis l'emporta. Une croix lumineuse fut érigée sur le site le 24 juin 1934.

Les Cantons-de-l'Est, mosaïque ethnique et linguistique

La colonisation des Cantons-de-l'Est débuta après la conquête de la Nouvelle-France par l'Angleterre en 1760. Jusqu'en 1850, elle fut le fait des Américains et des Britanniques. Ensuite, les Canadiens français la poursuivirent.

Terre de refuge des loyalistes

Étroitement lié à la Guerre d'indépendance américaine (1776-1783), le peuplement des Cantons-de-l'Est débuta véritablement en 1792, quand les autorités britanniques décidèrent de concéder des terres dans cette contrée. La culture de la Nouvelle-Angleterre, dont provenaient la plupart des familles de cette première vague d'immigration s'étendant sur une trentaine d'années, allait façonner profondément le visage des Cantons-de-l'Est. De nos jours, cet héritage est encore bien visible : des maisons de style américain à clins de bois, une multitude de petites églises protestantes et, bien sûr, l'importante minorité d'anglophones qui résident dans la région.

Figure 5 : Les grands axes de l'immigration dans les Cantons-de-l'Est

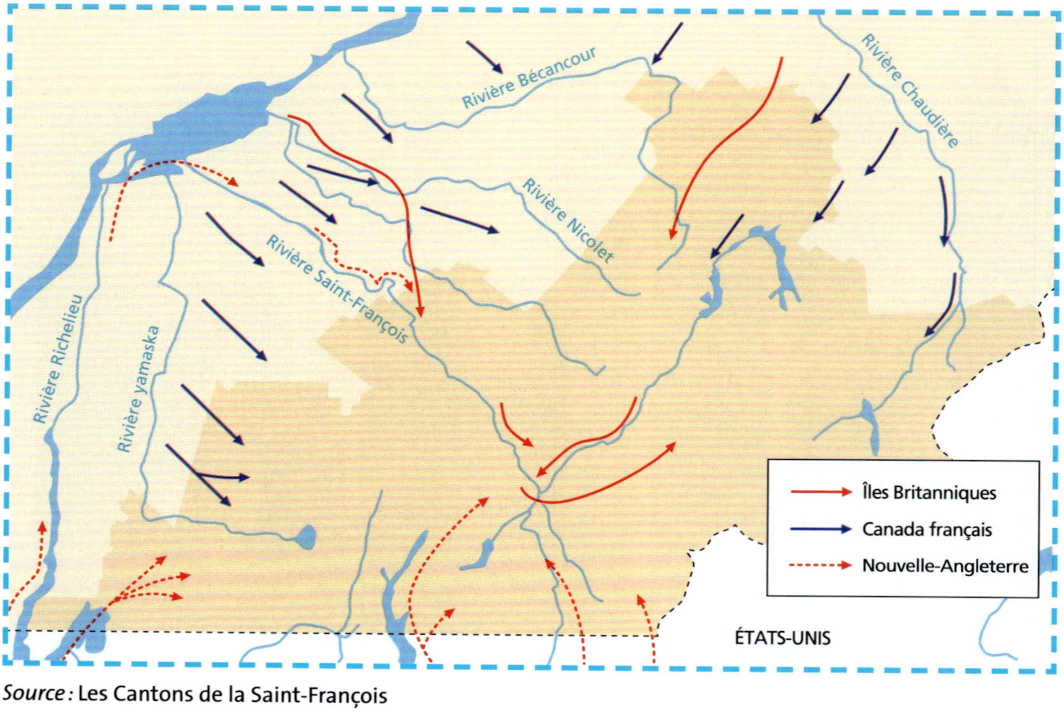

Source : Les Cantons de la Saint-François

Sous le régime français, alors que les basses terres de la vallée du Saint-Laurent étaient découpées en seigneuries, le vaste territoire compris entre la plaine du Saint-Laurent et la frontière américaine au sud du Québec était quasi inoccupé. Seuls y vivaient quelques milliers d'Abénaquis, qui avaient uniquement des rapports épisodiques avec les nouveaux arrivants.

À la fin du XVIIIe siècle, des loyalistes américains virent leurs biens confisqués ou détruits par les révolutionnaires. Nombre de ces *United Empire Loyalists* durent quitter les vallées des rivières Hudson et Mohawk. Parmi eux se trouvaient des officiers et des miliciens ayant combattu la révolution, ainsi que des civils persécutés pour leur loyauté envers la Grande-Bretagne. Dépossédés de leurs terres, ils furent obligés de s'exiler. Des milliers d'entre eux, désirant demeurer sujets du roi d'Angleterre, traversèrent la frontière canado-américaine. Certains se fixèrent en Nouvelle-Écosse et en Ontario, d'autres au Québec. Deux mille environ s'établirent dans les Cantons-de-l'Est – surtout dans la région frontalière de la baie Missisquoi –, à Sorel et en Gaspésie. Jusqu'à la fin des hostilités, en 1783, ces réfugiés empruntèrent le lac Champlain et la rivière Richelieu pour accéder au Québec.

Certains des loyalistes immigrés étaient d'ascendance hollandaise ou allemande. Ils s'étaient tout d'abord réfugiés en Angleterre pour des motifs religieux. Puis ils avaient émigré en Pennsylvanie et dans la région de New York, avant de s'expatrier à nouveau.

Après le conflit, le gouvernement britannique préféra conserver la région située au sud de la vallée du Saint-Laurent comme zone tampon entre la nouvelle République américaine et le Québec récemment conquis. Néanmoins, un petit nombre de réfugiés loyalistes se fixèrent quand même en *squatters,* c'est-à-dire sans titre d'établissement, aux abords de la baie Missisquoi, dans les seigneuries de Noyan, de Foucault et de Saint-Armand ; ces terres, aisément accessibles pour eux, se prêtaient bien à l'agriculture. En 1784, ils fondèrent Philipsburg, premier village de la région, puis Pigeon Hill (1788), Saint-Armand-Centre et Saint-Armand-Est (1789), Frelighsburg (1790) et Abercorn (1792). À mesure que certains secteurs se développaient, ils emménageaient dans les cantons situés plus à l'est. Toutefois, à la différence des autres loyalistes réfugiés au Canada, ils ne bénéficiaient pas de la faveur du gouvernement britannique, puisqu'ils avaient bravé une interdiction. Ils étaient donc dépourvus de moyens. En outre, ils étaient réfractaires au régime seigneurial, régi par des lois françaises. Par conséquent, ils convoitaient le vaste territoire encore non concédé par la Couronne et situé en dehors des seigneuries du Québec méridional. De 1783 à 1792, ces loyalistes exercèrent constamment des pressions sur le gouverneur britannique Haldimand afin que leur soient officiellement octroyées des terres le long de la frontière canado-américaine. Finalement, ils obtinrent satisfaction, grâce à la Proclamation de 1792, une nouvelle loi britannique.

À la suite de la Proclamation de 1792, le territoire des futurs Cantons-de-l'Est fut arpenté. Cependant, les autorités britanniques nouvellement en place abandonnèrent la coutume française des seigneuries et mirent en place leur propre système d'occupation des terres, reposant sur la division égale de celles-ci en districts appelés *townships*. C'est ainsi qu'en quelques années ce vaste espace du Bas-Canada fut subdivisé en 95 cantons et baptisé *Eastern Townships*. Le premier canton concédé fut celui de Dunham, en 1796, bientôt suivi par ceux de Sutton, Brome, Bolton, Potton, Farnham, Eaton, Stanstead, Hatley, Stukely et Orford, puis par une quarantaine d'autres au début des années 1800.

Aux loyalistes vinrent s'ajouter, entre 1790 et 1830, de nouveaux immigrants américains. En quête de meilleures conditions de vie, certains étaient attirés par l'abondance et la gratuité des terres. Intéressés par la spéculation foncière, d'autres espéraient effectuer de belles opérations financières. Cette vague d'immigrants américains fut temporairement ralentie par un nouveau conflit entre les États-Unis et la Grande-Bretagne, puis elle reprit au cours des années 1820, amenant un nouveau contingent de familles en provenance de la Nouvelle-Angleterre, principalement du Vermont. À la différence de la première vague, elle n'était pas constituée de colons défricheurs, mais d'artisans, de professionnels et d'entrepreneurs. De ce fait, elle contribua à la transformation de l'économie et de la société dans les Cantons-de-l'Est. Elle cessa à la fin des années 1820, lorsque le canal Érié, creusé entre Albany et Buffalo en 1825, offrit de nouvelles ouvertures à la colonisation dans le Midwest américain. Toutefois, une autre vague d'immigrants avait déjà débuté, celle qui amena des Britanniques dans les Cantons.

Terre d'accueil des immigrants britanniques

Entre 1815 et 1840, les bouleversements économiques et sociaux provoqués par la révolution industrielle et la réforme agraire dans les îles Britanniques donnèrent l'impulsion à une nouvelle vague d'immigration. À cette époque, on remplaçait d'habiles artisans anglais par des machines et, pour répondre aux besoins des nouvelles manufactures de textiles, on confisquait les terres des Écossais pour les transformer en pâturages à moutons afin de produire davantage de laine. Si bien que des dizaines de milliers de colons britanniques débarquèrent en Amérique du Nord, terre de liberté.

Officiers anglais, vétérans des guerres napoléoniennes, paysans pauvres d'Irlande et de Haute-Écosse (Highlands), c'est par centaines que des Britanniques arrivèrent à Québec sur des bateaux venus chercher le bois des forêts canadiennes. La plupart se fixèrent dans le Haut-Canada ou aux États-Unis, et un certain nombre s'établirent dans les Cantons-de-l'Est, sur les terres encore vacantes

Pourquoi les *townships* ?

C'est aux colons américains intéressés par l'ouverture des *townships* (cantons) et par la concession de bonnes terres que nous devons l'établissement des premières colonies dans les Cantons-de-l'Est. Dès le début de la colonie, le *township* caractérisa l'organisation du Bas-Canada. Sous le régime français, la vallée du Saint-Laurent était découpée en seigneuries formant d'étroites bandes parallèles réparties de part et d'autre du fleuve ou de l'un de ses affluents. Pour ce qui est des *townships*, les autorités britanniques les octroyèrent aux colons loyalistes ayant fui la révolution américaine de 1776. Suivant la tradition anglaise, un *township* situé à l'intérieur des terres mesurait 100 milles carrés (259 km² ou 16,1 km sur 16,1) ; s'il était attenant à un cours d'eau, il mesurait 9 milles (14,5 km) de façade et 12 milles (19,3 km) de profondeur. Chaque parcelle était divisée en 304 lots d'environ 200 acres. Deux parties sur sept étaient réservées à la Couronne et au clergé protestant. La région fut bientôt connue sous le nom d'*Eastern Townships*, par opposition aux *Western Townships* du Haut-Canada, qui formeraient plus tard l'Ontario. Par leurs établissements plutôt dispersés sur le territoire, les *townships* différaient des seigneuries, où les habitations étaient rassemblées autour du manoir ou de l'église. De plus, ils étaient de tenure libre, c'est-à-dire exempts de rentes seigneuriales. Pour obtenir un *township*, un chef pétitionnaire devait regrouper au moins 40 membres en une société et payer l'arpentage ainsi que les frais des procédures et d'émission relatifs aux titres de propriété.

Les francs-maçons

Apparue dès les débuts de l'immigration américaine, la franc-maçonnerie est le plus ancien mouvement associatif dans les Cantons-de-l'Est. En 1793, une loge regroupant des arpenteurs et des leaders d'opinion, dont Nathaniel Coffin, James Rnakin et Gilbert Hyatt, fut créée à Philipsburg. Cependant, c'est dans la deuxième partie du XIXe siècle que les loges se multiplièrent. La plus active fut celle de Stanstead, la *Golden Rule,* qui célébra en 2003 deux cents ans d'histoire. Stanstead étant située près de la frontière séparant le Canada des États-Unis, cette loge regroupe des membres des deux pays, qui se réunissent dans un bâtiment réputé pour sa splendeur.

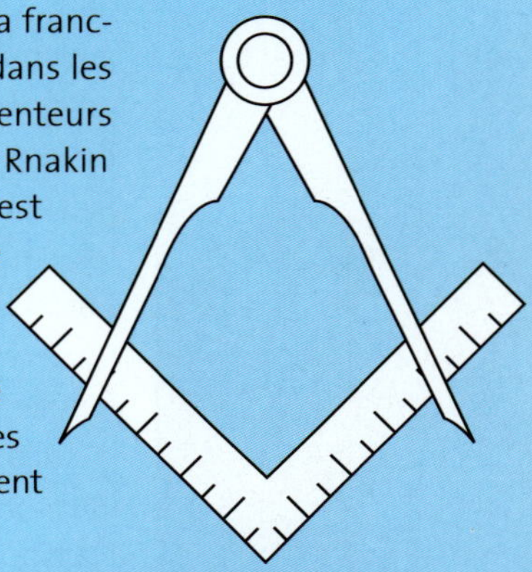

▲ **Le sigle des francs-maçons, un compas ouvert sur une équerre.**

La *Golden Rule* est aussi connue pour son pèlerinage annuel, qui a lieu au solstice d'été depuis plus d'un siècle et demi, au sommet du mont Owl's Head, surplombant le lac Memphrémagog. Cet événement rassemble des francs-maçons venus des quatre coins du monde.

des comtés de Shefford, Brome, Stanstead, Richmond, Sherbrooke, Leeds, Ireland et Inverness. Les Irlandais s'installèrent plutôt dans les régions de Granby et de Richmond, où ils travaillèrent soit à la construction du nouveau chemin de fer, soit dans des manufactures, tandis que les Écossais se concentrèrent dans les régions de Gould et Mégantic.

◀ **Page 88 : Située à Philipsburg, en bordure de la baie Missisquoi, cette maison est l'une des plus anciennes demeures d'immigrants loyalistes dans les Cantons-de-l'Est. Elle a été construite en bois équarri, vers 1784.**

Pour faciliter l'établissement d'immigrants britanniques dans les Cantons-de-l'Est, l'administration coloniale fonda à Londres une société foncière, la British American Land Company (BALC), qui s'établit à Sherbrooke en 1835. À bon compte, cette société acheta au gouvernement les réserves de la Couronne et du clergé dans les comtés de Sherbrooke, Shefford et Stanstead, ainsi qu'un vaste territoire à l'est de Sherbrooke encore non concédé, totalisant 800 000 acres de terres vierges ; à la suite de cet achat, les cantons de Bury et Lingwick, dans le Haut-Saint-François, furent le théâtre de ses premières opérations en faveur de l'installation de nouveaux colons. La BALC acquit également des terrains sur les deux rives de la Magog, rivière sur laquelle elle allait ainsi pouvoir construire des barrages.

▲ Au sommet du mont Owl's Head, un amphithéâtre naturel accueille une loge maçonnique en plein air. Unique au monde !

Sous l'égide de la BALC, le projet de développement du Bas-Canada culmina vers les années 1835. En effet, la société décida d'investir dans l'amélioration du réseau de transport et la construction de maisons, de moulins et d'écoles afin de rendre plus attrayantes ses propriétés des Cantons-de-l'Est. Aux colons en provenance des îles Britanniques s'ajoutèrent alors des Allemands, des Hollandais, des Suisses et des Polonais. Ces nouveaux venus colonisèrent notamment les cantons d'Ascot, Westbury, East Angus, Dudswell, Newport, Eaton, Bury et Lingwick.

Pendant qu'un fort contingent de familles anglaises s'installaient dans le canton de Bury, les Écossais gaéliques de l'île de Lewis portèrent leurs pénates dans les cantons de Lingwick, Winslow, Whitton, Hampden et Marston dans le Haut-Saint-François. Ils allèrent même jusqu'au lac Mégantic. Ils fondèrent les villes et villages de Scotstown, Gould, Stornoway, Marston, Lac-Mégantic et Milan, et donnèrent ainsi naissance à la *Petite Écosse du Québec*. La région du Haut-Saint-François ne convenant pas à la culture céréalière, ces immigrants des Highlands, de concert avec les pionniers canadiens-français et les catholiques irlandais, se tournèrent vers l'exploitation forestière et l'agriculture à petite échelle.

À l'intersection des routes 108 et 257, le village de Gould, fondé il y a 150 ans par des Écossais de l'île de Lewis, compte aujourd'hui 422 habitants. Durant Les Rendez-vous des traditions écossaises de Gould, tout le canton de Lingwick vibre au rythme de la musique traditionnelle écossaise, agrémentée d'histoires et de légendes, de danse, de conférences ainsi que de dégustations de scones et de thé écossais.

▶ Grâce à ses trames et ses couleurs strictement codifiées par la tradition, le tartan permet à l'Écossais d'afficher son appartenance à un clan et de manifester sa loyauté envers celui-ci. Ce code vestimentaire est lié à la tradition héraldique.

L'écho des chants gaéliques

La vie des pionniers, quel que soit leur pays d'origine, est toujours marquée par de dures épreuves. L'histoire des colons écossais d'expression gaélique de Haute-Écosse est particulièrement bouleversante.

▲ Jeff McCarthy, joueur de cornemuse.

Ces colons écossais étaient originaires de l'archipel des Hébrides – situé au nord-ouest de l'Écosse –, et plus particulièrement de l'île de Lewis, dépourvue de forêt et couverte de tourbe. Au début du XIXe siècle, cette population essentiellement rurale vivait de la pomme de terre, que complétaient la pêche et le ramassage d'algues. La pauvreté était le lot de la plupart des familles de cultivateurs (*crofters*), qui devaient payer une rente en nature à leur seigneur. Cependant, trouvant plus rentable de louer une partie de ses terres aux éleveurs de moutons des Lowlands, ce dernier expulsa bientôt les *crofters* ailleurs dans l'île ou en Amérique du Nord. Vers les années 1830, la pauvreté engendrée par de mauvaises récoltes s'était généralisée, mais elle s'était accrue à partir de 1845, lorsque la maladie de la pomme de terre avait causé une famine chronique. De nombreux cultivateurs, incapables de payer leur rente au seigneur, reçurent alors un avis d'éviction de leurs terres et se virent ainsi privés de tourbe, leur unique combustible pour se chauffer. Pour s'en sortir, ils n'avaient plus qu'un seul choix : l'exil. En 1851, plusieurs milliers de personnes émigrèrent donc vers l'Australie et la Grande-Bretagne. Mais beaucoup d'Écossais choisirent plutôt de rejoindre leurs compatriotes déjà partis s'installer en Nouvelle-Écosse, à l'île du Cap-Breton, en Ontario ou dans les Cantons-de-l'Est. Dans les *townships,* ils retrouvèrent leur culture, leur langue et leur religion presbytérienne. C'est ainsi que le territoire situé à l'est de Sherbrooke devint non seulement écossais, mais plus spécifiquement gaélique et hébridéen.

Le raid des Fenians

Au cours des années 1860, des républicains irlandais habitant aux États-Unis réclamèrent l'indépendance de l'Irlande. Ce pays, alors soumis à l'autorité britannique, était plongé dans une extrême pauvreté. La population, grandement décimée par la famine des années 1840, ne recevait aucun soutien de l'Angleterre. Entre 1847 et 1861, plus de deux millions d'Irlandais traversèrent l'Atlantique en quête d'une vie meilleure. Bon nombre d'Irlandais se montrèrent amers envers l'Angleterre. Un groupe radical, *la Fenian Brotherhood,* complota de prendre le Canada en otage afin d'obliger l'Angleterre à accorder son indépendance à l'Irlande.

En 1866, les Fenians lancèrent une série de raids sur le territoire canadien, dont l'un se déroula à Pigeon Hill, à la frontière entre le Québec et le Vermont. Ils pillèrent les fermes de Saint-Armand et de Frelighsburg et, dit-on, insultèrent et battirent les habitants des lieux. Ils furent bientôt repoussés par des troupes de soldats canadiens.

Les Cantons-de-l'Est abritent une importante population de Suisses, qui furent attirés par les paysages montagneux, les terres agricoles riches et la qualité de vie que l'on y trouve. Ces Suisses expatriés ont conservé une grande fierté envers leur culture et leurs traditions nationales. Chaque été au début du mois d'août, la Fédération des sociétés suisses de l'est du Canada célèbre en grande pompe la fête nationale, au chalet Altitude 400 de la station du mont Sutton.

▼ **À Eccles Hill, un monument commémoratif rappelle les incursions des Fenians en territoire canadien.**

Festival multiculturel de Potton.

Depuis 1992, chaque année au mois d'août, des personnes d'une vingtaine de nationalités différentes prennent part au Festival multiculturel de Potton. Il s'agit là d'une belle manifestation de la diversité ethnique et culturelle des Cantons-de-l'Est. Défilé, bals, barbecues, cuisine internationale et exposition d'artisanat sont au menu lors de ces festivités.

La colonisation britannique, un succès relatif

Malgré les efforts des autorités britanniques, le peuplement des Cantons-de-l'Est demeura laborieux jusqu'au milieu du XIXe siècle. L'immigration britannique, essentiellement dirigée vers les États-Unis et le Haut-Canada, s'essoufflait. En 1850, la population estrienne n'atteignait pas 100 000 personnes, établies pour la plupart dans le sud-ouest du territoire. En moyenne, pas plus de 1 000 anglophones par an n'y avaient immigré depuis 1792. Le rêve que caressait l'administration coloniale britannique de faire des Cantons-de-l'Est un *Lower British Canada* s'évanouissait.

Les établissements anglais demeuraient en effet concentrés dans les comtés de Missisquoi, de Brome et de Stanstead, à proximité de la Nouvelle-Angleterre, d'où étaient arrivés la grande majorité des colons. Alors qu'il était relativement aisé pour les immigrants américains d'accéder aux Cantons-de-l'Est par voie d'eau (lac

Champlain, lac Memphrémagog, rivière Magog) et par le réseau routier de la Nouvelle-Angleterre, les colons britanniques devaient affronter les difficultés du voyage par voie terrestre dans le nord, notamment sur les chemins Craig et Gosford. L'éloignement du fleuve et les mauvaises conditions routières ralentissaient la colonisation. Les routes, peu nombreuses, étaient très mal entretenues. Praticables uniquement à certaines périodes de l'année, elles se prêtaient mal au transport de cargaisons.

Au cours des années 1830, la BALC avait bien tenté d'améliorer le réseau routier, essentiel pour la réalisation de ses ambitieux projets. Elle avait fait construire le chemin de Cookshire à Victoria (l'actuelle 214), dans la région de Scotstown, la route 108, qui traverse le nord des cantons de Bury et Lingwick, et la route reliant Sherbrooke au canton de Shefford en passant près du lac Stukely. Mais l'état lamentable de ces voies n'avait nullement favorisé la colonisation des Cantons-de-l'Est.

L'ancien chemin de Magog

À son ouverture, en 1794, l'ancien chemin de Magog n'était qu'un simple sentier. Pourtant, il devint la principale voie empruntée par les pionniers désirant atteindre les Cantons-de-l'Est à partir des États-Unis. Ces colons passaient en effet par Philipsburg, sur les rives du lac Champlain. De là, un sentier rudimentaire les conduisait à Dunham, où ils prenaient le chemin à destination de Magog, qui passait par Nelsonville (aujourd'hui Cowansville), Gilman's Corner, Calls Mills et Lac-Brome. De l'autre côté de ce dernier village, le chemin menait, par la passe de Bolton, à la vallée de la rivière Missisquoi. Il escaladait ensuite une crête, tout comme à présent le chemin Mountain, avant de redescendre vers le lac Memphrémagog pour aboutir à Knowlton Landing. En hiver, les pionniers qui désiraient se rendre à Georgeville traversaient le lac gelé. En été, ils prenaient le traversier de M. Copp, un bateau mû par des chevaux qui marchaient sur un plancher circulaire actionnant une roue à aubes. L'ancien chemin de Magog ne devint carrossable qu'en 1830.

▼ À Dunham, le relais de la diligence abrite maintenant un restaurant bien sympathique.

La *Journée des Townshippers* rassemble toute la population des Cantons-de-l'Est afin de rendre hommage au dynamisme et à la créativité de la communauté d'expression anglaise des Cantons. Pour faire apprécier le charme et la spécificité de cette communauté fervente d'histoire et de culture régionales, l'événement se déroule chaque année dans une ville différente, dont il met en vedette les artisans, les artistes, les musiciens, les danseurs et les écrivains.

Les chemins Craig et Gosford

Ouvert en 1810 à l'instigation du gouverneur Craig pour relier Québec aux Cantons-de-l'Est puis à Boston, le chemin Craig devait permettre l'approvisionnement en produits agricoles fournis par les fermes qui se multipliaient dans les Cantons. Il visait aussi à favoriser l'immigration de colons d'ascendance anglaise,

Un an après l'ouverture du chemin Craig, un service de diligence offert à Boston permettait d'atteindre Québec en six jours. Pendant plusieurs années, ce service ne fonctionna de façon régulière que durant les mois d'hiver, lorsque les routes et ruisseaux gelés permettaient d'y circuler. Faute de moyens financiers, l'entretien faisait gravement défaut. Il était même conseillé aux voyageurs de se munir d'une hache afin de pouvoir couper les arbres tombés en travers du chemin, et à plusieurs endroits, il fallait traverser les rivières à gué ou sur des radeaux-traversiers. En 1828, malgré plusieurs réfections, le chemin Craig demeurait boueux et impraticable en voiture.

Dans les années 1830, un nouveau chemin, auquel on donna le nom du gouverneur général Gosford, fut greffé au chemin Craig. Il traversait le canton d'Inverness pour se rendre à Maple Grove, où il obliquait vers le sud par les cantons de Ham et Dudswell afin de rejoindre le chemin Dudswell, ouvert par les pionniers d'Hereford et d'Eaton dans le Haut-Saint-François, pour aboutir à Lennoxville et à Sherbrooke. Certaines sections des chemins Craig et Gosford portent toujours

▲ À Saint-Sébastien, la Maison Royer (1847) témoigne de l'arrivée des premiers Canadiens français dans la région.

leur nom, et dans les régions de Coaticook, du Haut-Saint-François et d'Asbestos, des bâtiments patrimoniaux jalonnent encore leur parcours.

Ainsi, jusqu'au milieu du XIXe siècle, le rythme de colonisation des Cantons demeura extrêmement lent, et le développement du territoire fut essentiellement le fait des Américains et des Britanniques. La population, presque exclusivement anglophone, était marquée par la culture de la Nouvelle-Angleterre, et cette influence était d'autant plus forte que les Cantons-de-l'Est demeuraient mal reliés à la vallée du Saint-Laurent et aux grands centres urbains de Québec et de Montréal. Mais vers 1850, l'avènement du chemin de fer allait tout changer.

La marée française

À partir de 1850, l'immigration des Britanniques et des Américains dans les Cantons-de-l'Est s'arrêta pratiquement, et l'exode des Canadiens anglais vers les villes, l'Ouest canadien et les États-Unis débuta. En revanche, les Canadiens français furent de plus en plus nombreux à se fixer dans les Cantons. Ils avaient commencé à venir dans la région durant les années 1830, se faisant engager comme ouvriers agricoles ou journaliers, souvent de façon saisonnière. Certains s'y étaient finalement installés, mais à cause des difficultés pour accéder à la propriété foncière, ils l'avaient souvent fait en *squatters* (sans titre d'établissement). Quelques années plus tard, le surpeuplement des seigneuries de la vallée du Saint-Laurent entraîna la première

Une toponymie bien particulière

L'une des particularités de la toponymie des Cantons-de-l'Est provient du mélange du français et de l'anglais. Cet amalgame résulte de la greffe du système de paroisses catholiques françaises à un canton anglais déjà en place ou à un village existant. Ainsi, on rencontre fréquemment des noms tels que Saint-Isidore-de-Clifton, qui associe le nom de la paroisse catholique – qui est souvent celui d'un saint – et celui du canton anglais d'origine. Autre caractéristique : certaines agglomérations portent le nom d'un lieu très lointain, souvent situé outre-mer. Les exemples ne manquent pas : Sutton, Bethléem, Milan, Nantes, Piopolis, Saint-Malo, Cleveland, Fontainebleau…

vague d'émigration des Canadiens français ; ce second mouvement d'immigration dans les Cantons-de-l'Est fut sans commune mesure avec le premier.

Afin d'échapper aux misérables conditions de vie sur le territoire morcelé et appauvri des seigneuries, beaucoup de Canadiens choisissaient de s'expatrier aux États-Unis, notamment dans les villes manufacturières de la Nouvelle-Angleterre. Alarmées, les autorités politiques et ecclésiastiques prirent toutes les mesures possibles pour favoriser la colonisation des régions plus retirées dans les terres. En 1850, une nouvelle loi adoptée par l'Assemblée législative permit la création, dans les cantons, de paroisses catholiques romaines ayant le pouvoir de taxer les propriétaires et de construire des églises et des écoles. De plus, l'État abolit les réserves du clergé anglican ainsi qu'une partie des grands domaines fonciers privés, puis procéda à leur mise en vente.

Par voie de conséquence, la période s'étendant de 1845 à 1880 vit l'arrivée de pionniers provenant surtout des régions de Montréal, de Québec et de Lotbinière. Les nouveaux arrivants défrichaient des terres pour pratiquer une agriculture de subsistance. Les colons en

▼ Au cœur des montagnes frontalières, des colons francophones ont fondé le village de Saint-Venant-de-Paquette.

provenance de la Côte-du-Sud et de la Beauce pénétrèrent par le chemin Lambton, vers le sud-est des Cantons-de-l'Est, d'autres se fixèrent dans les régions de Shefford et de Richmond. Par la suite, s'infiltrant dans les collectivités anglophones, ils s'établirent partout sur le territoire.

Un pays éphémère

La frontière entre le Canada et les États-Unis, établie en 1783 par le traité de Versailles, suivait la ligne de partage des eaux dans les hautes-terres entre les deux pays. Toutefois, lorsque les Cantons-de-l'Est furent arpentés, en 1792, des erreurs de calcul la placèrent trop au nord. Cette situation créa une incertitude territoriale qui dura des années. De ce fait, un certain nombre de colons s'établirent dans la région en *squatters*. Parmi eux, des habitants du canton de Drayton, à l'est d'Hereford, proclamèrent leur indépendance et créèrent la République indépendante de l'Indian Stream. Celle-ci possédait une constitution, une charte des droits, un corps législatif et des tribunaux qui lui étaient propres.

Institué le 9 juillet 1832, ce « pays » entre le Canada et les États-Unis ne subsista que quatre années. Le traité Webster-Ashburton, signé en 1842 par les États-Unis et l'Angleterre, laissa la ligne frontalière quasiment inchangée et intégra officiellement la région aux États-Unis, la retranchant du territoire canadien. Ainsi, des villages frontaliers tels que Derby Line demeurèrent américains.

Dans les années 1870, les cantons voisins du mont Mégantic furent ciblés par des projets de colonisation francophone. À la même époque, un grand nombre de Canadiens français rapatriés des États-Unis revinrent s'installer dans les municipalités de Chartierville et de La Patrie, dans le Haut-Saint-François. Ils fondèrent les municipalités de Saint-Isidore (aujourd'hui Saint-Isidore-de-Clifton), Sainte-Marguerite (aujourd'hui canton de Lingwick), Saint-Gérard, et Fontainebleau (aujourd'hui Weedon). La partie nord du canton de Winslow fut occupée par des Beaucerons. Les cantons du côté nord-est des Hautes-Appalaches s'ouvrirent aux défricheurs venus des Bois-Francs et des paroisses en bordure des deux rives du Saint-Laurent. Dans le piedmont s'installèrent des colons venus des seigneuries voisines, de la vaste région de Montréal et des Basses-Laurentides. Bref, entre 1848 et 1920, des Canadiens français peuplèrent 30 nouveaux cantons.

La migration des Canadiens français atteignit des proportions telles que, en 1871, les Cantons-de-l'Est, qui avaient été essentiellement peuplés par des protestants anglophones pendant plus d'un demi-siècle, avaient déjà une population majoritairement francophone et catholique. En 1900, seul le comté de Brome se distinguait par sa population composée en majorité d'anglophones. Un tel renversement en quelques dizaines d'années est unique dans l'histoire du Québec.

▲ Le village de Saint-Isidore-de-Clifton.

Cette « marée française » qui déferla sur le territoire des Cantons-de-l'Est ne s'explique pas seulement par la migration continue des Canadiens français, mais aussi par la forte croissance de leurs familles. Elle fut facilitée par la modernisation de l'économie estrienne, l'arrivée du chemin de fer, l'industrialisation, la transformation de l'agriculture et l'expansion de certains centres, dont Farnham, Cowansville, Granby, Magog et Sherbrooke. Ce développement ouvrait l'accès à des emplois dans les industries du bois, des moulins, du textile et des mines. Toutefois, malgré leur prédominance numérique, les premiers francophones installés dans les Cantons n'avaient guère de poids sur les plans économique et social. Pouvant difficilement devenir propriétaires des fermes, détenues par les anglophones, ils occupaient surtout des emplois subalternes, comme ceux de bûcheron, de journalier et d'ouvrier agricole. Et dans cette partie du Québec où la langue des affaires était presque exclusivement l'anglais, ils étaient en général tenus à l'écart des activités commerciales.

L'essor économique des Cantons-de-l'Est

Les premiers arrivants dans la région des Cantons-de-l'Est ne tardèrent pas à profiter de l'abondance et de la diversité des ressources du sol et du sous-sol. Un fort potentiel agricole, des forêts immenses, des gisements miniers importants et des rivières ponctuées de chutes au grand pouvoir énergétique, toutes ces richesses offraient d'extraordinaires possibilités de développement économique.

Le développement du réseau ferroviaire

Jusqu'en 1840, l'industrie estrienne était avant tout centrée sur l'exploitation des ressources forestières et des produits agricoles, et elle reposait sur l'énergie hydraulique des rivières et sur la main-d'œuvre locale. Cependant, les déficiences des voies de communication constituaient pour elle un handicap. L'arrivée du chemin de fer dans les Cantons-de-l'Est marqua donc un grand tournant dans le développement économique de la région.

À partir du milieu du XIXe siècle, une voie ferrée internationale permit d'atteindre rapidement et aisément tous les marchés du continent. En 1851, le « Grand Tronc », qui deviendrait plus tard le *Canadien National,* rejoignit Richmond, par Saint-Hyacinthe et Acton Vale. L'année suivante, il atteignit Sherbrooke et en 1853, Portland, dans le Maine. Les villes situées le long de cette voie ferrée, notamment Sherbrooke, Richmond et Coaticook, bénéficièrent ainsi d'une croissance rapide. Par la suite, d'autres compagnies se disputèrent le territoire, notamment *Québec Central* et *Canadien Pacifique.* Tant et si bien que les Cantons furent très vite sillonnés par un réseau de voies ferrées locales et régionales. Ce grand changement profita non seulement aux fermiers, mais aussi aux producteurs de bois et de minéraux ainsi qu'aux manufacturiers. Dès 1820, la transformation des ressources naturelles en produits manufacturés rendit la région prospère, et de nos jours encore, le papier, le textile, la métallurgie et le bois ouvré contribuent à sa vitalité économique.

▼ La gare de Saint-Armand.

L'évolution de l'agriculture

Dans les *townships,* l'agriculture prit plus tôt qu'ailleurs au Québec le tournant vers l'élevage et l'exploitation de fermes laitières. C'est pourquoi ils sont considérés comme le berceau de l'industrie fromagère au Québec.

Étant en grande majorité d'origine américaine, les habitants des *townships* anglophones lisaient régulièrement les chroniques agricoles avant-gardistes des journaux publiés dans leur pays natal. Tandis que les autres agriculteurs de la province cultivaient des céréales pour leur subsistance, ils adoptèrent de nouvelles méthodes, telles que la rotation des cultures et la fertilisation, s'intéressèrent aux moyens d'améliorer le cheptel et recherchèrent des variétés de plantes et d'animaux capables de produire davantage et plus rapidement. Grâce à l'utilisation d'engrais et de fumier animal, ils améliorèrent les rendements. Ces cultivateurs possédaient des troupeaux, et une partie importante de leurs terres – partie qui représentait au total les quatre cinquièmes des superficies défrichées – leur donnait le foin et autres végétaux nécessaires à l'élevage (trèfle, carottes, navets, fèves). Au milieu du XIXe siècle, l'agriculture des Cantons-de-l'Est étant désormais tournée vers l'élevage bovin (viande de boucherie) ou vers celui de vaches laitières, la production de beurre et de fromage augmenta. Cela entraîna des répercussions positives. On assista à la naissance d'une industrie fromagère organisée en syndicats de cultivateurs regroupés en coopératives. C'est d'ailleurs dans la région de Granby que se

▲ Ce paysage champêtre, dans la région de Turtle Hill, reflète l'époque où les fermes de petite et moyenne tailles, plantées dans les vallées, ont ouvert de grands pâturages. Aujourd'hui encore, ces derniers forment de splendides tableaux le long des routes tranquilles.

▲ Ferme laitière de la région de Kingscroft.

développa la plus grande coopérative agricole du Canada. Fondée en 1938 par un regroupement de 86 producteurs laitiers, cette coopérative devint en 1979 la fameuse entreprise Agropur.

Le développement du réseau ferroviaire et la mise en circulation de wagons frigorifiques rendirent possible l'acheminement des produits laitiers vers Montréal et vers les villes du nord-est des États-Unis. Entre 1850 et 1880, la fabrication de fromage joua un rôle essentiel dans l'économie des Cantons-de-l'Est, où étaient alors produits près des trois quarts des fromages québécois. En effet, les fromages et le beurre commencèrent à être exportés en Europe, notamment en Grande-Bretagne, dont le Québec deviendra même le fournisseur de cheddar vers 1890. Au début du XXe siècle, grâce aux pionniers de l'agriculture des *townships,* les autres régions agricoles de la province se lancèrent dans la production laitière. Et en 1946, les produits laitiers provenant des Cantons-de-l'Est engendrèrent un chiffre d'affaires s'élevant à près de 17 millions de dollars, soit plus du cinquième du total pour le Québec.

Les terres les plus fertiles des Cantons-de-l'Est se trouvaient dans la vallée de la rivière Coaticook, où les villages avaient prospéré grâce à l'agriculture. Certains des éleveurs les plus riches importaient de Grande-Bretagne d'excellents taureaux reproducteurs afin d'améliorer la qualité des troupeaux. C'est ainsi qu'apparurent, dans le sud des Cantons, des fermes d'élevage spécialisées qui contribuèrent à l'amélioration de plusieurs races bovines dans toute l'Amérique du Nord et même en Angleterre. Au XIXe siècle, il existait dans les *townships* anglophones une aristocratie d'éleveurs qui jouissaient d'une grande prospérité et d'une réputation mondiale. Certains d'entre eux furent à l'origine des grands ranchs d'élevage de l'Ouest canadien. Tout comme les marchands et les gens d'affaires, ils investissaient dans les banques, les chemins de fer et les industries, ainsi que dans les institutions culturelles, les universités et les hôpitaux. Par conséquent, ils participèrent grandement au développement économique et social de la région.

De nos jours, les Cantons-de-l'Est comptent 800 producteurs laitiers, et les troupeaux laitiers de la région de Compton figurent encore parmi les meilleurs au Canada. L'industrie laitière domine toujours le paysage ; la MRC de Coaticook constitue d'ailleurs le bassin laitier du Québec. L'élevage de bovins de boucherie est également important pour les agriculteurs estriens. Parmi ces derniers, certains diversifient leurs activités en élevant du « gros gibier », tel que le cerf, le bison et le sanglier, ainsi que des espèces exotiques, comme le lama, l'émeu et l'autruche.

◀ Championne Holstein au Festival du lait de Coaticook. Chaque année, cette grande fête estivale vise à promouvoir l'agriculture ainsi que les produits laitiers et régionaux.

▼ Selon le *Livre des records Guinness,* cette grange de la Ferme du Plateau était la plus longue du monde lors de sa construction en 1912. Elle fut bâtie par Eugene O. Baldwin, un éleveur réputé pour son superbe troupeau de vaches Jersey. Cet homme excentrique souhaitait que le toit de sa grange, située sur un plateau dominant Coaticook, s'élève plus haut que le clocher de l'église catholique Saint-Edmond. Une visite permet d'en apprendre long sur l'histoire et l'architecture de cette grange, ainsi que sur la gestion d'une ferme.

▲ Ce décor champêtre reflète toute la vitalité du monde agricole de la région de Compton.

Les foires agricoles

Au cours du XIXe siècle, de nombreuses associations agricoles inspirées de celles existant en Nouvelle-Angleterre naquirent dans les Cantons-de-l'Est. Elles étaient créées pour que les cultivateurs et les éleveurs puissent échanger leurs idées sur la manière d'améliorer leurs méthodes de culture et d'élevage. À l'époque, les expositions ou les foires du comté avaient lieu chaque année et étaient des événements sociaux durant lesquels on fêtait la fin des récoltes. On venait aussi y

acheter des bestiaux ou y exposer et y vendre les produits et animaux de la ferme. Toujours très populaires dans les Cantons-de-l'Est, les foires agricoles allient de nos jours agriculture traditionnelle, élevage et expositions horticoles. Les éleveurs amènent leurs champions : chevaux, bœufs, vaches laitières, chèvres, porcs, moutons, poules… dans l'espoir qu'ils remporteront un prix. Certaines activités jadis proposées, comme les concours de tirs de charrette, ont cédé la place aux spectacles, aux jeux et aux attractions foraines.

▲ **Photos du haut : Comme autrefois, les animaux sont les vedettes des expositions agricoles. Des éleveurs et leurs enfants défilent fièrement devant la grande estrade pour présenter leurs animaux primés.**

◀ **La course sous harnais, toujours populaire, reflète l'intérêt marqué de certains éleveurs pour les animaux de qualité.**

▲ Chaque année en novembre, la Féerie de Noël convie les visiteurs à venir découvrir le sapin à East Hereford. Au programme, promenades en voiture à chevaux dans les plantations, exposition et vente de produits artisanaux, et démonstration de fabrication de couronnes de Noël.

La culture d'arbres de Noël

En parcourant les routes des MRC du Haut-Saint-François et du Granit ainsi que le sud de la région de Coaticook, on remarque des plantations de petits conifères, en rangées bien ordonnées. Le climat et les sols étant propices à cette culture, la majorité des 300 producteurs d'arbres de Noël du Québec sont situés dans le « triangle du sapin » que forment les villes de Sherbrooke, Mégantic et Thetford. À eux seuls, ils fournissent 85 % de l'ensemble des sapins cultivés au Québec. La proximité des États-Unis leur offre aussi un avantage stratégique pour la mise en marché, atout grâce auquel le Québec est le plus grand exportateur de sapins du Canada. À travers le jardin thématique *Sapins et merveilles* au cœur du village d'East Hereford, on découvre les coutumes et les légendes associées à cet arbre de vie et symbole de Noël. Outre sur le marché québécois, la production est principalement exportée aux États-Unis, au Mexique, au Panama et dans les Caraïbes.

L'exploitation de la forêt

Jusqu'en 1840, la foresterie ne fut pas aussi développée dans les Cantons-de-l'Est que dans les autres régions du Bas-Canada. À l'époque, le commerce du bois équarri alimentait la construction navale de la Grande-Bretagne. Mais dans les Cantons, les essences utilisées pour ce commerce n'étaient pas abondantes, ni aisément exploitables puisque les rivières se prêtaient mal au transport du bois. Par conséquent, on y exploitait la forêt pour la fabrication de la potasse et pour le bois de sciage.

La potasse, à l'origine de la première forme d'industrie

Sous-produit du défrichement des terres, la potasse est produite à partir de cendres de bois. Un mélange de cendres et d'eau est mis à bouillir dans un chaudron ; le résidu de l'évaporation constitue la potasse. Raffinée dans un four de pierre, celle-ci donne de la perlasse, matière qui fournissait un revenu d'appoint aux colons préparant leur terre à l'agriculture. Dès 1801, des potasseries et des perlasseries furent établies dans les Cantons. En 1830, la région en comptait près de 60, essentiellement situées dans le piedmont et en Estrie. Les produits de ces usines étaient expédiés dans des tonneaux vers Montréal, Québec, Boston, New York et même l'Europe, où ils étaient utilisés pour la fabrication de savons, d'engrais, de vitres et de produits pharmaceutiques.

En 1854, la construction de voies ferrées et le Traité de réciprocité avec les États-Unis stimulèrent l'exploitation forestière et favorisèrent le développement des industries du sciage et du papier. Contrairement à celles des autres régions du Québec, la plupart des réserves ligneuses des Cantons se trouvaient dans des boisés privés, appartenant à des cultivateurs. Une partie était employée pour les besoins domestiques de la ferme, l'autre vendue sous forme soit de bois de sciage, de chauffage ou de pâte, soit de traverses de chemin de fer. Cette exploitation de la forêt privée alimentait de petites scieries, secteur qui allait connaître une croissance régulière durant la seconde moitié du XIXe siècle. C'est à cette époque-là qu'apparurent des installations plus importantes dans le piedmont et dans le massif des monts Sutton et Orford. La construction du réseau ferroviaire entraîna la naissance de nombreuses scieries dans les régions de Coaticook, Danville et Sherbrooke, ainsi que dans les Hautes-Appalaches. Et les Cantons-de-l'Est se démarquèrent par la

▼ Le jardin *Sapins et merveilles*, à East Hereford.

▲ Au cœur du Vieux-Sherbrooke, sortie de la gorge de la rivière Magog, qui favorisa l'essor des manufactures de textiles de la région.

production d'allumettes : la première fabrique canadienne ouvrit à Magog en 1837, bientôt suivie par d'autres entreprises à Sherbrooke, Danville et Coaticook.

Le boom industriel

Le tournant du XXe siècle marqua l'industrialisation des Cantons-de-l'Est. S'ajoutant au réseau ferroviaire, l'énergie hydraulique, puis la vapeur et finalement l'électricité contribuèrent à l'émergence de petites villes industrielles et à l'essor de nombreuses manufactures. La transformation du bois, la production textile et l'exploitation minière occupèrent alors une place prépondérante.

La fabrication du papier

Jusqu'en 1850, le papier était fabriqué à partir de chiffons, d'alun et de chaux. Au cours de la seconde moitié du XIXe siècle, l'invention de nouveaux procédés de fabrication du papier à partir de matière ligneuse provoqua l'essor de l'industrie papetière. Cette dernière joua un rôle clé dans l'urbanisation des Cantons-de-l'Est, où quatre villes dépendaient essentiellement d'usines papetières : Windsor, East Angus, Bromptonville et Kingsey Falls.

La part des usines estriennes dans la production papetière québécoise demeura importante jusque dans les années 1920. Les Écossais, puis les Canadiens français, constituèrent une main-d'œuvre qualifiée dans cette industrie. Toutefois, les moulins des Cantons-de-l'Est, parmi les plus anciens au pays, furent pendant les décennies suivantes durement touchés par la concurrence d'usines plus modernes et mieux alimentées en matières premières. Les agglomérations où ils avaient été construits connurent également des moments difficiles.

Entre 1920 et 1960, les usines des Cantons développèrent la pâte au sulfate et s'orientèrent vers la fabrication de papier kraft. Reconnu pour sa grande résistance, ce papier de fabrication plus économique ouvrit la voie à un nouveau marché qui assura la survie de l'industrie régionale des pâtes et papiers. Grâce à la modernisation des moulins et au développement de nouveaux produits, les usines de ce secteur augmentèrent substantiellement leur production à partir des années 1970. Par la suite, elles mirent au point des procédés très novateurs, notamment en ce qui a trait à l'utilisation du papier recyclé, à la récupération et au désencrage, et favorisèrent ainsi leur viabilité.

Les industries textiles

L'élevage de moutons dans les Cantons-de-l'Est, auxquels contribuèrent grandement les immigrants écossais vers le milieu du XIXe siècle, participa au développement de l'industrie lainière québécoise. À l'époque pionnière, le travail de la laine se faisait à la maison. Puis, les cultivateurs se mirent à emporter leur laine au moulin des environs pour la faire carder. À leur retour à la maison, les femmes la filaient et fabriquaient des vêtements pour la famille.

▲ Construite en 1871 à Coaticook, la Coaticook Knitting Company a été une usine textile prospère. Détruite par les flammes, elle fut reconstruite en 1884 et achetée par la Penmans, qui contribua par la suite à l'essor économique de la région.

En 1805 fut installé à Hyatt's Mill (Sherbrooke) un moulin de cardage et de foulage, dont la cardeuse mécanique avait été mise au point en Nouvelle-Angleterre. La mécanisation de la transformation de la laine se poursuivit, et la première fabrique de laine du Canada s'installa à Outlet (Magog) en 1825. À la suite de la construction des chemins de fer, plusieurs manufactures semblables virent le jour dans la région. En 1845 fut fondée la première usine de coton au Canada, la Sherbrooke Cotton Factory. Puis en 1866, l'ouverture à Sherbrooke de l'usine de lainage Paton, qui resta longtemps la plus importante filature de laine au Canada, marqua le passage vers la grande entreprise.

Des manufactures de textiles, dont certaines étaient imposantes, constituèrent pendant plusieurs décennies le moteur économique de certaines villes des Cantons-de-l'Est. En 1872, la *Coaticook Knitting Company,* spécialisée dans la confection de tricots de laine et de coton, et vingt ans plus tard, la *Penmans* profitèrent considérablement à l'économie de Coaticook. Au tournant du XXe siècle, la *Magog Textile and Print Company,* qui produisait des cotons imprimés, devint la plus grosse manufacture des Cantons. Dans les années 1920, d'autres entreprises de confection textile s'établirent à Ways Mills, Ulverton, Cookshire, Rock Island, Cowansville et Granby. Quant à Sherbrooke, elle bénéficia d'une importante innovation, la rayonne. Avec la venue de la *Dominion Textile,* qui y concentra sa production, cette ville fut dans les années 1930 l'un des grands centres canadiens de l'industrie de la bonneterie.

L'exploitation des mines

Après la forêt et l'agriculture, les minéraux constituèrent le troisième secteur fournissant les matières premières à des activités de transformation. Le défrichement avait permis la découverte fortuite d'importants gisements de pierre. Avant les années 1830, plusieurs activités d'extraction et de transformation des ressources minérales avaient déjà été entreprises à petite échelle. Mais c'est au cours de la seconde moitié du XIXe siècle, avec la naissance du réseau ferroviaire, que la région des Cantons-de-l'Est s'affirma en tant que région minière, notamment pour l'exploitation du cuivre et de l'amiante.

► **Mégacamion à la mine d'Asbestos.**

À l'époque, d'immenses dépôts de cuivre furent découverts dans les cantons d'Acton et Bolton, et le plus important de tous, mis au jour en 1859 dans le canton d'Ascot près de Sherbrooke, était également très riche en soufre. Quelques années plus tard, vers 1865, la guerre civile américaine déclencha une véritable ruée vers le cuivre, notamment dans les régions d'Ascot et de Capelton, dans la vallée de la Massawippi, ainsi que dans les cantons de Bolton, Weedon et Potton. Dans ce dernier, on exploita également du plomb.

La grève de l'amiante

En 1949, la célèbre grève de l'amiante mena à une confrontation avec le gouvernement du premier ministre Maurice Duplessis ; le problème des maladies professionnelles était au cœur du litige. D'une durée de quatre mois et demi, cette grève paralysa quasiment toute la production d'amiante dans les Cantons-de-l'Est et impliqua 5 000 travailleurs, dont 2 000 à Asbestos et 3 000 à Thetford. Asbestos devint alors le théâtre de très durs affrontements, qui furent à l'origine d'une scission entre le clergé, représenté par monseigneur Charbonneau, qui appuyait les grévistes, et le gouvernement Duplessis, plutôt en faveur des compagnies minières. La grève de 1949 marqua le monde du travail dans les Cantons et signala un tournant dans la modernisation de la société québécoise. À l'instar de celui d'Asbestos, le mouvement syndical connut dans l'ensemble des villes industrielles une période d'affirmation.

Dans les années 1870, l'amiante commença d'être employée pour fabriquer des vêtements spéciaux et des matériaux de construction résistants au feu, ce qui favorisa l'essor de son exploitation minière. Des gisements importants furent découverts dans la région de Thetford et au sud de Danville, découverte qui entraîna la naissance du village d'Asbestos. Au début du XXe siècle, les Cantons-de-l'Est étaient l'unique région productrice d'amiante au Québec.

D'autres activités minières assuraient la vitalité économique : extraction d'ardoise dans la région de Richmond, de marbre près de la baie Missisquoi, de granit à Beebe Plain et de pierre à chaux à Lime Ridge, près de Marbleton. Au début des années 1930, les mines de cuivre étaient épuisées. Cependant, le secteur de l'amiante maintint sa croissance jusque vers les années 1950, où il se stabilisa. Puis, dans les années 1980, il connut une crise sans précédent, déclenchée par la prise de conscience générale des effets nocifs de l'amiante sur la santé.

L'avènement de la villégiature

Au cours de la première moitié du XIXe siècle, des peintres canadiens et étrangers, comme Bartlett et Cornelius Krieghoff, furent captivés par le caractère bucolique et encore sauvage des Cantons-de-l'Est. Des œuvres dépeignant certains des endroits paradisiaques de la région circulèrent dans le monde entier et inspirèrent d'autres artistes. C'est ainsi que la beauté de cette contrée a été connue et reconnue dans le monde entier.

L'avènement du chemin de fer et des bateaux à vapeur favorisa la venue de visiteurs aux abords des grands lacs. Séduits par le cadre champêtre et par le romantisme de la région, de riches touristes provenant de Montréal et de la Nouvelle-Angleterre commencèrent à affluer. Des hôtels pouvant accueillir des centaines de voyageurs furent ouverts à Magog, Georgeville et Knowlton Landing, sur les rives du lac Memphrémagog, à North Hatley, au nord du lac Massawippi, et en bordure des lacs Brome, Petit lac Magog et Mégantic. Durant l'été, la mise en service de trains spéciaux en fin de semaine facilita également le transport de milliers de touristes. Le tourisme de masse arrivait dans les Cantons-de-l'Est.

▼ La Marina Knowlton, au lac Brome.

▲ La terrasse du *Manoir Hovey,* face au lac Massawippi.

Georgeville et North Hatley devinrent des lieux recherchés, d'abord pour des excursions, puis pour des séjours. Réputé partout en Amérique du Nord pour son luxe et son cachet, le prestigieux hôtel *Mountain House,* blotti au pied du mont Owl's Head, était uniquement accessible par bateau. L'ascension de la montagne représentait une activité à ne pas manquer lors d'une virée dans la région.

L'engouement pour les lacs estriens toucha de riches familles bourgeoises de Montréal, Boston et New York, qui firent construire de prestigieuses maisons de campagne à proximité de ces lacs. C'est ainsi que North Hatley, vers les années 1880, devint un important lieu de villégiature. Des Américains fuyant les chaleurs torrides des États du Sud y firent bâtir de splendides résidences d'été. Précédés de leurs nombreux domestiques, les plus fortunés arrivaient dans la région en train, dans leur wagon privé. Aujourd'hui, quelques demeures témoignent de cette époque fastueuse.

Vers 1850, sous l'impulsion du juge Drummond et du major Jonhson, des terrains acquis en bordure du lac Memphrémagog furent transformés en un vaste domaine pour l'élite montréalaise, l'*Hermitage Country Club,* doté d'un terrain de golf. La famille Molson et celle de Hugh Allan devinrent propriétaires de la rive occidentale du lac entre Georgeville et la pointe Magoon. Plus près de la frontière américaine, les riches familles de Stanstead, New York et Boston firent construire leurs résidences sur les rives du lac et sur certaines de ses îles, dont l'île Province. Puis dans les années 1890, les lacs Lyster, d'Argent, Petit lac Magog et Aylmer attirèrent les notables de Sherbrooke et devinrent à leur tour des lieux de villégiature recherchés. Il en fut de même sur les rives du lac Brome, où de magnifiques demeures furent bâties au début du XXe siècle.

Dans les Cantons-de-l'Est, la navigation de plaisance est un passe-temps estival populaire depuis des générations. Les victoriens et les edwardiens étaient particulièrement entichés de leurs bateaux. Skiffs, bateaux de plaisance, bateaux à vapeur et yachts de toutes dimensions étaient des symboles de richesse et de haut statut social.

Vers les années 1930, de nouveaux aménagements en faveur des loisirs et de la villégiature furent réalisés à mesure que les activités touristiques se diversifiaient. À la suite de la création du parc du Mont-Orford, le ski et le golf devinrent des activités très prisées dans la région.

▼ Charmante résidence dans une cabane à bateau, au lac Memphrémagog.

L'époque des bateaux à vapeur

À partir de la seconde moitié du XIXe siècle, les bateaux à vapeur favorisèrent grandement le tourisme dans la région du lac Memphrémagog. Le *Mountain Maid* fut le premier à voguer sur le lac, faisant la navette entre Magog et Newport de 1850 à 1892. Puis, en 1867, fut mis à l'eau le célèbre *Lady of the Lake*, construit en Écosse et acheminé en sections détachées jusqu'à Magog où il avait été assemblé. Il fit les beaux jours du lac jusqu'en 1917. Conçu à l'origine pour le transport du bois, ce bateau attira vers le lac des visiteurs en provenance de Montréal et de la Nouvelle-Angleterre. Il permettait aussi d'emmener les voyageurs jusqu'aux nombreux hôtels situés sur les rives du lac Memphrémagog. Grâce à sa capacité de plus de mille passagers, il donna une nouvelle impulsion au tourisme estival. Il effectuait le trajet Magog-Newport en deux heures et demie, à une vitesse de croisière de 15 nœuds à l'heure. Le *Lady of the Lake* figurait même sur les armoiries de la ville de Newport. À partir de 1917, ce fut l'*Anthémis*, dernier des bateaux à vapeur, qui effectua la navette entre Magog et Newport. Il cessa de naviguer en 1951, ce qui marqua la fin d'une époque mémorable.

Au lac Massawippi, le *Pride of the Valley*, le *Pocahontas*, le *Mayflower* et le *Massawippi* offrirent des excursions de jour et des promenades au clair de lune de 1879 jusqu'en 1915.

Au lac Mégantic, le *Lena* fut employé aussi bien pour le transport de passagers que pour celui du courrier ; construit en 1881, il avait d'abord servi à des fins industrielles, en particulier au secteur du bois. Plus tard, le *Campana* et le *Jubile* desservirent à leur tour Lac-Mégantic et d'autres villages riverains.

Le *Lady of the Lake* a longtemps sillonné le lac Memphrémagog.

De nos jours encore, les majestueux paysages et les grands lacs des Cantons-de-l'Est constituent un atout de taille pour la région. Les rives des lacs accueillent un heureux mélange de résidents permanents, de vacanciers et de touristes. Les villages de Georgeville, Knowlton (Lac-Brome), North Hatley, Ayer's Cliff et Lac-Mégantic sont des lieux de villégiature très réputés. La création des parcs nationaux de la Yamaska, du Mont-Orford, du Mont-Mégantic et de Frontenac a donné au public accès à un environnement naturel exceptionnel, et les stations de ski d'Orford, d'Owl's Head, de Sutton et de Bromont attirent maintenant des touristes en provenance des quatre coins du monde.

▲ La marina de Lac-Mégantic fait face au *Manoir d'Orsennens.*

◀ Point de vue de l'*Auberge Ripplecove* sur le lac Massawippi.

▲ Vue sur le mont Éléphant, en bordure du lac Memphrémagog.

▲▶ Plongeur émérite, Jacques A. Boisvert, aujourd'hui décédé, a consacré une grande partie de sa vie à explorer les eaux du lac Memphrémagog.

Les légendes populaires

L'histoire des Cantons-de-l'Est est riche en récits merveilleux, où les faits historiques ont été enjolivés par l'imagination populaire ou par l'invention poétique.

Le monstre Memphré

Les grands plans d'eau ont toujours nourri l'imaginaire collectif. Le lac Memphrémagog, par exemple, a inspiré maintes légendes. Selon les Amérindiens, un serpent fantastique baptisé *Anaconda* se serait réfugié dans ses eaux profondes, au pied du mont Owl's Head ou près de l'île Skinner. C'est pourquoi les autochtones craignaient de se baigner dans ce lac.

Depuis près de deux siècles, plus de 200 personnes ont affirmé qu'elles avaient vu une étrange créature ressemblant à un long serpent émerger du lac. La Société internationale de dracontologie du lac Memphrémagog, fondée par Jacques A. Boisvert, recense les témoignages tendant à prouver l'existence du légendaire Anaconda, plus familièrement appelé *Memphré*. Créé par un moine bénédictin de Saint-Benoît-du-Lac, le terme « dracontologie » désigne une branche de la cryptozoologie (étude des animaux cachés). Memphré jouit aujourd'hui d'une réputation internationale et pourrait se vanter d'être la première créature aquatique possédant un nom francophone tout en ayant la double citoyenneté canadienne et américaine !

La légende de Winona

Une gigantesque pierre trônant sur l'île Longue, au milieu du lac Memphrémagog, est associée à une légende autochtone. Cette légende raconte que le jour du mariage d'un grand chef abénaquis avec la belle *Winona*, « Esprit du Matin », la grande prêtresse de l'île a ordonné à ce chef de donner sa future épouse au Manitou qui habitait l'île Hantée, faute de quoi de grands malheurs frapperaient sa tribu. Une fois Winona partie, cet homme, désespéré, s'aventura en canot sur le lac lors d'une violente tempête et disparut à jamais. Après cette tragédie, une énorme pierre serait apparue à la pointe méridionale de l'île Longue, envoyée par les esprits de la région du portail du Manitou afin de consoler la tribu affligée par la perte du son chef. Tenant en parfait équilibre sur son socle, cette pierre pouvait bouger sous l'effet d'une simple poussée de la main. Aujourd'hui détachée de son socle, elle constitue un point d'intérêt sur le lac. L'île Longue, en raison notamment de la valeur écologique exceptionnelle de sa forêt, est désormais protégée.

▲ La grotte de Skinner, sur une île du lac Memphrémagog.

L'île Skinner

À une certaine époque, la région frontalière s'étendant de Rock Island à Mansonville fut le théâtre d'un trafic fort lucratif. La situation transfrontalière du lac Memphrémagog en faisait un lieu propice à la contrebande. On y faisait transiter des biens de consommation, du bétail, du minerai de cuivre – durant la guerre de Sécession américaine – ainsi que de l'alcool – à l'époque de la prohibition. Les 26 distilleries de Stanstead, qui produisaient environ 3 000 gallons de whisky de pomme de terre, ont sans doute profité de la situation. Dans les années 1810, l'un des plus célèbres contrebandiers, Uriah Skinner, sillonnait le lac avec sa marchandise. Il avait l'habitude de se réfugier sur une certaine île, qui porte aujourd'hui son nom. Selon la légende, il y serait mort en tentant d'échapper aux douaniers.

Le hors-la-loi de Mégantic

Donald Morrison fut au centre de l'une des plus fascinantes sagas judiciaires que le Québec ait connues. Cet épisode de l'histoire écossaise des Cantons-de-l'Est débuta lorsque le père de Donald Morrison perdit la ferme familiale, saisie par ses créanciers. Donald, qui travaillait comme ouvrier de ranch dans l'Ouest canadien, revint alors dans la région pour tenter de reprendre la ferme. Victime des manigances d'un avocat, il échoua et, pour se venger, commit des actes de vandalisme. En 1888, le fier-à-bras Jack Warren fut engagé pour l'arrêter. Au cours d'une épreuve de force sur la rue Maple (rue Frontenac) à Lac-Mégantic, il fut blessé mortellement par Donald Morrison. On lança contre ce dernier un avis de recherche, avec à la clé une prime de 3 000 dollars pour sa capture. Grâce à la complicité des habitants, le hors-la-loi resta toutefois introuvable pendant un an. Finalement arrêté et jugé en 1889 pour homicide involontaire, il fut condamné à 18 ans de réclusion et détenu à la prison de Bordeaux. Cinq ans plus tard, gravement affaibli par une grève de la faim, Morrison fut gracié par la Cour fédérale, mais il mourut le jour même de sa libération. Il repose au cimetière de Gisla, à Marsden. La date de décès inscrite sur la pierre tombale est celle de son incarcération, moment où, selon ses admirateurs de l'époque, il aurait cessé de vivre.

▼ Le bistro *Le Morrison* et le *Pub Jack Warren*, à Lac-Mégantic. Ces bâtiments furent témoins de la bataille entre Donald Morrison et Jack Warren, qui se déroula en face de *l'Hôtel Américain* de l'époque. On peut y boire, à la mémoire des deux hommes, des bières importées.

L'empreinte des colonisateurs

▼ Le style néo-Queen Anne caractérise les maisons communément qualifiées de « victoriennes ». Le bardeau en écailles qui recouvre le fronton de cette maison est assez typique.

Étroitement lié à la Révolution américaine de 1776-1783, le peuplement des Cantons-de-l'Est débuta vers 1780, lors d'une importante période de colonisation par les loyalistes. Étalée sur une trentaine d'années, cette première vague d'immigrants, venus pour la plupart de la Nouvelle-Angleterre, façonna le visage des Cantons sur le plan architectural : modestes maisons vernaculaires, petites églises protestantes, ponts couverts et granges aux formes arrondies. Puis, au cours du XIXe siècle, la popularité des demeures de l'époque victorienne entraîna l'apparition de magnifiques demeures et édifices institutionnels de styles inspirés de ceux de la Nouvelle-Angleterre.

◀ Le patrimoine architectural des Cantons-de-l'Est, similaire à celui de la Nouvelle-Angleterre, rappelle son passé anglo-saxon.

Le Chemin des Cantons

Pour aider les touristes à découvrir le patrimoine laissé par les premiers colons arrivés dans la région – des Américains et des Britanniques –, Tourisme Cantons-de-l'Est et ses partenaires leur proposent de suivre une route touristique signalisée.

Le « Chemin des Cantons » est un sinueux circuit de 415 km qui traverse 31 municipalités, d'Ulverton à Bromont, ou encore huit des neuf MRC de la région. Il passe par des villages, des quartiers et des sites réputés, afin que les visiteurs puissent se familiariser avec les patrimoines architectural et paysager de la région, et séjourner dans des établissements ayant du cachet. Tourisme Cantons-de-l'Est tient à la disposition des personnes intéressées deux disques compacts donnant des informations sur ces endroits touristiques, ainsi qu'une carte routière. À leur intention, cet organisme a aussi créé un site Internet.

Le faste des demeures victoriennes

À l'époque victorienne (1837-1901), les constructions québécoises étaient inspirées de styles architecturaux européens : néogothique, néo-italien, Second Empire et néo-Queen Anne. Les demeures les plus modestes aussi bien que les édifices publics les plus grandioses présentaient des éléments de ces différents styles.

Conçues en Angleterre, les maisons de style victorien apparurent au Québec vers le milieu du XIXe siècle. Peu après, les revues d'architecture publiées en Amérique du Nord rendirent vite ce nouveau style très populaire. Dans les Cantons-de-l'Est, cela conduisit à des réalisations somptueuses, notamment dans le domaine résidentiel. Les nantis affichaient ainsi leur richesse et la prospérité de leurs entreprises.

▲ Introduit en 1890, le style néo-Queen Anne se distingue par son irrégularité : tours, pignons, cheminées massives, combinaison de plusieurs matériaux, oriels et galeries supportées par des colonnes. Le toit de cette superbe résidence de Danville est recouvert de 6 000 tuiles d'ardoise, et les plafonds de certaines pièces sont en métal martelé.

Les villes et les villages des Cantons-de-l'Est

Plusieurs villes et villages des Cantons-de-l'Est témoignent encore de l'époque de la colonisation grâce à de remarquables bâtiments patrimoniaux et à un cachet qui rappelle la vie d'autrefois. Les maisons de style américain en bardeaux, typiques de la région, et celles à façade victorienne reflètent encore la présence de l'importante minorité anglophone qui s'est épanouie dans la région.

Figure 6 : Le Chemin des Cantons

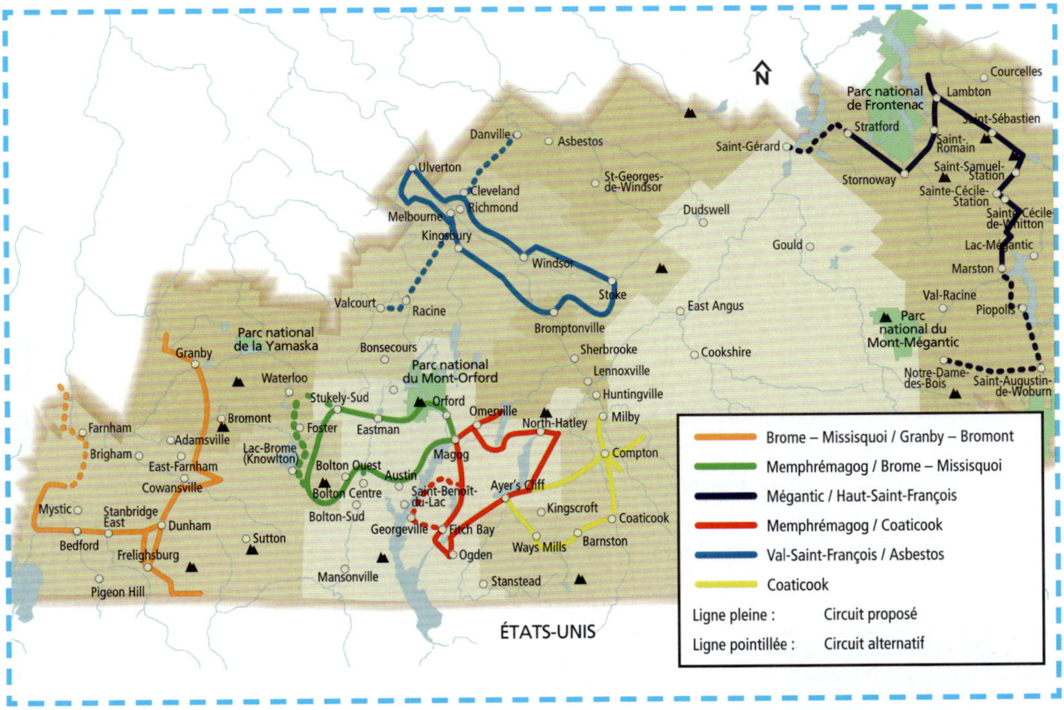

Source : Tourisme Cantons-de-l'Est

Quelques joyaux de l'architecture estrienne

La plupart des agglomérations des Cantons-de-l'Est proposent des circuits patrimoniaux dévoilant leur histoire et la richesse de leur architecture ; plusieurs circuits s'effectuent en la compagnie d'un guide historien, d'autres sont jalonnés de documents explicatifs. Un regard sur quelques-uns des joyaux architecturaux de la région permet de saisir toute la spécificité de la culture estrienne.

Sherbrooke, au cœur des Cantons-de-l'Est

Bien avant que les autorités britanniques n'aient concédé le territoire, Gilbert Hyatt et ses associés occupaient le site des Grandes Fourches, au confluent des rivières Magog et Saint-François. Sur la gorge de la rivière Magog, qui sera une artère déterminante dans le développement des Cantons-de-l'Est, ils construisirent en 1801 un moulin à farine et une scierie. La force motrice produite aux Grandes Fourches favorisa grandement l'expansion de Sherbrooke. En 1823, cette ville devint le siège du nouveau district judiciaire de Saint-François et vit naître la première prison québécoise. À la même époque, des gens d'affaires, des propriétaires fonciers et des personnes de profession libérale s'y établirent. Dans les années 1830, la BALCO joua un rôle de premier plan dans son développement. Puis, au milieu du XIXe siècle, le secteur industriel de Sherbrooke prit un nouvel essor avec le parachèvement de la voie ferrée du Grand-Tronc, reliant Montréal à Portland, dans le Maine. Les manufactures de textiles seront pendant plus d'un siècle le moteur de l'économie. L'usine Paton emploiera 150 ouvriers, majoritairement canadiens-français, qui s'installeront à proximité.

À la suite de l'arrivée successive de groupes d'origines diverses et aux aspirations différentes, Sherbrooke devint une véritable mosaïque ethnique et religieuse. Son patrimoine architectural et urbain exceptionnel, notamment les constructions antérieures à 1940, témoigne de l'influence de la Nouvelle-Angleterre et lui donne un visage bien différent de celui des autres villes québécoises.

Le Centre d'interprétation de l'histoire de Sherbrooke propose plusieurs circuits, qui mettent en lumière l'histoire de la ville et son patrimoine architectural, ainsi que ses sites naturels, religieux et industriels. Un *circuit pédestre* invite à découvrir le quartier le plus pittoresque de la ville, le Vieux-Nord. Grâce à l'architecture de ses maisons et de ses édifices publics entourés d'arbres centenaires, ce quartier historique a un charme unique. Munis d'une carte et d'un baladeur MP3, on apprend à reconnaître différents styles architecturaux et à apprécier les œuvres des menuisiers d'autrefois. Des anecdotes savoureuses et autres récits sur les premiers habitants de la ville nous révèlent les hauts et les bas de leur vie quotidienne. Le centre offre aussi des randonnées commentées dans la gorge de la rivière Magog et des activités commentées à la centrale hydroélectrique Frontenac. Par ailleurs, des guides encadrent une excursion ayant pour thème la *Diversité spirituelle des Cantons-de-l'Est*. Ils proposent la visite d'églises

▼ Lysanne Gallant, metteure en scène et comédienne, anime l'histoire en personnifiant madame Grace Thompson, épouse d'un riche commerçant de Lennoxville.

de différentes confessions et la rencontre de personnes qui en savent long sur les traditions protestantes et catholiques. Cette excursion permet de découvrir les traits caractéristiques de plusieurs édifices classés monuments historiques : l'élégante simplicité de l'église Plymouth-Trinity, l'architecture évocatrice de l'église St. Peter, la forme originale de la structure d'inspiration byzantine de la chapelle de l'ancien Grand Séminaire de Sherbrooke et le mobilier finement sculpté de la chapelle St. Mark de l'Université Bishop. Le Bureau d'information touristique de Sherbrooke offre également plusieurs circuits découverte de la ville de Sherbrooke et de ses environs.

Sherbrooke, une galerie d'art à ciel ouvert

Pour les randonneurs et les amateurs d'histoire, un circuit pédestre débute au centre-ville de Sherbrooke, à quelques pas de l'esplanade Frontenac et de la place des Moulins, endroits qui surplombent le confluent des rivières Magog et Saint-François. Mettant l'accent sur le patrimoine bâti de Sherbrooke, ce circuit permet de découvrir une série de murales créées dans un contexte artistique et culturel. L'une d'elles, la *Murale du bicentenaire de Sherbrooke 2002* (de 60 pieds sur 35), illustre aussi bien des événements historiques que des fabulations et des scènes de la vie quotidienne remontant à une époque révolue. Les autres murales présentent elles aussi une page d'histoire de la ville. Toutes ces fresques transforment de simples murs en un musée de la rue et enjolivent le centre-ville. Elles ont été réalisées par des artistes de Sherbrooke, en collaboration avec divers groupes sociaux et culturels.

◀ La visite guidée et théâtralisée *Traces et souvenances*, à bord d'un autobus, propose un véritable voyage dans le temps. Durant le trajet d'une durée de deux heures, des acteurs font revivre certains moments forts et cocasses de l'histoire régionale, et découvrir une partie du patrimoine architectural de Sherbrooke.

1902
BIJOUTERIE SKINNER
MARCHAND GEN

▼ La *Murale du bicentenaire de Sherbrooke 2002*, à l'angle des rues Frontenac et Dufferin.

▲ Ce bâtiment de l'Eastern Townships Bank abrite aujourd'hui le *Musée des Beaux-Arts* de Sherbrooke. Créée en 1859, l'Eastern Townships Bank fut la première banque régionale des Cantons-de-l'Est. Par la suite, avec plus de 100 succursales dont un bon nombre dans les provinces de l'Ouest, elle est devenue la plus importante société bancaire du Canada hors des grands centres urbains et a été rebaptisée « Banque Canadienne Impériale de Commerce ». L'installation de son siège social à Sherbrooke et l'ouverture de succursales dans quelques localités des Cantons ont permis à Sherbrooke d'accéder au rang de capitale financière de la région. Ce bâtiment remarquable, en granit de Stanstead et de style Second Empire avec toit mansardé, témoigne de la prospérité de cette institution financière.

◀ Au cœur du quartier de Sherbrooke nommé le Vieux-Nord, le *parc du Domaine Howard* est un lieu de détente et de découverte. Cette propriété de l'ex-sénateur Charles-Benjamin Howard, cédée à la ville de Sherbrooke en 1962, est une oasis de verdure. De nombreux événements artistiques et culturels s'y déroulent durant l'été.

▼ L'édifice McGreer de l'*Université Bishop*, à Lennoxville.

▶ Archevêché de Sherbrooke.

▲ Déclarée bien culturel en 1993 par le ministère des Affaires culturelles, la magnifique *chapelle privée de l'archevêché de Sherbrooke* est un joyau du patrimoine religieux québécois. Admirablement décorée, elle recèle notamment quatre grandes toiles marouflées, chefs-d'œuvre du peintre québécois Ozias Leduc.

▲ Toile d'Ozias Leduc dans la chapelle de l'archevêché.

▲ Vitrail représentant la conversion de saint Paul et se trouvant dans l'archevêché de Sherbrooke.

Sutton, l'empreinte des loyalistes

Réputé pour ses paysages champêtres et ses ensembles architecturaux typiques de la Nouvelle-Angleterre, le village montagnard de Sutton a su conserver les traces de son passé. Il fut fondé vers 1800, lorsque William Huntingdon y construisit des moulins sur la rivière, près de l'actuel hôtel de ville. Les industries laitières et de bois de sciage y prirent leur essor dans les années 1860, à l'arrivée du chemin de fer. Le Circuit patrimonial Sutton comporte trois itinéraires afin de donner aux visiteurs un aperçu des magnifiques demeures et bâtiments qui font le charme de ce village et des environs. Ces circuits débutent au Musée des communications et d'histoire de Sutton, où il est possible de s'en procurer une carte. Sur les sites à visiter, des panneaux-lutrins donnent des explications en rapport avec l'histoire et l'architecture des constructions.

▲ Cette demeure ancestrale rappelle que la région de Brome-Missisquoi est le berceau des loyalistes américains dans les Cantons-de-l'Est.

▶ Bâtie en 1877, l'église unie Calvary fut d'abord une église méthodiste. Inspirée des *meeting houses* de la Nouvelle-Angleterre, son architecture allie les styles classique et gothique. La tour-porche percée d'un oculus et surmontée d'un clocher à claire-voie est typique du style gothique.

◀ L'église baptiste Olivet, construite entre 1845 et 1861, est d'un style néoclassique vernaculaire.

◀ Le magasin général Boright & Safford, ouvert en 1861, est imposant avec son mur-pignon côté rue. La façade avec son grand auvent soutenu par des consoles attire le regard des passants. Ce bâtiment abrite aujourd'hui *La Rumeur affamée*, l'une des boutiques des gourmands et gourmets de la région de Sutton.

Le *Circuit village* offre 16 panneaux-lutrins répartis sur 4 km et consacrés à l'histoire et à l'architecture de ce charmant village fondé par des loyalistes. En moins d'une heure et demie de marche, les touristes peuvent ainsi en apprendre plus long sur le célèbre incendie de 1898 qui détruisit 35 bâtiments, sur les familles qui contribuèrent à l'essor de Sutton et sur les styles architecturaux d'inspiration victorienne qu'on observe dans cette localité. Le *Circuit rural* permet de visiter au total dix sites patrimoniaux dans le canton de Sutton et à Abercorn, le village voisin. Ce parcours de 33 km, à effectuer en voiture ou à vélo, nous entraîne vers des lieux fabuleux, où les pionniers se distinguèrent. Long de 99 km, le *Circuit églises-cimetières* invite à découvrir les lieux de repos de ces pionniers, de confessions religieuses diverses. Ces trois balades donnent l'occasion de contempler des paysages grandioses, ayant le massif des monts Sutton pour toile de fond.

▼ Construite en 1907 au centre de Sutton, la Maison Tartre représente à merveille le style néo-Queen Anne de la période victorienne. On remarque le bardeau en écailles du mur-pignon et la tourelle conique munie d'un socle à son faîte. Cette demeure d'un ancien maire de Sutton est aujourd'hui un gîte touristique, *Les Caprices de Victoria*.

▲ Rebâtie en 1898 à la suite d'un incendie qui a ravagé une bonne partie du village de Sutton, la Maison McDonald a conservé son style Second Empire, mais de façon plus modeste. Le toit à la Mansart a permis d'installer de grandes lucarnes à pignons dans le brisis des quatre versants, et un oriel polygonal laisse entrer la lumière au rez-de-chaussée. Cette demeure abrite de nos jours une auberge de prestige, *Le St-Amour,* dont la table est l'une des meilleures de la région.

◀ Clocher de l'église All Saints d'Abercorn, bâtie en 1870.

Dunham, le pays des vignobles

Concédé à Thomas Dunn et à ses associés en 1796, le canton de Dunham fut le premier créé au Québec. De nombreuses familles d'origine américaine ou britannique s'établirent dans le village du même nom, typique de l'époque des loyalistes, pour cultiver la terre et faire du commerce. Profitant du sol riche des argiles de la mer de Champlain et de la douceur du climat dans le piedmont des Appalaches, les agriculteurs connurent rapidement une époque si prospère que Dunham devint le chef-lieu du comté. De nos jours, ce village est une halte incontournable sur la Route des vins, car c'est à cet endroit que se trouve la plus grande concentration de vignobles dans une localité.

La rue Principale est jalonnée de maisons datant de la première moitié du XIXe siècle, en pierres des champs ou, parfois, en briques. Un circuit patrimonial permet d'admirer quatorze de ces résidences monumentales qu'habitaient les agriculteurs les plus riches et de découvrir certains bâtiments institutionnels. La mémoire des fondateurs vous accompagnera tout au long d'une visite à pied ou d'une promenade en carriole dans ce village dont l'histoire vous sera racontée par des personnages de l'époque.

▶ Cette monumentale maison en pierres, agrémentée d'un joli portique surmonté d'un fronton, fut construite en 1840 par Orrin Dunning, qui possédait une tannerie à cet endroit.

◄ Cette maison vernaculaire d'inspiration gothique fut bâtie en 1855 sur le site de la première taverne ouverte à Dunham. Elle charme par sa grande lucarne-pignon, ses petites fenêtres sous les corniches des pignons et ses fenêtres en saillie.

◄ Le *Dunham Ladies College* fut construit en 1875 par le diocèse anglican afin d'offrir aux jeunes filles l'accès à l'enseignement supérieur. On remarque son toit mansardé recouvert de tôle et de bardeaux de cèdre, les lucarnes symétriques au-dessus des fenêtres du premier étage et le joli agencement des briques autour des oculus et des linteaux des fenêtres.

▲ Bâtie en 1847 sur une butte et au cœur du village de Dunham, l'église anglicane All Saints est d'inspiration gothique, notamment la porte et les fenêtres en arc brisé. Elle se distingue par sa façade en pierres de taille et ses autres murs en pierres des champs, par son toit d'ardoise, ainsi que par ses magnifiques vitraux. À proximité se trouvent le cimetière anglican et de vieilles écuries.

▲ Cette magnifique maison en pierre construite en 1832 servit de résidence et de bureau de poste de 1913 à 1927. Les fenêtres à 16 carreaux, le toit à tôle pincée, les deux cheminées en pierre, les moulures des fenêtres et le muret de pierres procurent un charme incomparable à cette demeure, qui abrite aujourd'hui *Le Bayard*, un restaurant excellent.

Danville, miroir d'une époque prospère

▲ Charmante résidence de style néo-Queen Anne, à Danville.

À la limite des Cantons-de-l'Est et des Bois-Francs, la ville de Danville doit son existence au chemin Craig, qui la traverse et qui reliait la Nouvelle-Angleterre à Québec au début du XIXe siècle. Cependant, elle doit son développement industriel (distilleries, fabriques de meubles, tannerie et carrière d'ardoise) à l'arrivée du chemin de fer en 1854.

Ville natale de Daniel Johnson, premier ministre du Québec de 1966 à 1968, Danville a su conserver ses résidences de prestige, qui révèlent l'engouement de leurs constructeurs pour les grands styles de l'époque victorienne. La *Randonnée culturelle et historique* propose trois circuits patrimoniaux pour découvrir le cachet exceptionnel des maisons de styles architecturaux vernaculaire américain et victorien. Plusieurs de ces demeures possèdent encore leur toiture d'ardoise. La rue Grove est particulièrement remarquable, en raison de l'étendue des terrains et des arbres centenaires qui la bordent. Le faste des résidences évoque la période de prospérité qu'a connue Danville au cours de la seconde moitié du XIXe siècle.

Danville est la pionnière des « villages-relais ». Si elle a pu prétendre à ce titre, c'est en premier lieu grâce à son cachet, auquel contribue grandement son architecture typique de la Nouvelle-Angleterre. Mais c'est aussi grâce à son accessibilité par la route nationale 116, à son éloignement des grands centres urbains et aux différents services essentiels qu'elle offre (restauration, hébergement, stations d'essence, services bancaires et installations sanitaires). Bref, Danville se distingue des haltes touristiques proches des autoroutes, en donnant aux voyageurs la possibilité de vivre une expérience unique dans un cadre enchanteur.

▶ Ce superbe bâtiment de style vernaculaire américain (1860-1890) abrite aujourd'hui l'*Auberge Jeffery,* qui comprend six chambres décorées dans l'esprit de l'époque victorienne, mais offrant toutes les commodités d'aujourd'hui.

▶ Avec ses éléments d'architecture raffinés, cette opulente maison victorienne témoigne de l'époque faste du style Second Empire (1860-1880). On remarque le toit typique à quatre versants découpé par un terrasson et un brisis perçant la lucarne à pignon, une tour-porche centrale couronnée d'un fronton-pignon et une galerie à colonnes jumelées.

◀ Une splendide résidence de style vernaculaire américain (1880-1910).

◀ En 1875, des congrégationalistes firent bâtir l'église unie Trinity Church, qui est d'un style rarement utilisé pour les églises protestantes, le style néo-italien (1860-1890).

▲ Une superbe demeure de style gothique victorien Anne (1885-1910).

◄ Photo en haut à droite : Cette maison de style néo-italien (1860-1890), située sur la rue Grove, présente une grande galerie avec un porche au rez-de-chaussée et une logette à l'étage.

► Les adventistes furent très actifs à Danville au cours de la seconde moitié du XIXe siècle. Une première chapelle bâtie aux alentours de 1850 fut remplacée par l'actuelle église Adventist Christian, construite en 1903 au coût de 5 000 $. Avec ses fenêtres en arc brisé et son clocher-porche, elle est de style néogothique.

North Hatley, joyau des lieux de villégiature

Situé sur la rive nord-est du lac Massawippi, North Hatley est le premier village des Cantons-de-l'Est à avoir attiré des estivants. Fondé dans les années 1800 et ayant d'abord prospéré grâce à l'agriculture, à la foresterie et à la production de potasse, il devint un lieu de villégiature fort prisé au début du XXe siècle.

▲ **Pavillon avec alignement de cabanes à bateaux et chalets en bordure du lac Massawippi.**

L'architecture des maisons illustre la richesse de ces aristocrates américains qui, désireux de fuir la chaleur torride des États du Sud après la guerre de Sécession vers les années 1860, ont été attirés par le charme des lieux. Puis, en 1870, la ligne de chemin de fer Sherbrooke-Newport, par un jeu de correspondances ferroviaires de l'autre côté de la frontière, facilita l'accès de la région aux vacanciers américains et confirma la destinée récréotouristique de North Hatley. Cela entraîna la mise en circulation de bateaux à vapeur ainsi que la construction de nombreux hôtels et de quelque 250 villas. Perchées sur les collines de la rive occidentale, de splendides maisons de villégiature se disputèrent alors la vue sur le lac. Grâce à son environnement attrayant, à ses multiples installations touristiques et à la renommée de ses établissements hôteliers, North Hatley est encore un des centres touristiques les plus courus au Québec.

▶ En bordure du lac Massawippi, de riches estivants américains firent jadis construire de grandes villas, dont l'architecture était inspirée du style vernaculaire américain.

▲ Réputé pour son excellente table et pour la qualité de son hébergement, le prestigieux *Manoir Hovey*, à North Hatley, reflète le style des grandes demeures qui appartenaient à des notables du sud des États-Unis et pullulaient sur les rives du lac Massawippi, ainsi qu'à Georgeville, en bordure du lac Memphrémagog. En adoptant le style géorgien, Harry Atkinson, d'Atlanta, a voulu reproduire la maison de George Washington en Virginie. L'établissement, construit en 1900, porte le nom de l'un des premiers pionniers dans les environs, Ebenezer Hovey.

▲ L'église catholique Sainte-Élisabeth, bâtie en 1912.

◄ L'un des bâtiments anciens de North Hatley construit en 1870 comme magasin général abrite aujourd'hui la boutique d'antiquités *Pomme Grenade*.

Parmi les plus beaux villages du Québec

Dans les Cantons-de-l'Est se trouvent cinq des agglomérations membres de l'Association des plus beaux villages du Québec, association qui en comprend une trentaine. Ces villages ont été sélectionnés selon des critères rigoureux, comme la beauté exceptionnelle du site et la conservation d'un riche patrimoine architectural. Les résidents veillent à y préserver la dimension humaine des commerces et autres activités économiques. Ils ne cherchent pas à favoriser le tourisme de masse, mais ils accueillent les visiteurs à bras ouverts et leur proposent de découvrir l'histoire de leur petit coin de paradis en faisant le tour des perles de leur patrimoine bâti. Ils encouragent la visite des lieux à pied ou à bicyclette. Cette façon de circuler, propice aux heureuses rencontres, fournit de belles occasions de discuter avec les résidents, notamment avec les artisans et les producteurs, d'apprécier leur chaleureux accueil et, à certains endroits, de déguster leurs produits du terroir.

Frelighsburg, un cadre enchanteur

Frelighsburg est niché au creux de la vallée verdoyante de la rivière aux Brochets. Sa proximité avec la frontière incita sans doute des immigrants américains à s'y installer. En 1790, on profita d'un seuil sur la rivière pour y bâtir un premier moulin à farine, construit en

▼ Frelighsburg est surnommé « le bourg aux trois clochers ». À l'entrée sud du village, on aperçoit en effet le clocher de l'église anglicane Bishop Stewart, celui de l'école Saint-François d'Assise et celui de l'église catholique Saint-François d'Assise.

bois. Abram Freligh, médecin d'origine hollandaise qui donna son nom au village, acheta ce moulin en 1800 et contribua par la suite au développement commercial du bourg. Le village a conservé de nombreux exemples des bâtiments publics et des résidences privées construits à proximité du moulin durant la seconde moitié du XIXe siècle. Au cœur de la *Red-Brick-Belt,* les constructions en bois se mêlent à celles en brique, et les immenses pins plantés devant les maisons rappellent les ancêtres loyalistes.

▲ Le village de Frelighsburg, sur les contreforts du mont Pinacle.

Les vergers de pommiers qui entourent Frelighsburg et s'étendent jusqu'au flanc du mont Pinacle offrent un spectacle éblouissant au moment de la floraison. La pomiculture et la fabrication de dérivés de la pomme (cidres, vinaigres et confitures) jouent un rôle de premier plan dans l'économie de la région. Nombreuses sont les fabriques artisanales et les activités artistiques, dont la plus connue, le Festiv'Art, transforme les rues du village en une immense galerie d'art à ciel ouvert. À travers un doux relief vallonné, plusieurs routes, dont les chemins Eccles Hill, Saint-Armand, Richford et du Verger modèle, relient Frelighsburg aux hameaux environnants.

Grâce à son clocher-tour à flèche élancée, l'église anglicane Bishop Stewart Memorial of the Holy Trinity est bien visible sur le chemin Caragona. Construite en 1883, elle est de style gothique et d'inspiration victorienne. Sa toiture est en ardoise, et ses murs sont percés de fenêtres jumelées à arcs brisés et à linteaux massifs, toutes ornées de vitraux. À l'intérieur, en brique et en bois, la nef arbore une rose de réseau, et un magnifique orgue (1867) couronné d'un pinacle anime encore les concerts de musique ancienne.

Construite en 1856, cette maison en brique au toit d'ardoises est typiquement loyaliste.

▲ Sur le chemin Saint-Armand, à quelques kilomètres du village, la maison qui doit son nom à *Adélard Godbout* fut construite en 1840 par James O'Haloran, membre de l'Assemblée législative. De style géorgien, cette imposante demeure est divisée en deux, moitié briques, moitié pierres des champs. La propriété, une ferme de 150 acres, fut achetée par Adélard Godbout en 1930. Elle devint la ferme *Les Trois Ruisseaux* au moment où la pomiculture prit son essor dans la région. La famille Godbout a toujours exploité cette ferme, remplaçant les pommiers communs par des pommiers nains et les vaches laitières par des bovins de boucherie, et est demeurée propriétaire de la maison.

Né en 1892 à Saint-Éloi, dans le Bas-Saint-Laurent, Adélard Godbout a fait ses études au Séminaire de Rimouski, à l'École d'agriculture de Sainte-Anne-de-la-Pocatière et à l'Amherst Agricultural College dans le Massachusetts. Agronome de formation, il a occupé un poste au ministère de l'Agriculture du Québec et a enseigné l'agriculture à Sainte-Anne jusqu'en 1930. Par la suite, il a été premier ministre du Québec en 1936 et de 1939 à 1944.

▼ À l'intersection du chemin Saint-Armand et des rues Principale et South, la *Villa Spencer* est un bon exemple de l'architecture de style néoclassique. Son fronton-pignon ouvragé, soutenu par des colonnes, encadre de fins balustres. Cette maison en maçonnerie de pierre fut bâtie par William S. Baker vers 1860. Cet homme d'affaires de Mansonville projetait d'exploiter une tannerie aux abords de la rivière aux Brochets, mais ces constructions l'acculèrent à la faillite. En 1870, la demeure fut convertie en un hôtel. En 1891, Elijah Spencer la rénova, puis il l'habita jusqu'à la fin de ses jours. M. Spencer fut représentant du comté de Missisquoi à l'Assemblée législative et vice-président de la Société d'histoire de Missisquoi lors de sa fondation, en 1899. Le Festiv'Art transforme les rues du village en une immense galerie à ciel ouvert.

◀ Construit en 1845 au cœur du village de Frelighsburg, ce bâtiment a successivement servi de magasin général, d'hôtel et de bureau de poste. Il abrite aujourd'hui un accueillant café-terrasse, *Les Sucreries de l'érable*, où l'on peut déguster une délicieuse tarte au sirop d'érable et aux pacanes. Une caisse enregistreuse vieille de 150 ans pare le comptoir.

▶ Ce moulin construit en pierres des champs par Richard Freligh, le fils d'Abram, date de 1839. Il a remplacé le premier moulin du village, bâti en 1790. Son architecture évoque le début de l'ère industrielle, marqué par l'utilisation de la force de l'eau. Autrefois, il abritait un mécanisme de broyage des grains qui occupait plusieurs étages et une roue qui facilitait le travail en hiver. Couplé à une génératrice, il a permis d'électrifier le village dès 1911. Entre les années 1800 et 1967, sept meuniers se sont succédé sur le site de cette impressionnante construction. Admirablement restauré par la famille Demers, qui le convertit en résidence privée tout en respectant ses caractéristiques d'origine, ce moulin a été classé monument historique en 1973. Le site, aux abords de la rivière aux Brochets, est un endroit charmant et très paisible. Il est possible de le voir à partir de la rivière, à proximité du chemin Saint-Armand.

▲ En bordure du magnifique étang du Moulin (Mill Pond), le parc Coldbrook anime le cœur du village. Il est le théâtre de plusieurs regroupements et activités populaires.

Lac-Brome (Knowlton), un charme victorien

Réputé pour l'élégance de ses résidences victoriennes admirablement bien conservées et pour son ambiance anglo-saxonne, Knowlton illustre à merveille l'héritage des loyalistes au Québec. Portant le nom du colonel Paul Holland Knowlton, qui y fit construire un moulin à farine en 1836 puis une scierie et un magasin général, ce village a rapidement connu la prospérité. Dès la seconde moitié du XIXe siècle, il devint le chef-lieu du comté de Brome, et Paul Holland Knowlton, son premier gouverneur. Centre des communications télégraphiques régionales, il fut doté d'un bureau de poste et d'une auberge. Comme c'est souvent le cas dans la région, la présence de trois églises, une anglicane, une méthodiste et une catholique, atteste la cohabitation de différentes cultures et religions. À la fin du XIXe siècle, les villégiateurs furent attirés par cette petite localité bourgeoise, dont la vocation touristique n'a jamais cessé de se confirmer depuis. Vers les années 1920, les anglophones de Montréal firent bâtir de somptueuses villas sur les rives du lac Brome et les protégèrent des regards indiscrets par des haies ou des murets de pierres. Quelques-unes d'entre elles se dévoilent chaque été, à l'occasion du Tour des maisons et jardins de Knowlton. La beauté naturelle du site et la volonté des résidents de préserver leur patrimoine culturel et historique ont été reconnus à maintes reprises aux niveaux régional et provincial, notamment lors du concours Ville, villages et campagnes fleuris du Québec.

Une visite à pied est tout indiquée pour apprécier les charmes du village et flâner dans ses rues animées. Un circuit patrimonial facilite la découverte des bâtiments historiques et fournit des informations sur les événements marquants de l'histoire de Knowlton. Durant la promenade, on peut satisfaire sa gourmandise. Ici, le canard du lac Brome a la vedette dans les restaurants. Chaque automne, un événement gastronomique est d'ailleurs consacré à ce célèbre volatile. Knowlton est aussi recherché pour ses magasins d'antiquités, ses boutiques ornées d'enseignes de bois sculpté et son théâtre d'été anglophone.

▼ À Noël, commerces et résidences de Knowlton se parent de lumières et de décorations. De construction récente (1950), ce bâtiment commercial illustre bien la volonté de respecter le style architectural des constructions environnantes.

◀ Construite en 1849 et connue à l'époque sous le nom de *Blinn's Inn, l'Auberge de Knowlton* fut le premier établissement hôtelier du village et servait autrefois de relais sur le trajet de la diligence passant par le vieux chemin de Magog. Sur la cheminée sont inscrits tous les noms qu'elle a portés, mais au fil des ans, sa vocation n'a jamais changé.

▶ Cet édifice fut construit en 1908 pour abriter un bureau de poste. Lorsque ce dernier fut relocalisé en 1973, ce bâtiment devint l'hôtel de ville et le poste de police de Lac-Brome. Le porche en saillie est coiffé d'une balustrade, et la toiture est percée de charmantes lucarnes à la capucine.

▲ La Bibliothèque commémorative Pettes a été bâtie en 1893 et inaugurée l'année suivante par Narcissa Pettes, à la mémoire de son mari, Nathaniel. Il s'agit de la première bibliothèque rurale publique et gratuite au Québec. Sa couverture d'ardoises et son style néoroman lui confèrent une élégance hors du commun.

Cette superbe maison construite en 1857 fut la demeure de Narcissa et Nathaniel Pettes, un couple de riches négociants. Puis, dans les années 1940, elle devint l'*Auberge Bolton Pass,* ainsi nommée parce qu'elle bordait une rue empruntée par les diligences. En 1974, elle fut transformée en un pub, le *Knowlton Pub,* un lieu très fréquenté par les résidents de la région.

En bordure de l'étang du Moulin, l'église unie du Canada fut bâtie en 1895 pour servir de lieu de culte aux méthodistes. Son style s'apparente au Renouveau classique. À l'intérieur, une magnifique verrière est dédiée à la mémoire d'Israël England, l'un des fondateurs de Knowlton, qui construisit la vieille tannerie en 1843.

▼ D'architecture austère, l'église Saint-Paul affiche bien son identité anglicane, première congrégation religieuse à s'être implantée à Knowlton, il y a plus de 150 ans. De style gothique, elle a été construite en 1941, le feu ayant détruit les deux églises précédentes. Les pierres des champs ont été apportées par les fermiers des alentours. Pour commémorer la mémoire d'un ancêtre, les descendants des familles loyalistes reparties vivre aux États-Unis ont offert un vitrail. Les noms de ces personnes sont inscrits sur les vitraux ; y figurent, entre autres, celui de Knowlton ainsi que ceux de Foster et de Fulford, qui sont aussi les noms de villages voisins. Cette pratique, répandue dans la région, rappelle l'origine américaine, parfois très lointaine, de certaines familles.

◀ Construit en 1859, cet édifice imposant dénommé « l'Ancien palais de justice » a jadis abrité non seulement le palais de justice du comté, mais aussi le bureau d'enregistrement et la maison de comté. Son portique à fronton-pignon et ses colonnes cannelées lui confèrent un style architectural néogrec. Depuis 1950, la Cour ne siège plus dans ce bâtiment, qui appartient désormais à la Société historique du comté de Brome. Au premier étage, on peut y voir une réplique originale de la salle du tribunal.

Les châteaux de bois de Marbleton (Dudswell)

Sur les rives du lac d'Argent, Marbleton fait maintenant partie de la municipalité de Dudswell, tout comme les hameaux de Bishopton et de Saint-Adolphe-de-Dudswell. Entouré de collines et parsemé de superbes résidences et églises du XIXe siècle, ce village situé dans un cadre magnifique mérite une visite.

Vers 1825, l'exploitation d'un gisement de pierre à chaux à Lime Ridge et celle d'une carrière de marbre, qui inspira le nom de Marbleton, incitèrent des francophones à s'installer dans ce village. Par la suite, des anglophones en provenance des États-Unis, d'Angleterre, d'Écosse et d'Irlande vinrent aussi s'établir dans le canton, ce qui explique la présence des églises catholiques et anglicane à Marbleton. L'influence anglo-saxonne sur l'architecture des résidences bourgeoises procure un charme indéniable à cette localité en plein cœur des Cantons-de-l'Est. Sur le chemin des Érables, les « châteaux de bois » sont particulièrement attrayants. La Maison de la culture (qui abrite aussi le bureau d'information touristique) propose un circuit autoguidé pour découvrir le patrimoine architectural de Dudswell et expose la splendide collection de maquettes de bois de Louis-Émile Beauregard, maquettes illustrant des scènes typiques de la vie rurale.

▶ Le village de Marbleton.

▼ Construite en 1908 dans un style « château de bois », la Maison P. Labbé a encore ses tours, son bardeau en écailles de poisson et ses fondations en pierres des champs. Sa toiture, qui est agrémentée d'une tourelle coiffée d'un toit conique, atteste le goût du constructeur pour le style néomédiéval. Un pin centenaire domine cette demeure.

▲ L'église anglicane St. Paul, bâtie en 1851, est classée monument historique. À l'intérieur, le revêtement mural en toile date de la construction. Les fenêtres sont de style néogothique. Dans le cimetière situé en face de cette église, des stèles datent de l'an 1855.

▼ À la *Vieille boutique de forge d'Amédée Lemelin,* au cœur de Marbleton, le forgeron Frédéric Robert nous invite à découvrir les rudiments d'un des plus vieux métiers du monde. Dans le même village, on peut aussi visiter la boutique de ferronnerie d'art *Au chant du coq.*

Stanstead, musée d'architecture à ciel ouvert

Connue pour la richesse de son histoire et le pittoresque de ses ensembles architecturaux, la ville de Stanstead comblera les amateurs de patrimoine bâti. Située en face de Derby Line, au Vermont, elle porte l'empreinte distinctive des régions frontalières où cohabitent des personnes de deux pays voisins. Cette agglomération résulte de l'union de trois villages : Stanstead Plain, Rock Island et Beebe Plain. Grâce à son emplacement stratégique, elle joua un rôle important dans les transports en devenant le dernier arrêt en sol canadien de la diligence reliant Québec à Boston, vers les années 1830.

La force du courant de la rivière Tomifobia, qui traverse la ville, a permis l'implantation des premiers moulins à eau dans les Cantons-de-l'Est, moulins qui transformèrent Rock Island en un petit centre industriel. À son apogée, la manufacture Butterfield Tool, qui existe encore aujourd'hui, employait des centaines de travailleurs provenant des deux côtés de la frontière. Pour sa part, Stanstead Plain grandit en importance pour se muer en un centre de services et d'échanges commerciaux. À la fin du XIXe siècle, le granit extrait et travaillé dans les environs de Beebe et de Graniteville était « la pierre angulaire » de l'économie locale, au point que la région fut longtemps vue comme la capitale canadienne du granit.

Avec les années, Stanstead est devenue le noyau d'une société distinguée et le lieu de résidence de familles nanties. Les secteurs de la banque et de l'enseignement, le conseil de comté, le chemin de fer, les manufactures et l'industrie du granit (demeurée l'employeur le plus important) ont tous contribué à son développement. Grâce à son riche passé, cette ville peut aujourd'hui s'enorgueillir de ses résidences et bâtiments patrimoniaux de styles néoclassique et victorien. À Stanstead Plain, sur la pittoresque rue Dufferin bordée d'érables, de magnifiques demeures, de jolies églises et des établissements scolaires réputés témoignent de la prospérité qu'a connue la région au XIXe siècle. Le centre de Rock Island et la rue Principale de Beebe Plain ont, eux aussi, leur part de patrimoine bâti.

▼ À Beebe Plain (Stanstead), la rue Canusa a été judicieusement baptisée : en effet, un côté de ce tronçon de la route 247 est situé au Canada et l'autre côté, aux USA. La proximité de la frontière américaine ayant favorisé la contrebande dans la région, un premier poste de douane fut installé à Stanstead en 1821.

▲ De renommée internationale, *l'Édifice Haskell* a été bâti sur la frontière séparant le Québec du Vermont en 1904 et est une réplique du Boston Opera House. À l'intérieur de ce flamboyant bâtiment de style Queen Anne classé monument historique par les gouvernements du Canada, des États-Unis et du Québec se trouvent une bibliothèque et une salle de spectacle comportant 400 places. À partir de la tour d'angle polygonale, la ligne frontalière sépare la scène, située au Canada, des spectateurs, assis aux États-Unis. Les rangées de livres de la bibliothèque se trouvent sur le territoire canadien. Chaque été, le Haskell présente une programmation exclusive de concerts et de pièces de théâtre. Les visiteurs n'ont pas l'obligation de se déclarer aux bureaux douaniers, mais une borne frontalière en granit (1842) est placée à l'extérieur de l'édifice.

▶ La Maison Frederick Amsden, datant de 1846, est une élégante demeure du début de l'ère victorienne. Elle porte le nom de son premier occupant, un sellier, et abrite maintenant une galerie d'art qui met en valeur les artistes de la région. Son style géorgien est caractérisé par la symétrie des formes, et elle se démarque par son chemin de la veuve *(weadow walk)* au sommet du toit. Ce belvédère nous vient du Maine et rappelle l'attente interminable des femmes des marins partis en mer.

▶ Rue Dufferin à Stanstead Plain, une des plus remarquables demeures est la Maison Butters (1866). De style villa italienne, elle abrite le gîte *Le Manoir victorien.* Sa tour carrée rappelant la Toscane, ses multiples frontons-pignons et ses étroites fenêtres au sommet arrondi lui procurent un charme irrésistible.

Dominant la rivière Tomifobia et bâti en 1873, le *Collège Stanstead* est de style néogéorgien. Il évoque les campus américains de la Nouvelle-Angleterre.

À Rock Island, l'église unie Stanstead South fut construite en 1875. De style néogothique, elle présente sur sa façade des motifs triangulaires qui symbolisent la Trinité et se démarque par son revêtement de planches verticales. Au XIXe siècle, les congrégationalistes établis à Stanstead étaient desservis par des pasteurs du Vermont, et les fidèles qui assistaient aux offices religieux étaient aussi bien des Canadiens que des Américains.

À Stanstead Plain, la monumentale église unie du centenaire (1866) fut d'abord méthodiste. D'inspiration néogothique, elle est la plus grande église protestante des Cantons-de-l'Est. Elle se distingue non seulement par son revêtement extérieur en granit et par son toit d'ardoises, mais aussi par son horloge, où est inscrit le nom de Wilder Pierce, son généreux donateur.

Ce bâtiment néoclassique datant de 1860 abrite *la loge maçonnique Golden Rule,* fondée en 1814 et l'une des plus anciennes au Québec. Au moment du solstice d'été, les membres de cette loge se réunissent au sommet du mont Owl's Head.

Stanbridge East, une incursion dans le passé

Situé au milieu d'un paysage champêtre et à l'intérieur d'une grande courbe formée par la rivière aux Brochets, le village de Stanbridge East naquit grâce au peuplement de la région par des immigrants d'origine américaine. Ses débuts remontent à 1797, année où un moulin y fut bâti par ces colons. Au début du XIXe siècle, y furent construits d'autres bâtiments à vocation commerciale ou institutionnelle, qui refléteront plus tard sa prospérité : un moulin à carder la laine, une fabrique de toupies de bois, une tannerie de cuir, une banque, un bureau de poste, un relais de diligence, des boutiques d'artisans et autres magasins. Comme dans les autres villages de la région, différents édifices religieux de styles néogothique et victorien démontrent la diversité des religions pratiquées. Même si la plupart des ateliers d'artisans et des maisons d'ouvriers ont disparu, Stanbridge East a conservé plusieurs demeures bourgeoises de briques et de bois peint, à l'architecture américaine. En outre, ce village se trouve au centre de la Route des vins et propose fréquemment des expositions et des festivals qui témoignent de sa richesse culturelle. À l'écart de la route principale, il fait bon déambuler dans ses rues charmantes, bordées de grands érables.

◄ L'église St. James, à Stanbridge East, est incontestablement de style néogothique.

▲ Le moulin à grains Cornell a été bâti en 1830, en bordure de la rivière aux Brochets. Jadis réputé pour la qualité de sa farine, il était le centre de l'activité commerciale de la région. À côté, on aperçoit la grande roue à aubes qui actionnait les meules. Entièrement construit en brique et en pierre des champs typique du comté de Missisquoi, ce moulin a été déclaré site historique en 1965. Il est maintenant rattaché au musée Missisquoi, dans lequel on peut en apprendre long sur la vie quotidienne des villageois au début de la colonisation.

▲ Tout près du moulin Cornell, un édifice singulier en brique rouge construit vers 1840 a abrité le magasin général tenu par la famille Hodge. Trois générations s'y sont succédé. Ce magasin hors du commun contient encore presque toute la marchandise qu'on y trouvait à l'époque de la Seconde Guerre mondiale, et même au tournant du XXe siècle. Boîtes en fer-blanc d'aliments et de café sont toujours présentes sur les rayons.

▼ Au sommet d'une colline et à quelques kilomètres du village, la « chapelle en pierres des champs » *(Stone Chapel)* est assurément l'une des plus charmantes de la région. Cette ancienne église baptiste, bâtie en 1842, est de style néopalladien et rappelle la modestie des petites églises protestantes de campagne. À l'intérieur, le centre de la nef est occupé par les bancs formant de volumineux *pew box*. En achetant une section de l'un de ces bancs, les familles payaient les droits d'accès pour assister aux offices religieux. L'église est aujourd'hui entretenue par une fiducie gérée par les descendants des premiers souscripteurs. Des offices protestants y sont célébrés occasionnellement pendant l'été.

▼ En face du moulin Cornell, de l'autre côté de la rue, se trouve l'ancienne Baker's Bank, une succursale de l'Eastern Townships Bank. Cet imposant édifice construit en 1861 fut converti en église catholique en 1952, lorsque le besoin d'une banque locale ne se fit plus sentir ; auparavant, les catholiques devaient se rendre à Bedford pour assister à la messe. Ce bâtiment en bois peint en blanc, à l'instar de nombreuses banques de la Nouvelle-Angleterre, affiche fièrement son architecture néoclassique, avec une façade et un portique dominés par des colonnes ioniques, symboles classiques de l'ordre. Il est aujourd'hui transformé en un restaurant, *Le Sainte-Jeanne-d'Arc,* spécialisé dans les venaisons et offrant une ambiance médiévale.

▶ Page 175 : Les deux églises protestantes de Ways Mills se font face. À droite se trouve l'église unie et à gauche, l'église anglicane Epiphany.

▼ L'église universaliste de Huntingville, construite en 1844, est la plus ancienne église de cette confession au Canada. Son style est celui des *meeting houses* de la Nouvelle-Angleterre.

La tournée des édifices sacrés

L'expression du sacré est manifeste partout au Québec, y compris dans les Cantons-de-l'Est. Toutefois, l'apport de groupes d'origines différentes – principalement américaine, anglaise, écossaise, irlandaise et canadienne-française – a conféré aux Cantons une culture et des traditions originales. Les églises qui parsèment cette région constituent le cœur de son patrimoine bâti et reflètent sa grande diversité confessionnelle. Les cimetières qui en dépendent, dont certains ont été créés au début de l'époque coloniale, rappellent plus de deux siècles d'histoire.

La diversité religieuse des Cantons-de-l'Est

La communauté protestante, apparue au début de la colonisation, regroupe des personnes de confessions très diverses. Véritables bijoux architecturaux, les églises protestantes en bois (parfois en brique ou en pierre), vieilles de 100 à 150 ans, ont été précieusement conservées. Entourées de constructions de style vernaculaire ou victorien, elles rappellent non seulement l'appartenance religieuse des colons loyalistes ou américains en provenance du New Hampshire, du Vermont et du Massachusetts, mais aussi leurs goûts en matière d'architecture.

Très nombreux en Nouvelle-Angleterre avant 1790, les adeptes du courant évangélique regroupant baptistes, méthodistes, universalistes et congrégationalistes, auxquels s'ajouteront plus tard les adventistes, ont été les premiers à s'implanter dans la région, notamment le long de la frontière. La croissance des agglomérations les a menés à bâtir des lieux de culte permanents, dont l'architecture et l'ornementation étaient en général modestes. Au début de la colonie, des prêcheurs itinérants venaient, dans certains cas du Vermont, rendre visite aux populations de colons dispersés et isolés. Les petites églises protestantes servaient aussi fréquemment aux assemblées publiques qu'aux services religieux, d'où leur appellation de *meeting halls,* devenue « mitaines » dans la langue populaire.

Bien que plus traditionnels, l'anglicanisme et le presbytérianisme furent plus lents à s'établir. Vers les

▶ Bâtie par des loyalistes américains en 1819, l'église méthodiste de Philipsburg, la plus ancienne au Québec, est maintenant l'église unie St. Paul. Elle a été construite avec du marbre provenant de la région et est un bel exemple du style *meeting house*, caractéristique de cette confession anglicane. On y célèbre encore des offices religieux.

▼ Construite en 1828 à Hatley, l'église St. James est le plus ancien temple protestant de l'Estrie. Entièrement en bois, elle reflète l'époque missionnaire de l'Église anglicane du début du XIXe siècle. Elle est classée monument historique depuis 1989.

années 1800, l'anglicanisme fut introduit dans la région de la baie Missisquoi, bastion des loyalistes. C'est d'ailleurs à Frelighsburg que fut bâtie, en 1807, la première église anglicane des Cantons-de-l'Est. À la différence des adeptes d'autres confessions, les anglicans bénéficiaient de l'appui du gouvernement. Cependant, le culte anglican ne convenait pas à un pays de pionniers, puisqu'il exigeait que chaque communauté ait son propre temple et son propre pasteur. Plus tard, vers les années 1830, la venue d'immigrants britanniques entraîna l'établissement de missions anglicanes ; toutefois, les *townsphips* proches de la frontière demeurèrent réfractaires à l'anglicanisme. Les églises anglicanes ont en commun le style gothique, reconnaissable par l'arc brisé en ogive des ouvertures, et la prédominance du triangle, symbole de la Trinité. Un certain nombre sont également ornées de vitraux.

Les églises presbytériennes furent bâties par les immigrants écossais. Construite à Melbourne en 1841, l'église St. Andrew fut l'une des premières dans les Cantons-de-l'Est. Tout comme les congrégationalistes et les méthodistes, les presbytériens se joignirent à l'Église unie du Canada en 1925.

◀ L'église St. Peter (1868), à Cookshire, est l'une des rares églises anglicanes construites en pierre des champs. John Henry Pope, personnage important de la région, assura en grande partie le financement de sa construction.

▲ L'église anglicane St. Aidan (1908), à Sutton Junction.

La basilique-cathédrale Saint-Michel, de style néogothique très ornementé, est un fleuron du patrimoine de la ville de Sherbrooke. Grâce à sa grande dimension, elle peut accueillir 3 000 fidèles. Des visites guidées permettent de connaître les diverses étapes de sa construction et les différentes formes d'art employées dans la liturgie catholique romaine.

Au début du XIXe siècle, le catholicisme s'établit, lui aussi, difficilement. Ses adeptes, dispersés parmi des communautés protestantes, recevaient de façon irrégulière la visite de missionnaires. Souvent très pauvres, ils ne pouvaient subvenir aux besoins d'un prêtre, ni construire une église. De surcroît, comme ils étaient soit Irlandais, soit Canadiens français, leurs prêtres devaient être bilingues. Or à cette époque-là, les prêtres bilingues étaient peu nombreux au Bas-Canada. Durant la seconde moitié du XIXe siècle, l'arrivée massive de Canadiens français et la colonisation des terres dans les secteurs Nord et Est des Cantons permirent à l'Église catholique romaine de prospérer dans la région. La fondation du diocèse de Sherbrooke, en 1874, favorisa le développement de la vie paroissiale et religieuse des catholiques. Toutefois, le catholicisme demeurait exclu de certaines régions, comme celles de Stanstead et de Brome. La paroisse catholique en tant qu'organisation n'y apparaîtra qu'après 1920, lorsque les francophones se seront installés sur les territoires laissés vacants par l'émigration anglophone.

Dès le début du XXe siècle, la plupart des grands villages assistèrent à la construction de l'une de ces églises catholiques en pierre, parfois monumentales, si nombreuses au Québec. Toutefois, la simplicité des églises protestantes semble avoir influencé les architectes des églises catholiques des Cantons-de-l'Est, plus sobres et aux dimensions plus modestes dans certaines localités.

▼ L'église de Sainte-Catherine-de-Hatley, datant de 1881, occupe le centre du village. On y découvre un superbe triptyque, œuvre de la peintre Christine Carrière. Par leur architecture imposante, certaines églises catholiques se détachent du paysage, comme celle-ci, qui surplombe les flancs de la colline. D'abord colonisée par des loyalistes, la paroisse se développa vers les années 1860, à l'arrivée massive de francophones.

▲ Avec son toit d'ardoises, son carillon de quatre cloches et son chemin de croix peint à l'huile, l'église Sainte-Bibiane (1880) est l'une des plus belles de la région.

▶ L'église actuelle de Piopolis fut inaugurée le 26 août 1909 dans la paroisse de Saint-Zénon. La première chapelle de Piopolis, construite dans le Vieux-Village en 1872, avait été démolie quelque temps auparavant. Un circuit historique et patrimonial invite à découvrir l'histoire particulière de cette municipalité, fondée par des zouaves pontificaux.

▶ L'église catholique néogothique Sainte-Agnès, à Lac-Mégantic, a été dessinée par les architectes Arthur Godin, de Montréal, et Louis Audet, de Sherbrooke. Sa construction fut achevée en 1913. En 1926, on y installa un immense orgue à 2 200 tuyaux, acheté à la Maison Casavant de Saint-Hyacinthe.

▶ Église catholique Sainte-Agnès, à Lac-Mégantic. À l'intérieur se trouve une splendide verrière absidiale de 10 m sur 6, représentant l'arbre de Jessé. Construite en 1849, elle fut offerte au curé Choquette par un ancien paroissien. Elle provient de l'église Immaculée-Conception de Londres, où on la croyait irrémédiablement noircie par la fumée des cierges.

◀ La chapelle catholique Saint-Jean-Baptiste, près de Vale Perkins, a été construite à l’image des églises en bois typiques des Carpates. Durant l’été, la messe y est célébrée selon le rite oriental de l’Église ukrainienne.

D’autres établissements religieux se démarquent dans le paysage des Cantons-de-l’Est. Dans notre société de plus en plus bruyante et turbulente, ils demeurent des lieux privilégiés, des lieux de silence et de paix qui favorisent l’intériorisation.

À Vorokhta, près de Vale Perkins, la charmante chapelle Saint-Jean-Baptiste est le centre de vie spirituelle de la vingtaine de familles qui habitent dans ce hameau. En 1954, Yvan et Stéphania Telishewski, bannis de leur pays natal, l’Ukraine, vinrent s’établir dans la région montagneuse des Cantons-de-l’Est. Ils appelèrent leur nouveau petit territoire « Vorokhta », en souvenir d’un célèbre lieu de villégiature situé dans les montagnes de l’Ukraine, les Carpates. D’autres familles les ayant rejoints, ils bâtirent en 1985 cette accueillante chapelle dédiée à Saint-Jean-Baptiste. Durant l’été, la messe y est célébrée selon le rite oriental de l’Église ukrainienne.

Tout près de Mansonville, à Highwater, on peut aussi rester bouche bée devant le monastère russe orthodoxe de la Sainte Transfiguration. Ce magnifique bâtiment au dôme en bulbe contraste avec les églises catholiques et protestantes des environs. Son architecture évoque celles des édifices religieux des steppes de la vallée de l’Oural, en Russie du Nord. Chaque dimanche, des fidèles canadiens et américains assistent aux offices religieux de cette église russe hors frontières. Dans le cimetière voisin, des monuments en forme de croix portent des épitaphes en caractères cyrilliques. Pour visiter l’église, les femmes doivent porter jupe et chapeau, et les hommes, un pantalon.

Près de Mansonville, le monastère de l'église orthodoxe russe de la Sainte Transfiguration offre un étonnant contraste avec les églises des alentours.

Bien visible en bordure du lac Memphrémagog, l'abbaye de Saint-Benoît-du-Lac se dresse magnifiquement au-dessus des vertes collines qui ondulent jusqu'au lac. Chef-d'œuvre d'architecture conçu par Dom Paul Bellot, également concepteur de l'oratoire Saint-Joseph à Montréal, elle rappelle un château français, avec ses tourelles, son toit de cuivre verdi et ses murs en pierre. Ce havre de paix héberge une soixantaine de religieux dont la vie quotidienne est régie par la règle monastique de l'ordre de Saint-Benoît. L'abbaye et ses 225 hectares (556 acres) de terre constituent une municipalité en soi, un peu à l'image de la Cité du Vatican. Les membres de cette communauté ont une vie contemplative intense, centrée sur la recherche de Dieu et la prière. Leur journée est rythmée par plusieurs offices religieux accompagnés de chants grégoriens, offices auxquels le public peut assister, et par le travail. Ces moines bénédictins pratiquent l'élevage de bovins Charolais, exploitent de vastes vergers de pommiers ainsi qu'une fromagerie, dont les produits sont distribués à grande échelle, et fabriquent du chocolat.

▲ La tour Saint-Benoît.

De surcroît, l'abbaye de Saint-Benoît-du-Lac reçoit des visiteurs en quête de tranquillité et de recueillement. Les bénédictins tiennent une hôtellerie où on peut passer la journée ou la nuit. Les dames sont accueillies à la Villa Sainte-Scholastique, située à proximité du monastère. Une boutique offre toute la gamme de produits résultant du travail des moines, ainsi que des enregistrements musicaux, des livres et des articles religieux. Même si le site demeure ouvert au public, les bénédictins veillent à préserver la vocation première de l'abbaye en maintenant privés certains des secteurs consacrés à la méditation et à la prière.

◄ La remarquable abbaye de Saint-Benoît-du-Lac domine la rive ouest du lac Memphrémagog, près du village d'Austin, et le mont Owl's Head se dessine majestueusement à l'arrière-plan. Ce cadre enchanteur est aujourd'hui l'image de marque des Cantons-de-l'Est. Il attire les visiteurs en quête de tranquillité et de silence.

▲ L'abbaye de Saint-Benoît-du-Lac, un lieu propice à la détente et au recueillement.

▲ L'abbaye de Saint-Benoît-du-Lac, en octobre.

Des églises converties

Certaines églises ayant perdu leur vocation première ont été transformées en centres communautaires, en salles de concert, en restaurants et parfois même en résidences privées.

L'église anglicane Good Shepherd (1877), à Glen Sutton, a été convertie en lieu culturel. Chaque année, à l'occasion de l'événement Le Tour des arts, on y donne des concerts de musique classique.

▲ **Église-maison à Bromont.**

Dans le cadre du Festival du lac Massawippi, des concerts sont présentés à l'église Sainte-Élisabeth de North Hatley, un dimanche par mois. Quant à l'église de Ham-Sud, elle abrite depuis quelques années le Centre d'art Rita Lafontaine, où l'on joue des pièces de théâtre.

▲ **Église Good Shepherd à Glen Sutton.**

Acquise en 1998 par Les Amis du patrimoine de Saint-Venant-de-Paquette, l'église bâtie dans ce village en 1877, un joyau d'architecture, abrite également un musée, ce qui est rare au Québec. Dans le jubé, le seul de la province qui fasse le tour d'une église, on présente une exposition à caractère historique et des objets liturgiques. Cette église patrimoniale sert aussi de salle pour des concerts, des spectacles et diverses manifestations artistiques, ainsi que pour les offices religieux qui assurent la pérennité de son caractère sacré. Elle se distingue par son revêtement intérieur entièrement fabriqué avec sept essences de bois, fourni par les paroissiens à l'époque de sa construction. Sculpté, verni et n'ayant jamais été peint, le bois a conservé toute sa beauté naturelle. Par ailleurs, les œuvres en bronze et en argent de Roger Nadeau, « l'homme qui donne vie aux pierres », sont exposées dans la sacristie.

► **L'intérieur de l'église de Saint-Venant-de-Paquette.**

Construite en 1890, l'église presbytérienne St. Andrew's est toujours présente dans le paysage urbain de Lac-Mégantic, mais elle abrite désormais le restaurant *L'Azimut* et une salle de spectacle.

Le style gothique de l'église St. Andrew's, à Danville, lui confère une allure médiévale. Transformée en un restaurant de qualité, *Le temps des cerises*, cette charmante église est aujourd'hui considérée comme une adresse gourmande.

▼ **Église presbytérienne St. Andrew's à Danville.**

▼ **Église St. Andrew's à Lac-Mégantic.**

Pour accéder au « Très-Haut »

Depuis des temps immémoriaux, les lieux sacrés attirent les croyants désireux de se rapprocher du divin. Au Québec, de nombreux sanctuaires permettent de célébrer Dieu ou l'un des saints de la liturgie catholique. Ils sont généralement situés sur d'impressionnants promontoires et dans un cadre enchanteur, propice à la quiétude et au recueillement. Dans les Cantons-de-l'Est, quelques sanctuaires construits au XXe siècle accueillent pèlerins et visiteurs.

Au cœur du Val-Saint-François, le sanctuaire de Sainte-Anne-de-la-Rochelle offre un lieu de prière exceptionnel, dans un environnement invitant et reposant. C'est au sommet d'une colline que les Larochellois ont bâti une église consacrée à sainte Anne, la mère de la Vierge Marie. Depuis 1896, chaque année en juillet, des pèlerins d'origines diverses viennent se recueillir à cet endroit, où se trouvent également un chemin de croix, un sanctuaire et une grotte.

Le sanctuaire de Sainte-Anne-de-la-Rochelle.

À Fleurimont, le sanctuaire de Beauvoir accueille lui aussi, chaque année depuis 1920, des milliers de visiteurs au sommet d'une colline. Ce lieu de pèlerinage dédié au Sacré-Cœur de Jésus bénéficie d'une splendide vue panoramique sur les Cantons-de-l'Est. Les « sentiers bibliques » sont destinés à rappeler certains épisodes de la vie de Jésus. Parcourant la nature environnante, ils permettent également d'apprécier la beauté et la quiétude des lieux. Outre une chapelle historique, les visiteurs découvriront sur le site une aire de repos, une cafétéria et un restaurant, ainsi qu'une boutique d'articles religieux.

Le sanctuaire de Beauvoir.

Au sommet du mont Saint-Joseph (1 065 m), dans le parc national du Mont-Mégantic, se trouve un lieu de pèlerinage dédié au père de la Sainte Famille. Le site offre une vue spectaculaire sur les montagnes frontalières et la région du lac Mégantic. La vocation spirituelle du mont Saint-Joseph remonte aux débuts de la colonisation des paroisses de Notre-Dame-des-Bois et Saint-Léonce-de-Val-Racine. Les récoltes pouvant être mauvaises à cause des intempéries, l'abbé Corriveault fit ériger une croix sur ce mont, en 1881, afin d'invoquer la protection de saint Joseph. Puis une chapelle (récemment restaurée)

y fut inaugurée en 1883, et la renommée du site grandit pour atteindre son apogée vers les années 1940, époque où des milliers de pèlerins s'y rassemblaient chaque année au mois d'août. De nos jours encore, de nombreux visiteurs participent à ce pèlerinage annuel, ainsi qu'aux célébrations dominicales estivales. La beauté naturelle du site, la pureté de l'air et la splendeur des paysages invitent au recueillement et à la prière.

Longtemps, le sanctuaire de Notre-Dame de l'Assomption de Saint-Venant-de-Paquette a été l'hôte de célébrations religieuses et de processions aux flambeaux. Ce lieu, source de fierté pour les paroissiens, recevait la visite de nombreux croyants venus d'ailleurs. En été, la messe y est encore célébrée à l'occasion. Le site est aujourd'hui intégré au Sentier Poétique, qui donne accès au patrimoine naturel et culturel du village, juché au cœur des Hautes-Appalaches.

▲ **Par le merveilleux Sentier Poétique de Saint-Venant-de-Paquette, on accède au sanctuaire de Notre-Dame de l'Assomption.**

Les cimetières, des lieux commémoratifs

Le paysage des Cantons-de-l'Est est constellé de petits cimetières. En empruntant les routes tranquilles, on les découvre dans presque chaque hameau, à la croisée des chemins, dans les champs ou sur les collines. Ces lieux calmes et retirés invitent à s'y promener et à s'imprégner de l'histoire des anciennes communautés, dont certaines sont nées à l'époque coloniale, à la fin du XVIIIe siècle. En effet, les épitaphes en disent long sur le mode de vie et les coutumes des pionniers.

Il y a longtemps, la plupart des villages, et même des familles, possédaient leur propre cimetière. Certaines localités avaient un cimetière pour les protestants et un autre pour les catholiques, ce qui témoigne du pluralisme religieux des Cantons. Dispersés un peu partout sur le territoire, les cimetières protestants, souvent de taille réduite, sont caractérisés par la disposition irrégulière des pierres tombales. À l'inverse, les cimetières catholiques des communautés francophones, attenants aux églises, ont un aspect plus « cartésien » avec leurs allées et leurs pierres tombales ordonnées symétriquement.

Ayant résisté aux intempéries, les vieilles pierres tombales nous parlent encore de pionniers fondateurs dont les noms évoquent de lointains pays : Abijah, Japhet, Eleazer, Caleb, Eliza… Leurs inscriptions nous révèlent non seulement la date de décès du défunt, mais aussi son âge, au jour près. Et certaines épitaphes nous rappellent la misère

▼ ▶ Dominant les Appalaches et sise dans le parc national du Mont-Mégantic, la chapelle du mont Saint-Joseph est un lieu propice à la contemplation. À côté, un charmant refuge pour deux accueille les randonneurs en quête de tranquillité.

des premières familles de la colonie : jeunes mères décédées en couches, enfants fauchés par des épidémies… Souvent, le cimetière marque l'emplacement d'une église, d'une chapelle ou d'un hameau aujourd'hui disparus.

Le cimetière Deming sur le chemin du mont Pinacle vers Frelighsburg.

Un cimetière d'esclaves noirs au Canada

Selon la tradition orale, le village de Saint-Armand abriterait le seul cimetière d'esclaves au Canada, le Nigger Rock, remontant au tournant du XIXe siècle. Et d'après un recensement datant de 1851, près de 300 Noirs auraient habité à l'époque dans la région de Brome-Missisquoi.

L'histoire aurait débuté vers 1783, avec l'arrivée dans la région du loyaliste Philip Luke, qui fuyait les États-Unis. En 1794, à la mort de sa mère, cet homme hérita de six esclaves. Sur leur terre, les Luke possédaient un cimetière familial, dont les pierres tombales sont encore là. Selon la tradition orale anglophone, les esclaves de la famille Luke auraient été enterrés quelques dizaines de mètres plus loin, devant une colline d'ardoise appelée plus tard le *Nigger Rock*. Plusieurs esclaves auraient été inhumés à cet endroit-là entre 1794 et 1833. En 2003, à l'occasion du 170e anniversaire de l'abolition de l'esclavage, le gouvernement du Québec y a installé une plaque commémorative afin de rendre hommage aux victimes de l'esclavagisme.

Le charme des ponts couverts

Sur les petites routes de campagne des Cantons-de-l'Est, on découvre avec ravissement les ponts couverts. Témoins d'une époque révolue, ces ponts reflètent l'ingéniosité et le savoir-faire de nos ancêtres. Il y a plus d'un siècle, ils étaient nombreux à enjamber les rivières de la région; la plupart des villages en possédaient au moins un.

Les ponts couverts existent en Europe depuis le Moyen Âge. Dans le Nouveau Monde, ils apparurent d'abord en Nouvelle-Angleterre, puis, au cours du XIXe siècle, un peu partout aux États-Unis, ainsi qu'au Québec, en Ontario et au Nouveau-Brunswick. Entre 1845 et 1958, 1000 ponts couverts furent construits au Québec, mais un petit nombre seulement a survécu aux ravages du temps. Aujourd'hui, on en compte à peine plus de 90 au Québec, dont une quinzaine dans les Cantons-de-l'Est, certains parmi les plus anciens et les plus pittoresques.

On a longtemps pensé que les ponts couverts étaient conçus pour abriter du mauvais temps les voyageurs et leurs chevaux. Certaines personnes croyaient aussi que, en empêchant les chevaux d'apercevoir les eaux turbulentes, ils permettaient d'éviter que les bêtes ne s'affolent. Par ailleurs, comme ils servaient traditionnellement de lieu de rendez-vous, ils étaient fréquemment appelés «ponts des amoureux». Mais en fait, couvrir les ponts de bois et les doter de murs, habituellement construits en poutres de cèdre, les protégeait du pourrissement causé par les intempéries et prolongeait ainsi leur longévité de plusieurs décennies. Cette précaution comportait toutefois un inconvénient: en hiver, il fallait épandre de la neige sur la chaussée pour permettre le passage des traîneaux. La couleur rouge de la quasi-totalité des ponts couverts du Québec provenait d'une teinture produite à partir de sang de bœuf ou de jus de betterave. Elle était utilisée en Nouvelle-Angleterre avant de l'avoir été par les loyalistes venus coloniser les Cantons-de-l'Est. C'est d'ailleurs dans cette région que l'on trouve presque toutes les granges québécoises peintes en rouge. Lieux de passage, les ponts couverts avaient une fonction sociale, puisqu'ils facilitaient la circulation des informations; on y collait des affiches et on y tenait des assemblées publiques et des débats politiques.

Magnifiquement préservés, de nombreux ponts couverts sont encore praticables en voiture, à vélo ou à pied. Ils égaient toujours les paysages ruraux, et on peut encore y lire, gravés dans le bois des charpentes, les mots d'amour des jeunes couples qui s'y rencontraient à l'abri des regards indiscrets.

▲ À la croisée des chemins, on remarque fréquemment de semblables symboles de dévotion. Plus représentatifs du catholicisme, les croix de chemin et les calvaires sont plus rares dans les Cantons-de-l'Est qu'ailleurs au Québec, en raison de la forte population protestante au tournant du XIXe siècle. Ils servaient de points de repère aux croyants, qui se rassemblaient là pour prier, fêter le mois de Marie ou célébrer la Fête-Dieu. Construites en bois, les croix de chemin portent souvent des motifs décoratifs représentant la Passion du Christ: cœur flamboyant, marteau, pinces, couronne d'épines.

▶ Le pont Guthrie, qui enjambe le ruisseau Groat à Pigeon Hill, est le pont couvert le plus court du Canada ; sa longueur n'atteint pas 15 m. Datant de 1845, il est également le plus ancien.

▼ Le pont couvert du moulin à laine d'Ulverton.

◀ Le pont Willis-Leggett, à Saint-Isidore-de-Clifton. Selon une légende, un trésor serait enfoui dans l'une des culées de ce pont.

▼ Avec ses 63 mètres, le pont McVetty-McKerry (1893), situé à Gould, est le plus long pont couvert des Cantons-de-l'Est. Construit pour traverser la rivière au Saumon, il se caractérise par ses grandes fenêtres, qui font la moitié de la hauteur de ses murs latéraux.

▶ Près de Fitch Bay, on aperçoit le pont couvert Narrows.

▶ Le pont McDermott, à Eaton.

▼ Le pont d'Eustis.

Figure 7 : Les ponts couverts des Cantons-de-l'Est

1 Le pont Guthrie
2 Le pont des Rivières
3 Le pont Freeport
4 Le pont Balthazard
5 Le pont Decelles
6 Le pont Province Hill
7 Le pont Cousineau
8 Le pont Narrows
9 Le pont Drouin
10 Le pont de Milby
11 Le pont d'Eustis
12 Le pont John Cook
13 Le pont McDermott
14 Le pont McVetty-McKerry
15 Le pont du moulin d'Ulverton (semi-authentique)
16 Le pont Wellis-Leggett
17 Le pont de la gorge de Coaticook (reconstruit)

Source : Cybermagazine Patrimoine Des Cantons *[en ligne]*

Les moulins, une force de travail

La majorité des villages des Cantons-de-l'Est qui existaient avant l'arrivée du chemin de fer devaient leur existence à la présence d'une chute d'eau fournissant l'énergie nécessaire au fonctionnement des moulins. Certains devaient d'ailleurs leur nom au premier propriétaire des moulins : Hyatt's Mills (Sherbrooke), Ruiter's Mills (Cowansville), Kilborn's Mills (Rock Island), Denison's Mills, Way's Mills… Dès 1831, la région de l'Estrie comptait 230 moulins. Aujourd'hui, il n'en subsiste qu'un très petit nombre datant de l'époque des pionniers. Les survivants représentent une immense richesse patrimoniale.

Les écoles rurales

Éparpillées un peu partout sur le territoire pour en faciliter l'accès, les écoles rurales rappellent l'importance que les premiers résidents des Cantons-de-l'Est accordaient à l'instruction. À l'époque de la Révolution américaine, en 1783, la population de la Nouvelle-Angleterre était parmi les plus scolarisées du monde. Ses descendants établis dans les Cantons ont dû conserver le souci de la scolarisation, puisqu'en 1830 l'analphabétisme était presque inexistant au sein de la population anglophone de la région.

Les premiers colons valorisaient grandement la vie communautaire et sociale. Souvent construite avant l'église, l'école du village servait de lieu de rassemblement aux fidèles méthodistes, baptistes, anglicans... À l'exception des collèges et des *academies,* les écoles des Cantons-de-l'Est étaient généralement de petites dimensions et construites en bois.

▲ À l'intersection de la route 247 et de la route Magoon Point, l'Old School House enjolive le paysage de Georgeville.

Souvent couplé à une scierie, le *gristmill* (« moulin à farine » ou « moulin à grains ») illustre à merveille le lien entre l'agriculture et l'industrie. Quand un tel moulin n'existait pas dans leur région, les colons devaient moudre leur grain et leur maïs à la main ; par conséquent, c'était souvent le type de moulin qu'on bâtissait en premier lieu à l'ouverture d'un canton au peuplement. La scierie, alors communément appelée « moulin à scie », était habituellement construite en second lieu. En l'absence d'un cours d'eau, on avait recours à un cheval, que l'on faisait marcher sur un tapis roulant incliné, pour actionner la scie. Avec l'utilisation de la vapeur, des moteurs à combustion et de l'électricité, les scieries se sont transformées, mais certaines sont restées en activité telles quelles jusqu'au début du XXe siècle. Dès les premières décennies de la colonisation par des immigrants américains, on vit apparaître le moulin à carder, qui jouxtait souvent la scierie ou le moulin à farine. Les colons y faisaient traiter, carder puis enrouler les toisons de leurs moutons. À la maison, ils pouvaient ensuite filer la laine à l'aide d'un rouet, puis la tisser sur un métier. Au milieu du XIXe siècle, plusieurs fabriques de laine cardée produisaient des tissus au mètre, des couvertures et autres articles du même genre. Ces fabriques furent à l'origine des industries textile et lainière, ainsi que du nouveau mode de production capitaliste qui prédomina plus tard dans l'industrie du Bas-Canada.

Figure 8 : Les moulins dans les Cantons-de-l'Est

1 Moulin Cornell	4 Moulin à scie de Moe's River	7 Moulin à grains Denison
2 Moulin Freligh	5 Moulin à grains Legendre	8 Moulin à laine d'Ulverton
3 Moulin d'Huntingville	6 Moulin Bernier	

Source : Cybermagazine Patrimoine Des Cantons *[en ligne]*

▼ Dans le pittoresque hameau d'Huntingville, au sud de Lennoxville, on peut voir l'un des nombreux moulins construits par la famille Hunting, établie dans ce hameau en 1815. Bâti en 1939 sur le site d'une scierie et à proximité d'un barrage, ce moulin permettait à la fois de moudre le grain et de scier le bois grâce à la puissance hydraulique de la rivière Ascot. Après sa destruction lors d'une inondation en 1942, on reconstruisit le barrage afin de produire de l'énergie hydroélectrique. En 1995, la société Boralex transforma le moulin en une petite centrale hydroélectrique, produisant 0,03 MW à l'heure. Certaines parties du mécanisme de l'ancien moulin, dont la turbine installée au sous-sol, subsistent encore aujourd'hui.

Sur la route des diligences

Le passage de diligences a favorisé la naissance et l'essor de nombreux villages des Cantons-de-l'Est. Grâce au flot continu de voyageurs et au développement d'infrastructures d'accueil et de services (auberges, écuries, sellerie, forges, etc.), certaines agglomérations, telles Stanstead, Georgeville, Knowlton's Landing, Dunkin et Ayer's Cliff, connurent des heures de gloire.

▲ L'auberge *Le Relais,* à Knowlton (Lac-Brome).

Vers 1811, la première route de diligences reliant la ville de Québec à la Nouvelle-Angleterre empruntait le chemin Craig, passait par Richmond et Sherbrooke, puis traversait la frontière canado-américaine à Stanstead. Quant au service de diligences reliant Boston et Montréal (via Stanstead), il fut inauguré en 1830. Toutefois, pendant des décennies, les routes des Cantons-de-l'Est ne furent que des sentiers bourbeux en été et en automne, et impraticables au dégel. Pour parcourir de longues distances, à cheval ou en chariot, il fallait parfois des jours, voire des semaines. L'hiver, il était plus aisé de voyager en traîneau sur les routes gelées.

Espacés d'une vingtaine de milles, les relais de diligences permettaient aux cochers de changer de chevaux et aux voyageurs de se restaurer. Sur le parcours Saint-Jean-sur-Richelieu – Stanstead, par exemple, il en existait quatre en 1835. Le voyage entre les deux localités pouvait prendre jusqu'à 16 heures et coûtait 3 dollars et 50 cents. Deux départs par semaine étaient prévus. De Stanstead Plain, les diligences permettaient d'aller en Nouvelle-Angleterre, à Québec, à Sherbrooke ou à Sorel. Quelquefois, le prix du billet variait selon l'effort exigé en cas d'enlisement. Si la diligence s'embourbait, les passagers de première classe restaient à bord, alors que ceux de seconde classe en descendaient pour l'alléger pendant que ceux de troisième classe la poussaient. Il y avait cependant une exception à cette règle : dans la passe de Bolton, tous les passagers devaient participer à la tâche.

Le boom des chemins de fer, vers 1850, puis l'arrivée de l'automobile, au XXe siècle, entraînèrent graduellement la disparition des diligences. Toutefois, plusieurs relais témoignent encore de l'époque révolue où elles assuraient le transport des voyageurs.

▶ Vers 1830, le loyaliste Levi Knowlton construisit à Knowlton's Landing l'auberge *Pine Lodge,* destinée aux passagers du traversier naviguant sur le lac Memphrémagog et à ceux de la diligence faisant la navette entre Montréal et Boston. Aujourd'hui, cet établissement rebaptisé *L'Aubergine* est réputé pour la qualité de sa table.

Bien mystérieuses, ces granges rondes !

Construites pour la plupart au début du XXe siècle, les granges rondes ne se trouvent que dans le sud du Québec. Elles comptent parmi les richesses du patrimoine architectural de la campagne estrienne.

On attribue l'origine des granges rondes à des croyances populaires largement répandues, entre autres, chez les *shakers,* groupe religieux qui s'est implanté dans le nord des États-Unis au XVIIIe siècle. Selon ces croyances, le cercle représentait la forme parfaite. Par conséquent, les constructions circulaires étaient censées favoriser la santé, le bonheur et la motivation au travail. Elles étaient aussi censées préserver du diable, qui, disait-on, avait pour habitude de se cacher dans les coins !

Cependant, le souci d'économie et d'efficacité explique davantage le choix de la forme singulière des granges typiques des régions vallonnées de la Nouvelle-Angleterre et du Québec méridional. En effet, les granges rondes résistaient bien aux grands vents et permettaient une utilisation optimale de l'espace. Les vaches étaient logées à l'étage, auquel elles accédaient par un pont incliné. Elles étaient orientées vers le silo central, ce qui facilitait leur ravitaillement. Le rez-de-chaussée recevait le fumier, ce qui simplifiait le nettoyage. Et les fenêtres installées sur le pourtour du bâtiment assuraient un éclairage constant et une bonne ventilation.

Cependant, il était difficile d'agrandir les granges rondes ou d'y ajouter des bâtiments. Avec la modernisation des fermes laitières, elles ont été délaissées. Ces vestiges architecturaux témoignent aujourd'hui de la capacité d'adaptation des agriculteurs à leur environnement. Huit granges rondes existent encore dans les Cantons-de-l'Est, près de la frontière américaine, dans les MRC de Brome-Missisquoi, de Memphrémagog et, surtout, de Coaticook. Étant donné qu'il s'agit de propriétés privées encore utilisées à des fins agricoles, les personnes intéressées par l'architecture régionale devront se contenter d'une visite à la grange circulaire reconstituée dans le parc de la Gorge-de-Coaticook.

▼ La grange ronde d'Austin.

◀ La grange ronde de West Brome.

L'horloge publique, point de repère du village

Les horloges publiques représentent de prestigieux éléments du patrimoine des Cantons-de-l'Est. En Europe, celles qui datent du Moyen Âge constituent aujourd'hui des attractions touristiques célèbres. Vers la fin des années 1800, l'horloge publique a connu une grande popularité en Amérique du Nord, et plusieurs villes estriennes furent touchées par cet engouement. Lac-Mégantic et Sherbrooke, entre autres, en possèdent même plusieurs. Ces magnifiques horloges ornent souvent les édifices gouvernementaux et parfois les clochers des églises.

▲ Hôtel de ville de Sutton. En plus d'être un lieu rassembleur, cet hôtel de ville héberge un bureau d'information touristique.

► Clocher de l'église unie du Centenaire, à Stanstead.

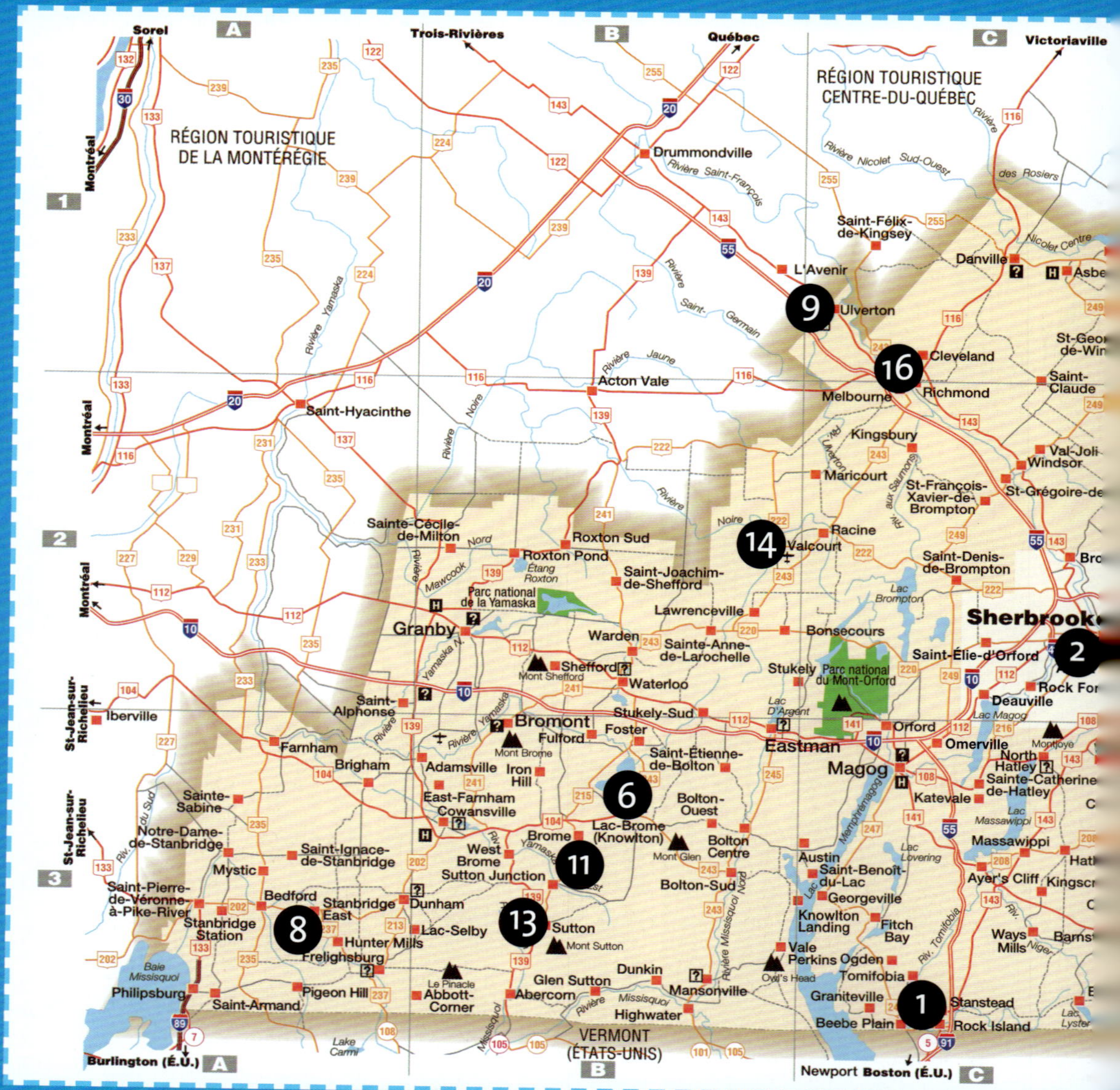

Les points d'intérêt historique et patrimonial

Ces points d'intérêt sont tous facilement accessibles par les voies routières ou à pied.

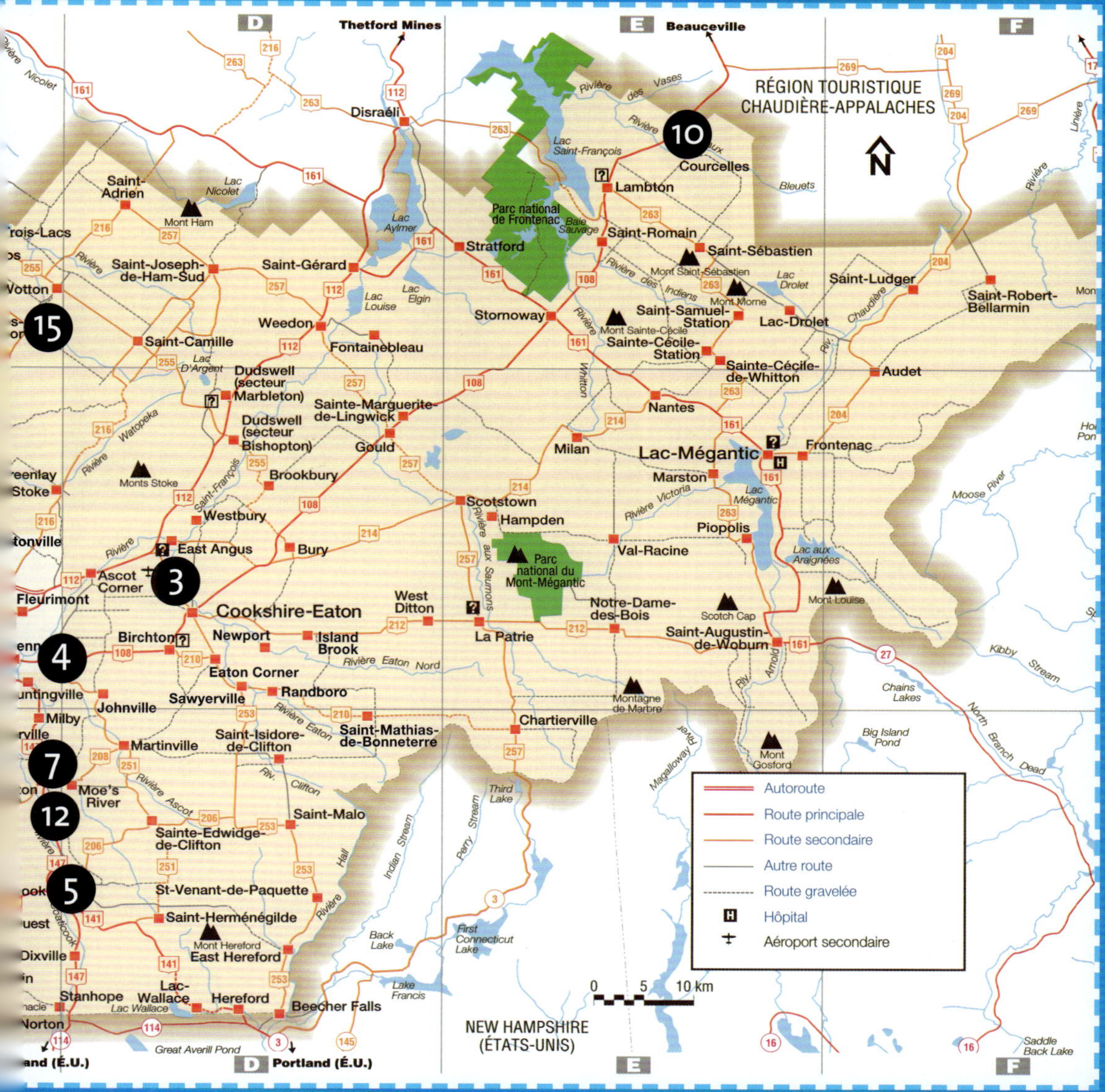

1. Le Musée Colby-Curtis
2. Le Centre d'interprétation de l'histoire de Sherbrooke
3. La Vieille Gare du Papier
4. Le Centre culturel et du patrimoine Uplands
5. Le Musée Beaulne
6. Le Musée historique du comté de Compton
7. Le Lieu historique national Louis-S.-St-Laurent
8. Le Musée Missisquoi
9. Le Moulin à laine d'Ulverton
10. Le Moulin Bernier
11. Le Musée historique du comté de Brome
12. Le Centre d'interprétation de la vache laitière
13. Le Musée des communications et d'histoire de Sutton
14. Le Musée J. Armand Bombardier
15. Le Parc historique de la Poudrière
16. Le Musée de l'auto ancienne

1 Le Musée Colby-Curtis à Stanstead

Construite à Stanstead en 1859, *Carrollcroft*, la splendide maison en granit de l'avocat Charles Carroll Colby et de son épouse, témoigne par son architecture impressionnante du rang social du couple. La porte d'entrée en saillie, la galerie fermée, le pignon triangulaire et les consoles sous l'auvent sont de style néo-italien, tandis que la décoration intérieure évoque le charme de la période victorienne. Cette demeure dont Helen Colby fit don en 1992, avec tout son mobilier, à la Société historique de Stanstead abrite désormais le Musée Colby-Curtis.

▲ La Maison *Carrollcroft*, à Stanstead, abrite le Musée Colby-Curtis.

La visite guidée du Musée Colby-Curtis raconte l'histoire de la famille Colby et présente la maison et son contenu: des meubles, des œuvres d'art, des livres, des objets domestiques, des objets d'art décoratif (porcelaines, verres, argenterie), des tissus, des photographies et des lettres. Cette remarquable exposition permanente immortalise l'esprit des pionniers de cette région frontalière.

En outre, le musée présente des expositions temporaires dans l'ancien cabinet médical du docteur John Colby, construit au début du XXe siècle à côté de la maison. Les archives de la Société historique de Stanstead constituent une véritable mine d'informations pour les généalogistes : on y trouve des milliers d'inscriptions relatives aux 130 cimetières du comté de Stanstead et aux recensements de l'État du Vermont depuis la fin du XVIIIe siècle.

Entouré d'un magnifique jardin anglais, le Musée Colby-Curtis comprend aussi une boutique et un élégant salon de thé saisonnier : en été, le thé est servi dans le solarium qui surplombe le jardin, et en hiver, dans une salle d'exposition. Au menu, entre autres douceurs, scones maison et crème Devonshire.

2 Le Centre d'interprétation de l'histoire de Sherbrooke

Au Centre d'interprétation de l'histoire de Sherbrooke, situé au cœur du Vieux-Sherbrooke, l'exposition permanente *Sherbrooke 1802 – 2002 : deux siècles d'histoire*, riche de plus de 110 photos et d'une soixantaine d'objets, propose aux visiteurs un voyage dans le temps ponctué d'anecdotes et de renseignements sur des faits marquants. La salle consacrée aux expositions temporaires accueille des événements thématiques conçus par la Société d'histoire de Sherbrooke. Celle-ci s'intéresse

◄ Construit en 1885 pour accueillir le premier bureau de poste de Sherbrooke, cet édifice de style Second Empire abrite aujourd'hui la Société d'histoire de Sherbrooke, qui gère le Centre d'interprétation de l'histoire de Sherbrooke ainsi que les collections d'archives. Ce bâtiment patrimonial est sis rue Dufferin, là où Sherbrooke a pris naissance, au confluent des rivières Magog et Saint-François.

principalement au mode d'occupation du territoire dans les Cantons-de-l'Est.

Outre les expositions, le centre offre une grande variété d'activités qui peuvent être pratiquées à pied ou en voiture. Les visites de lieux situés dans les environs de Sherbrooke mettent en lumière l'histoire de la ville, son patrimoine architectural ainsi que ses sites naturels, religieux et industriels. Les randonnées commentées proposées dans la gorge de la rivière Magog et les activités de découverte organisées à la centrale hydroélectrique Frontenac ramènent les visiteurs aux sources de l'histoire sherbrookoise.

Disposant d'un personnel qualifié, le centre d'archives offre un accès informatisé aux collections, qui comprennent des archives manuscrites, iconographiques et sonores, des cartes, des plans, des revues et des journaux locaux, ainsi que des livres et des objets à caractère ethnologique ou historique. Quant à la boutique du centre, on y trouve des articles d'artisanat et diverses publications.

3 La Vieille Gare du Papier à East Angus

La gare actuelle du Canadien Pacifique à East Angus, bâtie en 1914 par la société Québec Central, a remplacé la première gare, datant de 1882, qui a été déplacée et transformée en résidence privée. En 1991, elle a été désignée «bâtiment ferroviaire patrimonial». Tout comme celle de Tring-Jonction, en Beauce, elle a été construite avec des blocs de ciment imitant des pierres de taille et ignifugés grâce à l'incorporation d'amiante (une ressource naturelle qui abondait dans la région), ce qui était une véritable innovation à l'époque.

La gare d'East Angus a conservé ses principales caractéristiques architecturales, dont les plus frappantes sont le large toit en croupe s'avançant au-delà du mur et l'avant-toit supporté par des consoles. Du côté de la voie ferrée, la grande porte en bois qui s'ouvre sur la salle à bagages date de sa construction. À l'intérieur, les lambris d'appui en petites planches embouvetées, les planchers en bois franc, les encadrements de bois autour des ouvertures et les plafonds recouverts de tôle pressée sont d'origine, tout comme les appareils d'éclairage fixés à l'avant-toit.

Située au centre de la municipalité d'East Angus, la gare a conservé sa vocation première, puisque des trains de marchandises traversent encore la ville. De plus, l'aménagement d'un petit parc linéaire lui donne un cachet particulier.

Restaurée en 2001, La Vieille Gare du Papier a été convertie en un centre d'interprétation axé sur l'industrie papetière et sur l'influence de l'arrivée du chemin de fer sur le développement régional. Elle abrite aussi un centre d'information touristique, où l'on propose notamment des visites guidées de l'impressionnante église Saint-Louis de France, de style gothique.

▲ La gare d'East Angus.

4 Le Centre culturel et du patrimoine Uplands à Lennoxville

▲ Au Centre culturel et du patrimoine Uplands, le thé est servi sur la véranda.

Au cœur de Lennoxville, dans une élégante résidence patrimoniale de style néogéorgien construite en 1862 par la famille Paddon, le Centre culturel et du patrimoine Uplands offre des expositions, des ateliers, des concerts ainsi que la découverte de l'importante collection d'antiquités de la Société d'histoire et du Musée de Lennoxville-Ascot. Au rez-de-chaussée, un authentique salon victorien renferme les trésors d'une riche famille du XIXe siècle. Réputé pour sa galerie d'art, le centre présente également les œuvres contemporaines d'artistes de la région.

Le calme et la beauté des jardins qui entourent cette demeure ancestrale contribuent à son charme. En été, suivant la tradition anglaise, le thé est servi sur la véranda ou à l'intérieur, par des employés en costume d'époque. Au menu, thé traditionnel à la crème accompagné de scones, de sandwiches au concombre ou de savoureuses pâtisseries.

5 Le Musée Beaulne à Coaticook

Installé dans le « château Norton » depuis 1976, le Musée Beaulne porte le nom d'une femme qui a grandement contribué à son développement : Denise Beaulne. Il présente essentiellement des expositions centrées sur les costumes (notamment les habits religieux) et les textiles anciens, les œuvres réalisées par des artistes de la région et le patrimoine architectural des environs.

Ce manoir, couramment appelé « château » en raison de son immensité et de sa somptuosité, fut construit en 1912 par Arthur Osmure Norton, célèbre industriel de la région qui fit fortune grâce à un cric très puissant dont il acheta le brevet et assura la production à grande échelle, entre autres pour les compagnies de chemin de fer. Par ailleurs, la famille Norton participa généreusement à la promotion de la santé, de l'instruction et des arts dans la région.

Cet édifice n'ayant pas subi de modifications importantes, on peut toujours en admirer les huit foyers et les riches boiseries d'origine. Le Musée Beaulne y a reconstitué un salon victorien des années 1885-1915 aux superbes boiseries d'acajou et une luxueuse salle à manger comprenant un mobilier en chêne et de nombreuses pièces d'argenterie et de vaisselle. Certains après-midi, thé et desserts sont servis sur la véranda.

▼ Le « château Norton », à Coaticook, abrite le musée Beaulne.

6 Le Musée historique du comté de Compton à Eaton Corner

Carrefour important entre Sherbrooke et la frontière américaine, le village d'Eaton Corner, l'un des plus vieux des Cantons-de-l'Est, bourdonnait d'activité avant l'arrivée du chemin de fer. L'église et l'ancienne Académie (deux monuments historiques) abritent aujourd'hui le Musée historique du comté de Compton.

▲ **La girouette en forme de poisson trône fièrement sur l'édifice du Musée historique du comté de Compton.**

L'église monumentale, construite en 1841, rappelle l'établissement des congrégationalistes dans le canton d'Eaton. Elle était alors appelée *meeting house* («lieu de rencontre»). Son style néoclassique austère, les entrées séparées pour les hommes et pour les femmes ainsi que la girouette en forme de poisson et les motifs en forme de cœur sur les pilastres illustrent l'influence de la tradition puritaine américaine du XIXe siècle sur l'architecture et la décoration des églises.

L'Académie d'Eaton Corner, située de l'autre côté de la rue, fut fondée en 1824 pour offrir une formation aux instituteurs ruraux. Le bâtiment actuel, qui date de 1864 et dont l'architecture rappelle celle des établissements d'enseignement de la Nouvelle-Angleterre, témoigne de l'importance que la communauté anglophone des Cantons-de-l'Est accordait à l'instruction. Il abrite aujourd'hui l'Hôtel de Ville et la Société d'histoire et du patrimoine du Haut-Saint-François.

Le hameau d'Eaton Corner compte cinq lieux historiques, dont une jolie maison à loggia et la Maison William Stone, où fut réalisée la première opération chirurgicale sous anesthésie au Canada (1847). Sur la route 210, un belvédère offre une vue imprenable sur les montagnes appalachiennes.

7 Le Lieu historique national Louis-S.-St-Laurent à Compton

Natif de Compton, village dont l'architecture et les infrastructures typiquement anglaises témoignent de la colonisation britannique, Louis Stephen St-Laurent fut, de 1948 à 1957, le douzième premier ministre du Canada et le premier francophone à occuper cette fonction. Le Lieu historique national Louis-S.-St-Laurent, situé à 20 km de Sherbrooke, rappelle le destin singulier de ce personnage.

Vers la fin du XIXe siècle, les immigrants qui s'installaient à Compton provenaient surtout de la Beauce et des villes les plus proches. Le père de Louis, Jean-Baptiste-Moïse St-Laurent, était venu de Sherbrooke en 1878 pour s'établir dans cette localité où le commerce était alors en plein essor. Par la suite, il avait acquis, entre autres, le magasin général du village.

Des guides-interprètes en costume d'époque font découvrir aux visiteurs ce magasin imprégné de l'atmosphère du début du XIXe siècle, grâce aux comptoirs

◀ **Photo du haut : Lieu historique national Louis-S.-St-Laurent.**

▶ **Photo du bas : Guide-interprète en costume d'époque.**

et aux tablettes d'origine, aux reproductions de divers articles et à une reconstitution fidèle du décor d'antan. Dans ce qui était à l'origine un entrepôt, derrière le comptoir principal, un impressionnant spectacle multimédia relate la vie de Louis Stephen St-Laurent.

Dans l'ambiance chaleureuse de la demeure familiale, plus de 2 500 objets et meubles originaux font revivre le foyer de Louis Stephen St-Laurent. Les visiteurs peuvent aussi prendre connaissance des particularités culturelles, sociales et historiques de la région. Au bureau d'accueil, ils peuvent se procurer un dépliant décrivant le circuit patrimonial du village. Et dans la boutique *L'Armoire de Lora,* aménagée dans l'ancienne cuisine d'été, ils trouveront mille et un souvenirs, ainsi que des gourmandises.

En été, on peut assister à de nombreuses activités spéciales tenues dans le jardin paysager du site : marché public, épluchette de maïs, animation costumée, expositions, conférences, concerts, etc.

L'enfant de Compton

Né à Compton en 1882, Louis Stephen St-Laurent fut reçu au barreau en 1905. D'abord réticent à se mêler de politique, il accepta en 1941 de devenir membre du parlement canadien afin d'exercer la fonction de ministre de la Justice. Il fut notamment responsable de la Gendarmerie royale du Canada, des relations fédérales-provinciales, du débat sur le drapeau et des allocations familiales. Pendant cette période où prédominaient les impératifs de la guerre, il demeura fidèle à son chef, Mackenzie King, et en 1944, malgré la controverse, il imposa la conscription pour le service outre-mer, ce qui lui valut d'être sévèrement critiqué par ses compatriotes. Trois ans plus tard, il devint secrétaire d'État aux Affaires étrangères. Ayant succédé à Mackenzie King au poste de premier ministre en 1948, Louis Stephen St-Laurent joua un rôle clé dans la mise en place de missions de paix canadiennes sous les auspices de l'OTAN. Il envoya des troupes en Corée en 1950 et au Canal de Suez en 1956. Resté en poste jusqu'en 1957, il mourut en 1973, à l'âge de 91 ans ; sa dépouille repose à Compton, près de la maison où il passa son enfance.

8 Le Musée Missisquoi à Stanbridge East

Au cœur du village de Stanbridge East, dans le comté de Missisquoi, l'ancien moulin à grains Cornell abrite la collection principale ainsi que les bureaux et les archives du Musée Missisquoi. Relevant de l'une des plus anciennes sociétés d'histoire des Cantons-de-l'Est, fondée en 1899, ce musée vise notamment à faire connaître les origines *United Empire Loyalist* des premiers colons. En effet, parmi plus de 12 000 artéfacts rappelant l'histoire unique de la région, beaucoup témoignent de l'influence des loyalistes. D'autres évoquent les raids des Fenians, qui eurent lieu de 1866 à 1870.

À quelques pas de là, deux autres bâtiments appartiennent aussi au Musée Missisquoi. Le magasin général Hodge's, qui servait aussi de pharmacie et de bureau de poste, est une reconstitution fidèle du commerce d'antan. Après sa fermeture, en 1972, la famille propriétaire a légué l'immeuble et tout son contenu à la Société d'histoire de Missisquoi. Rue River, on découvre l'Annexe, plus familièrement appelée « la grange à Bill », qui faisait partie d'une crémerie appartenant aux Industries Champlain Milk et abrite aujourd'hui une fascinante collection de machines agricoles et d'instruments aratoires d'autrefois.

Le Musée Missisquoi offre des visites commentées ou autoguidées et, dans le cadre d'activités complémentaires centrées sur l'histoire loyaliste, des lectures, des ateliers et des programmes éducatifs. Le site, parsemé d'arbres centenaires, est un endroit idéal pour pique-niquer aux abords de la rivière aux Brochets. On peut y voir une vieille roue en bois typique des moulins à grains et un canon du XVIIIe siècle repêché dans la rivière Richelieu. La Société d'histoire gère aussi 22 vieux cimetières, y compris un ancien cimetière d'esclaves (l'un des rares au Canada), et des monuments historiques, dont l'un commémore la Bataille d'Eccles Hill (1870). Et elle organise chaque année le Festival de la tarte aux pommes, qui a lieu sur le terrain du musée.

▼ Aux différents étages du musée, les visiteurs découvriront certains des plus précieux objets appartenant au passé de la région de Missisquoi.

9 Le Moulin à laine d'Ulverton

▲ **Le Moulin à laine d'Ulverton.**

L'arrivée massive de tisserands écossais dans la région au milieu du XIXe siècle favorisa l'établissement de nombreuses fabriques de laine. Témoin de l'effervescence du début de l'époque industrielle, le Moulin à laine d'Ulverton, construit en 1849, est aujourd'hui l'un des derniers survivants des moulins à carder bâtis dans les Cantons-de-l'Est. Familièrement appelé « Moulin Blanchette », ce centre d'interprétation des textiles, unique au Canada, est le seul qui possède encore un ensemble complet de machines et de turbines en état de marche. Reconnu comme monument historique en 1977 par le ministère de la Culture et des Communications du Québec, il fut complètement restauré en 1982. Sa nouvelle fonction consiste à initier les visiteurs aux méthodes artisanales et industrielles de production et de traitement de la laine, depuis l'élevage des moutons, que l'on peut observer dans leur enclos, jusqu'au cardage de la laine et à son tissage. De surcroît, des œuvres artistiques y sont exposées.

Le moulin est situé dans un cadre enchanteur, qui invite à emprunter les sentiers jalonnés de panneaux d'interprétation et longs de 5 km, à pique-niquer ou à admirer le pont couvert qui enjambe la rivière Ulverton. Toute l'année, on y sert le brunch champêtre du dimanche et durant la belle saison, on y offre tous les week-ends un service de bistro sur la terrasse donnant sur la rivière. Des tours de carriole en été et de traîneau en hiver permettent de découvrir le site. La boutique propose notamment une vaste sélection d'articles en laine, de produits du terroir et de cosmétiques. On fête le long week-end de l'Action de grâce avec le Festival de la laine et de l'agneau. Au menu : observation de brebis, conférences, artisanat et dégustation de produits du terroir.

10 Le Moulin Bernier à Courcelles

Le Moulin Bernier se dresse au centre du pittoresque village de Courcelles, qui a conservé une partie de son patrimoine architectural datant de l'époque des premiers pionniers. Bâti en 1888 en aval du barrage en billes de bois sur la rivière aux Bluets et entièrement rénové en 2003, cet ancien moulin devenu musée et centre d'animation culturelle rappelle la vie des meuniers d'antan. Il a fidèlement servi des générations de villageois en tant que moulin à grains et scierie. On a cessé de l'utiliser pour la production de farine en 1957, mais on a continué de l'employer pour le sciage jusqu'au début des années 1980.

Le Centre d'interprétation présente le matériel nécessaire au travail de la mouture des céréales, du barrage à la vanne, de la turbine aux engrenages, des meules au blutoir. On y découvre également des objets en rapport avec le chemin de fer du Québec Central, qui, avec le moulin, fut à l'origine de la fondation du village. Le Parc de la gare et sa cabouse (fourgon de queue) ont été aménagés pour être des lieux d'animation et d'interprétation. De plus, chaque été, on expose les œuvres d'artistes de renom. Enfin, le Centre culturel abrite une bibliothèque, un café Internet, une salle de vidéoconférences et une salle de concerts.

▲ Dans le Centre d'interprétation du Moulin Bernier, on peut assister à une démonstration de mouture du grain.

11 Le Musée historique du comté de Brome

Sis dans le village victorien de Lac-Brome, le Musée historique du comté de Brome occupe les cinq bâtiments de la première école publique de Knowlton (Knowlton Academy, 1854). On y expose de multiples objets amérindiens, des meubles et de la vaisselle d'époque, ainsi que des vestiges des écoles rurales d'antan.

L'ancienne caserne de pompiers (1881 et 1904) abrite actuellement

▲ Le Musée historique du comté de Brome.

▼ Pièce maîtresse de l'exposition présentée dans l'Annexe Martin, le Fokker D-VII a été conçu et construit par l'inventeur danois Anthony Fokker, puis vendu au haut commandement allemand en 1918.

l'aire d'accueil et la boutique du musée, la reproduction d'un ancien magasin général, d'une boutique de forgeron et d'un bureau de poste, ainsi qu'une exposition de matériel agricole d'autrefois. La tour d'observation qui visait à repérer d'éventuels feux est la dernière de ce type dans la région; elle était aussi employée pour faire sécher les tuyaux à incendie. L'Édifice Marion L. Phelps (1985) présente des expositions thématiques, notamment sur le tissage et l'imprimerie. L'Annexe Martin (1921), consacrée au matériel militaire, abrite le fameux bimoteur Fokker D-VII de la Première Guerre mondiale, seul spécimen en Amérique du Nord et l'un des trois derniers au monde. L'Édifice Old Academy (1854) comprend une salle de classe des années 1920 dotée d'une génératrice d'électricité, des salles dédiées à l'époque victorienne, des objets amérindiens, des meubles utilisés par les défricheurs et des jouets d'enfants. Quant à l'imposant édifice de style néoclassique qui fut naguère le palais de justice du comté de Brome (1858-1859), il renferme les archives de la Société historique du comté de Brome, la plus ancienne société d'histoire des Cantons-de-l'Est. Non loin de là, l'école de rang Tibbits Hill (1844) est restée ouverte jusqu'en 1928. Depuis 1964, elle fait partie du Musée historique du comté de Brome, qui veille à la conserver dans son état d'origine.

Le musée offre plusieurs activités familiales, dont des ventes d'antiquités et d'objets artisanaux, ainsi qu'un pique-nique et une randonnée au moment où les arbres se parent des couleurs de l'automne.

12 Le Centre d'interprétation de la vache laitière à Compton

Le Centre d'interprétation de la vache laitière, qui trône dans le bassin laitier du Québec, est « vachement » intéressant ! Il ne se contente pas d'exposer des objets et des instruments en rapport avec la laiterie, il explique l'évolution des méthodes de production laitière, des plus ancestrales aux plus récentes. Quant à *La Beurrerie du Patrimoine,* un économusée du beurre, elle dévoile toutes les étapes « du chemin du lait », de l'alimentation de la vache jusqu'à la transformation du lait.

Outre l'évolution de l'industrie laitière, un film vidéo permet de découvrir les méthodes de sélection génétique et d'élevage des bovins, ainsi que les techniques d'insémination artificielle. Une visite de cette ferme entièrement robotisée permet aussi d'observer un troupeau de magnifiques spécimens de races Holstein et Canadienne. La ferme de Diane et Jean-Noël Groleau a reçu de nombreux prix et, pour couronner le tout, elle a décroché une attestation de conformité en gestion environnementale, une première en Amérique du Nord ! La boutique offre une grande variété de produits laitiers, notamment des beurres doux, demi-salés, salés ou aromatisés.

▲ Diane Groleau à la beurrerie de la *ferme Jean-Noël Groleau,* à Compton.

13 Le Musée des communications et d'histoire de Sutton

Le Musée des communications et d'histoire de Sutton occupe l'ancienne écurie du domaine Billings (1806), l'une des plus anciennes constructions du village. La collection *Communications* met en relief des événements ayant marqué l'histoire de la région ou de la société en général, tels que l'établissement de la poste, l'arrivée du train et du télégraphe, le passage au système téléphonique, et l'avènement de la radio et du cinéma. Elle comporte divers objets liés à l'évolution des communications : téléphones, gramophones, radios, téléviseurs et caméras. Les

▲ Le Musée des communications et d'histoire de Sutton.

nostalgiques prendront plaisir à écouter des extraits d'anciennes émissions radiophoniques. La collection *Héritage* est axée sur différents aspects du mode de vie de la région depuis le milieu du XIXe siècle : l'agriculture, le commerce, l'industrie, la vie domestique et, plus récemment, le tourisme. Quant au centre de documentation, il est en partie consacré à l'électronique.

Le musée comprend aussi une salle réservée aux expositions temporaires, dont le contenu est en rapport soit avec l'histoire régionale, soit avec un aspect particulier des communications. Enfin, il constitue le point de départ des itinéraires du Circuit patrimonial Sutton.

14 Le Musée J. Armand Bombardier à Valcourt

Consacré à l'un des personnages québécois les plus célèbres, le Musée J. Armand Bombardier permet de découvrir la vie et l'œuvre de l'homme qui révolutionna le transport sur neige, un inventeur génial et un entrepreneur visionnaire.

Dès son enfance, Joseph-Armand allie un grand talent de bricoleur à une passion pour les machines. Établi à Valcourt comme garagiste en 1926, il consacre ses moments de liberté à mettre au point des véhicules de transport sur neige. En 1937, ses années d'efforts sont couronnées par l'obtention d'un brevet pour un système de traction barbotin-chenille, qui sera largement utilisé par la suite. De cet événement découle sa première réussite commerciale, l'autoneige B-7, dont le nom indiquait qu'elle pouvait transporter sept passagers. Après avoir contribué à l'effort de guerre, Joseph-Armand Bombardier adapte ses véhicules aux besoins des industries forestière, minière et pétrolière. Puis son rêve de développer un petit véhicule individuel le mène, en 1959, à la production et à la commercialisation de la fameuse motoneige *Ski-Doo*. Cette invention allait donner naissance à un nouveau sport et à une nouvelle industrie. Joseph-Armand Bombardier avait jeté

▲ Le B-12, nommé ainsi parce qu'il pouvait transporter 12 passagers.

▲ **Point culminant de la carrière de Joseph-Armand Bombardier, la « motoneige », commercialisée sous la marque *Ski-Doo*, a donné naissance à une nouvelle industrie et à un nouveau sport d'hiver.**

les bases de l'entreprise multinationale qu'est aujourd'hui Bombardier inc.

Le musée comporte plusieurs salles d'exposition. Dans le Garage Bombardier, construit par Joseph-Armand en 1926, des documentaires présentent de nombreuses pièces et machines-outils conçues, modifiées ou achetées par l'inventeur pour mener ses recherches et construire ses prototypes. L'*Exposition J. Armand Bombardier* regroupe une collection unique de machines et de véhicules conçus par l'ingénieur, du premier prototype qu'il créa à l'âge de 15 ans jusqu'à la motoneige *Ski-Doo*. Quant à l'exposition internationale sur la motoneige, elle comporte une vaste collection d'engins de diverses époques provenant de toutes les contrées nordiques du monde. Et elle nous en dit long sur la motoneige : elle nous révèle les secrets de sa fabrication et son fonctionnement ; elle nous montre comment elle a évolué et comment elle est utilisée pour le travail ou les loisirs ; elle nous indique les retombées économiques qu'elle a générées et les secteurs que son invention a touchés, comme ceux du vêtement et de la publicité. Par ailleurs, une salle réservée aux expositions temporaires et la zone d'exploration IBM offrent une programmation diversifiée. Et on peut profiter d'un passage dans cette contrée de la motoneige pour effectuer une visite guidée de la ligne d'assemblage des motoneiges *Ski-Doo* et des motomarines *Sea-Doo* à l'usine Bombardier Produits récréatifs (réservation nécessaire).

▲ Le Musée J. Armand Bombardier.

▲ Une figure bien connue des hivers québécois !

15 Le Parc historique de la Poudrière à Windsor

Fondée en 1864, dans la foulée de la guerre de Sécession qui déchira les États-Unis, la poudrerie (ou poudrière) de Windsor produisait de la poudre noire, composé essentiel des explosifs. Trois hommes d'affaires américains l'avaient installée aux abords de la rivière Watopeka, qui fournissait l'énergie nécessaire. De plus, la proximité des chemins de fer qui reliaient la région à la Nouvelle-Angleterre permettait d'acheminer facilement le produit fini. Pendant près de 60 ans, l'usine produisit de la poudre pour les charges explosives et pour les balles des fusils de chasse. En 1873, elle devint la première au Canada à fabriquer de la dynamite, puissant explosif à base de nitroglycérine.

▲ Dans cet atelier de menuiserie, on fabriquait du matériel pour l'usine et de petits barils pour stocker la poudre.

La ville de Windsor vécut au rythme de cette industrie dangereuse jusqu'en 1922, année où l'usine ferma ses portes à la suite d'une violente explosion qui fit plusieurs morts. Ce n'était pas le premier accident du genre. Au total, les explosions détruisirent 13 bâtiments, dont on aperçoit encore les fondations.

Seul centre d'interprétation consacré aux explosifs, la Poudrière conjugue tourisme et histoire, nature et activités culturelles. L'exposition permanente *Ça va faire BOUM!!!* mise sur un décor insolite et différentes activités interactives. Elle en dit long sur l'histoire de la fabrication et l'utilisation des diverses familles d'explosifs. Elle prouve que, des usages traditionnels militaires à la pyrotechnie en passant par les grands chantiers de construction, les explosifs sont largement utilisés.

▲ Ce barrage est l'un des trois construits sur le site de l'usine. À gauche, on aperçoit une conduite d'eau qui alimentait une petite centrale électrique installée tout près.

Et à l'aide de démonstrations à caractère scientifique, les guides-animateurs expliquent le processus de l'explosion : accumulation et libération de l'énergie, propagation de l'onde de choc, etc.

Au cours de la visite guidée et théâtralisée *On embauche !*, le guide joue le rôle du contremaître de l'usine (*le foreman*) donnant une formation aux visiteurs, qui se voient attribuer le rôle de travailleurs novices du début du XXe siècle. Par ailleurs, grâce à divers panneaux d'interprétation placés le long des sentiers en bordure de la rivière Watopeka, il est possible d'explorer la Route de la poudre. Cette visite autoguidée des vestiges des 56 bâtiments de l'ancienne usine plonge littéralement le visiteur dans l'univers de la poudre noire.

Dans le décor naturel des rives de la Watopeka, plus de 6,5 km de sentiers en forêt font la joie des randonneurs et des amoureux de la nature. Le sentier écologique qui longe la rivière est particulièrement fréquenté par les ornithologues. Sur le site également, un bar avec terrasse offre une jolie vue sur les environs.

16 Le Musée de l'auto ancienne à Richmond

À Richmond, le Musée de l'auto ancienne présente plus de 40 modèles de voitures construites entre 1910 et 1970, dont il donne les caractéristiques. En s'appuyant sur les événements ayant marqué l'époque, il relate l'histoire de la construction automobile. Un film vidéo montre comment les véhicules exposés ont été restaurés. Une impressionnante collection de 1 500 modèles réduits complète l'exposition. Le musée propose également une visite de Richmond en voiture ancienne avec chauffeur, visite axée sur le patrimoine architectural de la ville.

▶ Des belles d'autrefois complètement remises à neuf.

▲ *Le Magasin.* Ce bâtiment, assez semblable à l'ancien entrepôt général de la poudrerie, abrite une exposition permanente sur le patrimoine industriel de Windsor et des œuvres réalisées par des artistes locaux. On peut y admirer une vieille voiture de pompiers jadis tirée par des chevaux, qui était utilisée pour combattre les incendies causés par des explosions.

Nature et plein air

◀ Ce ruisseau de Vale Perkins révèle tout le charme des pierres.

▲ Depuis 2001, le projet du Corridor appalachien est porté par la détermination de trois passionnées de la nature. Dans l'ordre habituel, Francine Hone, Terri Monahan et Louise Gratton.

▼ L'étang de conservation Peasley à Bolton Centre.

Les Cantons-de-l'Est comportent trois grandes régions naturelles, dont la composition forestière varie en fonction de l'altitude. Le couvert d'arbres de la région des basses terres est plutôt morcelé. L'érablière à tilleul, constituée d'espèces à feuilles caduques, renferme des érables à sucre centenaires. Dans les larges vallées des monts Sutton, le climat moins rigoureux que dans les régions voisines favorise l'établissement de l'érablière à bouleau jaune et de l'érablière laurentienne. Par contre, les sommets des montagnes présentent une végétation de type boréal, comprenant des conifères. Outre ces arbres, la forêt est composée d'érables rouges, de sapins baumiers, de bouleaux blancs, d'épinettes noires et de hêtres à grandes feuilles. Le relief montagneux, les vastes étendues d'eau et les massifs forestiers confèrent à cette région des Cantons-de-l'Est une grande richesse écologique. Du haut des sommets, on découvre des paysages majestueux. Pour sa part, la région des *chaînons de l'Estrie* est caractérisée par l'alternance des terres cultivées et de la forêt. C'est le domaine de prédilection de l'érable à sucre. Toutefois, les pins occupent certaines zones accidentées. Quant à la région des *montagnes frontalières,* les altitudes plus élevées expliquent l'étagement de la

végétation ; la sapinière couvre les parties hautes et les sommets, alors que l'érablière à bouleau jaune occupe la partie inférieure des versants. En automne, le contraste de couleurs entre feuillus et conifères est particulièrement frappant.

Le Corridor appalachien, une forêt en héritage

Les monts Sutton représentent un héritage écologique inestimable. Sur ces monts qui s'étendent sur 100 000 acres au-delà du mont Orford vivent, entre autres, des ours noirs, des chouettes rayées, des grands pics, des lynx roux, des salamandres pourpres et des tortues des bois, qui y trouvent des habitats essentiels à leur survie. Les monts Sutton représentent aussi l'une des dernières régions sauvages non fragmentées du Sud du Québec. En ce sens, ils témoignent de l'amour de la nature qui habitait les descendants des colons américains et ceux qui les ont ensuite rejoints.

De nos jours encore, les résidents démontrent un grand respect de la nature. Suivant le modèle des *landtrusts* du nord-est des États-Unis, les propriétaires terriens ont en effet multiplié les dons de terrains et les servitudes écologiques, qui sont aujourd'hui au centre du plus grand projet privé de conservation de la nature dans l'est du Canada. L'organisme Corridor appalachien (ACA) s'est donné pour mission de protéger ce joyau naturel du Québec. Depuis l'été 2004, la superficie protégée à perpétuité sur le territoire du Corridor appalachien a été élargie pour atteindre près de 7 000 hectares, et, avec ses partenaires, notamment Conservation de la nature, l'ACA cherche à multiplier les aires de conservation dans cette région.

▲ Étang au cœur des monts Sutton.

Les parcs nationaux, des paradis naturels dans le sud du Québec

Les parcs nationaux des Cantons-de-l'Est ont tout pour plaire aux personnes aimant la nature, les grands espaces et les activités de plein air. Chacun de ces territoires protégés aux paysages exceptionnels représente une région naturelle des Cantons par ses caractéristiques physiques, fauniques et floristiques. En toute saison, cette vitrine exceptionnelle pour le Québec est appréciée des Québécois et des touristes en quête de ressourcement en milieu naturel.

Le parc national du Mont-Orford, par monts et merveilles

Au cœur de la région touristique Magog-Orford, le parc national du Mont-Orford comporte non seulement maintes richesses naturelles, mais aussi de multiples attraits récréotouristiques. Que ce soit au cours de promenades sur les sentiers de randonnée, à pied, à skis ou à raquettes, durant une balade à vélo sur La Montagnarde, lors d'une ascension au sommet du mont Orford, pendant des descentes sur les pentes du célèbre centre de ski alpin ou à l'occasion d'un séjour à l'agréable Centre de villégiature Jouvence, toute la famille prendra plaisir à découvrir ce parc.

Partie intégrante de la grande chaîne des Appalaches, ce territoire aux panoramas saisissants composés de montagnes, de collines, de lacs et d'étangs représente la région naturelle des monts Sutton. Les massifs du mont Orford et du mont Chauve, qui culminent respectivement à 853 et 600 m, dominent la vallée de la rivière aux Cerises. Bénéficiant d'une diversité d'habitats naturels impressionnante, le parc abrite des forêts matures

Figure 9 : Le parc national du Mont-Orford

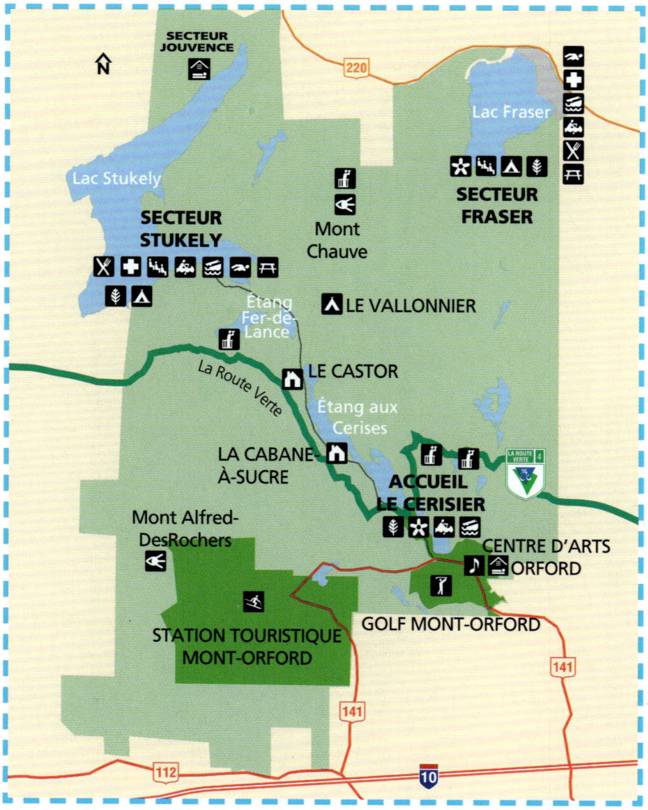

Source : Société des établissements de plein air du Québec (Sépaq)

dominées par les érables à sucre, qui offrent un spectacle féerique lors de La Flambée des couleurs, à l'automne.

▲ Plage du lac Stukely au parc national du Mont-Orford.

L'accès au parc

Le parc national du Mont-Orford est situé à environ 35 km de Sherbrooke, 150 km de Montréal et 290 km de Québec. On peut y accéder par le secteur Stukely, via l'autoroute 10 (sortie 118) puis la route 141, ou par le secteur Fraser, via la route 220. On a aménagé le centre de services *Le Cerisier* (secteur Stukely) et les campings des secteurs Stukely et Fraser afin de faciliter le déplacement des personnes à mobilité réduite.

L'histoire du parc

La création du parc national du Mont-Orford résulte d'une volonté collective régionale. En avril 1938, plusieurs municipalités de la région se concertèrent pour acquérir un territoire qu'elles céderaient ensuite au gouvernement du Québec en vue de créer un parc. Dès le début, un terrain de golf fut aménagé, et une première remontée mécanique fut installée sur la montagne. Le reste demeurait un espace vert protégé. Le chalet pour les skieurs fut inauguré en 1943. Dans les années 1950 vinrent s'y installer les Jeunesses musicales du Canada, qui sont à l'origine du Centre d'arts Orford. Par la suite, on aménagea un terrain de camping, une plage, une aire de pique-nique et des sentiers de randonnée pédestre et de ski de fond. En 1975, on agrandit à 58 km^2 la surface du parc dans le but, notamment, de mieux protéger les cerfs de Virginie et on y intégra le Centre de villégiature Jouvence.

« Par une aube de juin au temps de pleine lune, je fuirai la cité dont le bruit m'importune. »

– Alfred DesRochers

▲ Des cerfs de Virginie.

Un milieu naturel diversifié

La forêt de feuillus domine le couvert forestier, composé à 80 % d'érables à sucre. Les érablières, que caractérise une grande richesse floristique, se trouvent dans la partie inférieure des versants. Les bétulaies (peuplements de bouleaux) et les forêts conifériennes (sapin, épinette rouge) occupent de plus petites superficies, en altitude et sur les sommets. Le parc abrite plusieurs espèces de plantes herbacées à statut précaire, et la présence d'une chênaie boréale à érable à sucre constitue un élément exceptionnel dans la région.

Les forêts de feuillus et de conifères ainsi que les milieux aquatiques regroupent des habitats tels que les ravages du cerf de Virginie, les héronnières, les érablières, les étangs et les lacs. On y trouve plus d'une trentaine de mammifères, dont le cerf de Virginie, l'orignal, le lièvre, la

Figure 10 : Une succession végétale de la base au sommet du mont Orford

▲ Étagement de la végétation sur les flancs des montagnes dans le parc national du Mont-Orford. Les sommets sont occupés par des forêts conifériennes (sapin, épinette rouge) semblables à celles que l'on trouve à la latitude de Mont-Laurier. *Source : Parc national du Mont-Orford*

◄ L'étang Martin.

▼ Malgré ses allures préhistoriques, la chélydre serpentine demeure fragile. Au Québec, les populations sont menacées par l'urbanisation et la disparition des milieux humides.

▼ Prière de ne pas déranger...

martre, la belette, le raton laveur, le castor, le rat musqué et la loutre, ainsi qu'une grande diversité d'espèces d'amphibiens et de reptiles, dont certaines sont menacées au Québec. En outre, on y a dénombré environ 210 espèces d'oiseaux. De quoi réjouir les ornithologues !

À l'écoute de la nature et des changements qui s'y opèrent constamment, les naturalistes du parc proposent aux visiteurs de nombreuses activités. En canot, à bicyclette ou à pied, ils vous démontreront à quel point la nature est source de plaisir. En demeurant attentifs, vous remarquerez le long des sentiers de nombreuses marques laissées par les habitants de la forêt, et les panneaux d'interprétation vous aideront à découvrir les secrets du parc. Vous pourrez ainsi faire connaissance avec le milieu naturel et l'histoire du parc, à votre rythme et selon vos centres d'intérêt.

▲ Promontoire sur le sentier de la colline des Pins le long de la boucle des Trois-Étangs.

Les activités estivales

Sur le lac Stukely (3,8 km^2), le lac Fraser (1,5 km^2) et l'étang aux Cerises, le canot, le kayak et le pédalo sont à l'honneur. L'été, les deux lacs accueillent les baigneurs sur leur plage aménagée et surveillée. Ces plages offrent des aires de jeux pour les enfants, et on peut y louer de petites embarcations. Quant à l'étang aux Cerises, on peut naviguer sur ses eaux en suivant un parcours écologique balisé à l'aide de bouées numérotées.

La randonnée pédestre constitue un bon moyen d'apprécier les richesses naturelles du parc. Les sentiers aménagés forment un réseau de plus de 80 km. Les nombreux étangs permettent aux randonneurs d'observer, ou même de surprendre certains des animaux vivant dans ce milieu protégé. Le sentier de l'étang Fer-de-Lance (2,2 km, niveau facile) sillonne une magnifique érablière pour aboutir à la tour d'observation de la colline du Campeur ou encore au belvédère Jean-Paul-Hamel. Voilà un endroit idéal pour pique-niquer en famille ! Et durant la balade, les occasions d'entendre ou d'observer des grenouilles et des oiseaux aquatiques ne manquent pas. Dans la boucle des Trois-Étangs (5 km), qui traverse en alternance forêt et milieux humides, les plans d'eau Martin, du Milieu et de l'Ours sont vraiment enchanteurs. Près du chemin, deux belvédères se prêtent à une pause contemplative.

Avec leurs montées très abruptes, les sentiers du mont Chauve et des Crêtes représentent un bon défi pour le marcheur. La boucle du mont Chauve, un parcours de 9,1 km, débute à la plage Stukely et permet d'atteindre le sommet dénudé du mont Chauve, qui s'élève à 620 m. Quant à l'incontournable sentier des Crêtes, qui emprunte une partie des Sentiers de l'Estrie, il va de sommet en sommet, offrant des points de vue saisissants sur la région. Long de 18 km, ce sentier donne accès au pic de l'Ours (740 m) et au pic du Lynx (720 m), ainsi qu'aux sommets des monts Orford (853 m) et Alfred-DesRochers (750 m).

Un circuit faisant le tour du sommet du mont Orford offre aussi des vues à 360 degrés sur toute la région. Ce circuit comporte trois yourtes, cinq belvédères et un sentier de bois.

On peut profiter des paysages extraordinaires de l'automne en parcourant les sentiers du parc à vélo ou à pied, particulièrement au moment de l'événement *La Flambée des couleurs*. Les sentiers recouverts d'un tapis de feuilles multicolores livrent un spectacle grandeur nature. Les sommets offrent des panoramas époustouflants aux couleurs flamboyantes. Aux personnes ne désirant pas faire l'ascension de la montagne à pied, la station touristique Mont-Orford propose de monter en télésiège au plus haut sommet.

▼ Les cyclistes peuvent emprunter La Montagnarde, l'une des pistes du réseau cyclable la Route verte. En bordure de cette piste, des panneaux d'auto-interprétation les aide à découvrir les secrets de la forêt de feuillus.

▶ Photo de gauche : Moment de détente en bordure du lac Stukely.

Le circuit de longue randonnée pédestre propose une douce aventure en pleine nature sur une partie du réseau Les Sentiers de l'Estrie, qui traverse le parc du nord au sud. L'itinéraire, de 23,2 km, combine le spectaculaire sentier des Crêtes à l'ascension du mont Chauve. On accède à ce circuit soit par la Porte nord, sur la route 220 à la hauteur du chemin des Nénuphars, soit par la Porte sud, sur la route 112, en empruntant la sortie 115 de l'autoroute 10, en direction d'Eastman. En été, deux sites de camping rustique, *Le Vallonnier* (14 plates-formes) et L'Entremont (7 plates-formes), ainsi que le refuge *Le Castor* permettent de répartir le trajet sur deux jours ou plus et font la joie des randonneurs, qui savourent les plaisirs de la vie en toute simplicité. Il faut apporter son équipement et sa nourriture.

Les amateurs de vélo, quant à eux, sont invités à emprunter La Montagnarde. Cette piste de 10 km qui traverse le parc d'est en ouest est un tronçon régional de la Route verte, la piste cyclable transquébécoise. Elle est ponctuée de panneaux d'interprétation et de haltes pour se reposer et se restaurer.

▼ Canoteurs au lac Stukely.

▲ À l'automne, le mont Orford offre un décor naturel enchanteur.

Dans le secteur Orford, un terrain de golf longe la route 141. Le parcours de 18 trous à normale 72, tracé dans un coin vallonné, convient aux golfeurs de tous les niveaux. Le chalet plein de charme, de style Nouvelle-Angleterre, comporte un casse-croûte, un bar et une salle de réception. On peut y louer bâtons et voiture électrique, et s'entraîner à côté, sur un vert de pratique. Le Club de golf Orford est situé à moins de cinq minutes de la sortie 115 nord ou 118 de l'autoroute 10.

Les activités hivernales

Entre autres activités hivernales de plein air, le parc national du Mont-Orford propose de la randonnée pédestre sur neige. Un court sentier balisé, partant du centre de services *Le Cerisier,* conduit au Centre d'arts Orford et permet de goûter les joies de la nature embellie par l'hiver.

Pour ceux qui préfèrent la raquette, cinq circuits de randonnée de différents niveaux de difficulté donnent accès à des paysages grandioses. Les sentiers A (3,8 km) et Z (4,1 km), tous deux de niveau facile, contournent l'étang aux Cerises. Le sentier des Loutres, une boucle de 7,3 km, permet d'atteindre La Grande-Halte pour une pause santé dans un bâtiment chauffé, puis de revenir par l'autre versant, du côté du camping *Le Vallonnier.* Le sentier La Chouette (3 km), de niveau facile, offre de magnifiques points de vue sur le parc. Pour les plus audacieux, le sentier du mont Chauve est d'un niveau de difficulté plus

▲ Les randonnées hivernales sont l'occasion idéale d'observer la nature engourdie et de contempler des paysages magnifiques.

▲ Randonnée aux flambeaux sur un sentier menant à la colline des Pins.

élevé. Il nécessite de franchir un dénivelé de 620 m, et il faut compter une bonne journée pour parcourir ses 16 km (aller-retour). Parmi les sommets du parc du Mont-Orford, celui du mont Chauve offre l'un des plus beaux points de vue sur la région et ses vallées, notamment sur le mont Orford et le lac Stukely. Des paysages féeriques ! Tous les sentiers partent du centre de services Le Cerisier, à l'exception de la boucle des Loutres, qui débute au refuge Le Castor.

La raquette aux flambeaux, c'est chouette

Chaque année, en février, le parc du Mont-Orford nous convie à participer à sa *Soirée aux flambeaux*, dans le cadre de la campagne de la Fondation des maladies du cœur. Le parcours de la randonnée nocturne à raquettes contourne l'étang aux Cerises et mène au refuge *Le Vieux-Camp*, en passant par la colline des Pins. Par une nuit étoilée, l'atmosphère est magique. La lumière feutrée des flambeaux qui balisent l es sentiers projette l'ombre d'arbres enneigés aux formes étranges, qui réveillent les peurs de notre enfance. Le silence n'est rompu que par des chuchotements et, parfois, le doux hululement de la chouette. Les skieurs de fond peuvent, eux aussi, profiter de cette soirée spéciale, puisque le sentier n° 1 est également illuminé jusqu'au refuge *La Cabane-à-sucre*.

Le ski de fond est une activité très populaire sur le site. Les adeptes de ce sport n'ont que l'embarras du choix face au réseau de 80 km de pistes balisées, tracées ou damées, très ramifié autour de l'étang aux Cerises. Ces pistes sont de niveaux de difficulté variables et certaines permettent de skier aussi bien selon le style *classique* que selon le style *pas de patineur*. L'un des parcours les plus fréquentés mène au relais La Grande-Halte.

La station de ski alpin Mont-Orford s'étend sur quatre versants, sur les monts Orford, Alfred-DesRochers et Giroux. Grâce à une altitude et à une dénivellation pouvant atteindre respectivement 850 m et 589 m, à la présence de neige artificielle et à sept remontées mécaniques, dont une gondole hybride, ces trois monts constituent un haut lieu du ski alpin. Les 56 pistes et les sous-bois de la station peuvent satisfaire aussi bien les skieurs débutants et experts que les planchistes. Un parc de planche à neige a d'ailleurs été spécialement aménagé pour ces derniers.

▼ **Ski de fond en bordure de l'étang aux Cerises.**

Des nuits de rêve dans le parc

Un séjour en camping dans le parc national du Mont-Orford promet des nuits paisibles, notamment sur les sites de camping rustique. Le secteur Stukely offre quelque 320 emplacements de camping aménagé, sur des sites mi-ombragés. Le secteur Fraser en comprend 149 – dont 50 avec électricité –, au cœur d'une forêt de feuillus. Deux sites de camping rustique, avec aires de feu et toilettes sèches, peuvent héberger les randonneurs sur le sentier des Crêtes et sur un tronçon des Sentiers de l'Estrie. Trois refuges, *Le Vieux-Camp, Le Castor* et *La Cabane-à-sucre,* chauffés au poêle à bois mais sans eau courante ni électricité, peuvent accueillir de 8 à 24 personnes.

Le camping d'hiver, qui gagne en popularité, permet d'expérimenter un contact direct avec la nature durant la saison froide. Pendant toute la période hivernale, les trois refuges sont facilement accessibles. En plus des emplacements de camping rustique, le camping *Le Vallonnier* offre la possibilité de dormir sous une tente de prospecteur.

Renommé pour son accueil chaleureux et sa table bien garnie, le Centre de villégiature Jouvence s'adresse à une clientèle familiale ou adulte. Les sports de plein air y sont à l'honneur, mais on peut aussi y venir pour simplement se reposer et se relaxer.

Grâce à son ambiance amicale et à son emplacement exceptionnel, l'auberge du Centre d'arts Orford est un lieu de rencontres et d'échanges unique en son genre. Dans le cadre du Festival Orford, des concerts sont présentés dans une salle et en plein air.

▶ Refuge Le Vieux-Camp.

Le parc national du Mont-Mégantic, de la Terre aux étoiles

Des hauteurs du parc national du Mont-Mégantic, on découvre les époustouflants paysages du sud-est des Cantons-de-l'Est. Du sommet du mont Mégantic, on aperçoit même les montagnes Blanches du New Hampshire et du Maine, et les montagnes Vertes du Vermont. Avec un centre de recherche en astronomie, un centre d'interprétation de la nature et de l'astronomie, et un observatoire destiné au public, le parc national du Mont-Mégantic propose aux visiteurs de réaliser un heureux mariage entre activités de plein air et observation des étoiles. Que ce soit au cours d'une randonnée à pied, à skis ou à raquettes, durant une activité animée par un interprète de la nature ou de l'astronomie, ou encore lors d'une soirée d'observation de la voûte céleste, il les invite à découvrir une nature sauvage et à explorer un ciel d'une pureté incroyable, constellé d'étoiles.

L'accès au parc

Le parc national du Mont-Mégantic est situé près du charmant village de Notre-Dame-des-Bois, à environ 225 km de Montréal, 250 km de Québec et 75 km de Sherbrooke. Attention! il n'a rien à voir avec la ville de Lac-Mégantic, située à environ 50 km au nord-est.

▲ Curieusement, même s'il est au cœur des Appalaches, le mont Mégantic est le membre le plus imposant des Montérégiennes. Son cœur est constitué de granit.

« Du magma jaillirent les montagnes qui regardent les étoiles. »

Source : Salle Pluton sur Terre, *parc national du Mont-Mégantic*

Figure 11 : Le parc national du Mont-Mégantic

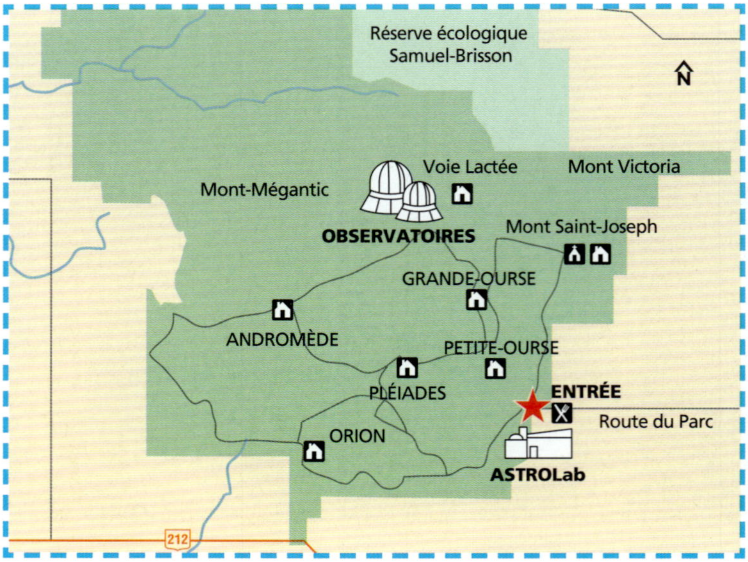

Source : Société des établissements de plein air du Québec (Sépaq)

Le sommet du mont Mégantic est le plus haut sommet du Québec accessible en automobile. L'été, on peut y monter à sa guise en voiture, mais seulement avant 11 heures. L'après-midi, on ne peut y monter qu'en voiture ou en navette, dans le cadre d'une visite guidée. La route de l'observatoire du Mont-Mégantic est asphaltée jusqu'au sommet. À mi-montée, un chemin de terre sur la droite mène au sanctuaire du mont Saint-Joseph. Ces deux routes présentent de nombreux virages serrés et des pentes abruptes qui nécessitent une vigilance constante. L'hiver, elles sont complètement fermées.

Plusieurs des bâtiments du parc du Mont-Mégantic comportent des aménagements pour les personnes à mobilité réduite : l'ASTROLab, le restaurant, l'Observatoire populaire du Mont-Mégantic, le pavillon de la Voie Lactée et le Centre d'interprétation et de services.

▶ Page 245 : Le sommet du mont Mégantic accueille l'Observatoire astronomique et l'Observatoire populaire. C'est la plus haute montagne du Québec dont le sommet est accessible en voiture.

L'histoire du parc

La vocation moderne du territoire du mont Mégantic naquit dans les années 1960, lorsque l'Université de Montréal constata que son sommet constituait un site de choix pour observer la voûte céleste. L'Observatoire astronomique du Mont-Mégantic commença d'être utilisé pour des activités de recherche au printemps 1978.

▲ Belvédère sur le sentier des Crêtes.

En 1988, on créa la réserve écologique Samuel-Brisson dans le but de préserver des peuplements forestiers rares. Cette réserve fut ainsi nommée en l'honneur d'un naturaliste estrien ayant contribué à établir l'inventaire de la flore régionale. D'une superficie de 7,8 km^2, elle englobe la partie nord-est du mont Mégantic et permet de protéger une végétation caractéristique des plus hauts sommets de la région de l'Estrie.

Le 16 juin 1994, les efforts des instances locales et régionales menèrent à la création du parc national du Mont-Mégantic afin de préserver l'ensemble de ce massif montagneux unique, dont les caractéristiques géologiques, fauniques et floristiques sont propres à la région naturelle des montagnes frontalières. Deux ans plus tard, le 14 juin 1996, fut inauguré l'ASTROLab, un centre d'activités liées à l'astronomie et s'adressant au grand public. Par la suite, de nombreuses activités d'interprétation de la nature et de l'astronomie vinrent s'ajouter aux activités de plein air déjà offertes. En 1998, l'Observatoire populaire du Mont-Mégantic (OPMM) vit le jour sur le sommet de la montagne. Cet observatoire équipé de matériel perfectionné est exclusivement destiné au public et aux groupes scolaires.

Plus de 20 000 visiteurs gravissent chaque année la montagne pour découvrir ce lieu scientifique réputé, admirer le panorama ou simplement contempler les étoiles scintillant dans un ciel d'une pureté exceptionnelle.

Le milieu naturel

Deuxième sommet des Appalaches estriennes après le mont Gosford, l'imposant mont Mégantic est visible à des kilomètres à la ronde. Culminant à 1 105 m d'altitude, il domine une profonde vallée et de douces collines. Il est couronné par un chapelet de monts : le mont Saint-Joseph (1 065 m), le mont Victoria (1 055 m), la montagne de Franceville (830-960 m), le Pain de Sucre (650 m), le mont Notre-Dame (905 m), la montagne Noire (805 m) et la montagne des Cohoes (670 m). Le mont Mégantic et ces monts forment ce qu'on appelle le « massif du mont Mégantic ». Cet ensemble a un diamètre d'environ 10 km.

Le mont Mégantic représente aussi une curiosité sur le plan géologique. Bien qu'il soit situé au cœur des montagnes appalachiennes, il est plutôt associé à la chaîne des Montérégiennes, située dans les basses terres du Saint-Laurent, ce qui le rajeunit de quelques centaines de millions d'années. Il est constitué d'une roche très dure, dont l'histoire nous mène à celle du magma terrestre. On y découvre un massif de granit entouré d'une vallée de gabbro et d'une couronne de syénite.

▼ Situé en retrait des montagnes Blanches, le mont Mégantic permet d'observer cette chaîne de montagnes de l'extérieur. Le belvédère du mont Saint-Joseph s'ouvre sur des paysages exceptionnels, notamment sur les montagnes frontalières et le lac Mégantic.

Le massif du mont Mégantic comporte des espèces végétales rares. Cette particularité tient au fait qu'il est situé à la limite de la forêt feuillue et de la forêt coniférienne. Typique, la sapinière à épinette rouge, qui occupe les sommets entre 650 et 850 m d'altitude ainsi que les sites à pente très forte (35 % et plus), est bien représentée au sommet du Pain de Sucre. La sapinière à oxalide de montagne domine,

La randonnée en forêt, un moment de ressourcement.

En hiver, le paysage est éblouissant.

L'étagement de la végétation

La rigueur du climat s'accentuant avec l'altitude, la végétation établie sur les versants et le sommet du mont Mégantic a dû s'adapter à des conditions de vie très difficiles. Au pied de la montagne, la flore jouit de températures hivernales d'à peu près – 20 degrés centigrades, alors qu'au sommet elle est exposée à des vents atteignant fréquemment 65 km/h et subit des refroidissements de l'ordre de – 90 degrés centigrades avec le facteur éolien. De ce fait, on observe sur le mont Mégantic le phénomène d'étagement habituel des peuplements forestiers selon l'altitude : l'érablière à bouleau jaune, groupement végétal le plus courant dans la région, se trouve à la base, la sapinière à bouleau jaune et à bouleau blanc, à mi-pente, et la sapinière à oxalide de montagne, sur les sommets, où les conditions climatiques sont plus rigoureuses. Bref, on remarque au pied du mont Mégantic des érablières adaptées au climat relativement doux du sud du Québec, alors qu'à peine 500 m plus haut on découvre une forêt de conifères semblable à celle du Grand Nord québécois ! Le contraste est particulièrement frappant à l'automne.

▲ La hauteur du mont Mégantic favorise l'étagement de la végétation.

▲ Lit d'oxalide de montagne.

quant à elle, sur les sommets d'une altitude supérieure à 900 m. On trouve également des espèces ayant une affinité arctique-alpine, telles la gentiane amarelle, l'épilobe de Horneman et la jonctrifide.

La faune du mont Mégantic est diversifiée et adaptée à la rigueur des conditions climatiques liée à la montagne. Elle comprend une vingtaine d'espèces de mammifères, dont l'orignal, le cerf de Virginie, l'ours noir et le lynx roux, très rare à une telle latitude. Elle comprend aussi plus de 125 espèces d'oiseaux forestiers, dont le mésangeai du Canada, d'affinité boréale, la gélinotte huppée, le geai bleu et le pic maculé, ainsi que des espèces rares dans le sud du Québec, comme la grive de Bicknell, qui niche dans les hauteurs du mont Mégantic, le tétras du Canada, le pic à dos noir et la paruline rayée. Les points d'observation permettent de voir évoluer des buses, des éperviers et certains autres oiseaux de proie.

▼ Ils n'ont pas une vie facile ! Sous l'effet du froid et des vents qui sévissent au sommet du mont Mégantic, les conifères prennent l'apparence de bonsaïs.

De la neige en abondance

Le climat d'une région dépend de l'altitude à laquelle elle se trouve. Et le mont Mégantic n'échappe pas à cette règle. Les températures et les précipitations qu'on y observe diffèrent passablement de celles que connaît la vallée du Saint-Laurent. En se rapprochant du mont Mégantic, les masses d'air en provenance de l'ouest gagnent en

altitude, et tous les 100 mètres elles voient leur température baisser de 1 degré centigrade. L'humidité contenue dans l'air se condense, de sorte qu'autour du mont Mégantic les nuages sont plus nombreux et plus rapprochés les uns des autres. De ce fait, le massif reçoit des précipitations annuelles beaucoup plus importantes que les régions voisines. Dans les alentours du parc, par exemple, les précipitations sous forme de neige sont de 30 % plus élevées que dans le reste du plateau appalachien, ce qui engendre des phénomènes typiques des zones montagneuses : l'épaisseur de la neige prolonge la saison hivernale, et un grand nombre de ruisseaux irriguent le massif.

▲ À côté de la petite chapelle au sommet du mont Saint-Joseph se trouve un charmant refuge pour deux personnes. Y passer la nuit est un véritable enchantement, surtout s'il fait tempête !

Les pieds sur terre...

Des sommets à plus de 1000 m d'altitude accessibles par un vaste réseau de 75 km de sentiers, de la neige en abondance, des vues imprenables sur les Appalaches... le parc national du Mont-Mégantic est un vrai paradis pour les activités de plein air. L'ascension du mont Mégantic offre une image frappante de l'étagement de la végétation. Le caractère montagneux et la diversité écologique du parc sont de formidables atouts pour la randonnée. Des sentiers pédestres totalisant

50 km et franchissant un dénivelé de 550 m accueillent les marcheurs de tous niveaux : plusieurs s'effectuent en moins de deux heures, ce qui convient parfaitement aux familles ; d'autres, plus ardus, donnent accès à des points de vue exceptionnels depuis les sommets des monts Mégantic (le sentier du ruisseau Fortier, 9 km), Saint-Joseph et Victoria. Mais afin de préserver le milieu naturel, il est très important de circuler uniquement sur les sentiers balisés. Le réseau du parc est par ailleurs relié au corridor international de marche des Sentiers frontaliers, qui offre 90 km de pur bonheur. Il permet ainsi d'accéder à la montagne de Marbre, au mont Saddle et au mont Gosford, ces montagnes frontalières à la nature sauvage et très peu fréquentées. Il n'est pas interdit de faire du vélo sur les sentiers au pied de la montagne, mais ceux-ci ne sont pas aménagés à cette fin.

Pour séjourner dans le parc, les amateurs de longue randonnée disposent de 13 plates-formes de camping rustique, de 5 tentes de prospecteur d'une capacité de 6 personnes et de 4 refuges – *Grande Ourse, Pléiades, Orion* et *Andromède* – d'une capacité de 8 personnes, mais ils doivent réserver à l'avance leur emplacement ou leur lit. Les refuges et les tentes de prospecteur sont équipés de lits superposés avec matelas de sol, d'un poêle à bois et de bois de chauffage. Une toilette sèche se trouve à proximité. Comme il n'y a pas d'eau sur les sommets, il faut veiller à en emporter suffisamment en randonnée. Deux autres refuges sont ouverts en automne et en hiver. Le refuge *Voie Lactée,* au sommet du mont Mégantic, est accessible par un sentier pédestre et de raquette long de 5,7 km et peut héberger 8 personnes. Celui du mont Saint-Joseph, un refuge pour 2 personnes, est accessible par un sentier pédestre et de raquette long de 3,2 km, qui franchit un dénivelé de 500 m. Un véritable nid d'amoureux !

◀ Des plates-formes de camping rustique permettent aux randonneurs de passer des soirées sous un ciel étonnamment étoilé.

Bénéficiant d'un enneigement exceptionnel, avec plus de 5 m de neige par an, le parc du Mont-Mégantic figure parmi les destinations préférées des amateurs de raquette et de ski de fond. C'est l'un des rares parcs à offrir de la neige du tout début jusqu'à la fin de la saison hivernale.

La randonnée à raquettes est tout indiquée pour goûter les joies de l'hiver dans le parc. Les sentiers, qui totalisent 33 km et donnent accès à trois refuges et à trois tentes de prospecteur, combleront aussi bien les experts que les débutants. Le sentier des Trois Sommets, long de 15 km, permet de parcourir les trois monts du parc (Saint-Joseph,

▲ Les nuitées en forêt, une expérience inoubliable !

Victoria et Mégantic). Il est de difficulté élevée, mais, au faîte des monts, la vue sur le plateau appalachien et les montagnes Blanches est époustouflante.

Au sommet du mont Saint-Joseph, la petite chapelle au toit rouge a été restaurée, et un abri tout en bois accueille les visiteurs été comme hiver. On peut jumeler un week-end de raquette à une activité spéciale organisée par le parc : ski aux flambeaux, soirée d'astronomie – observation des étoiles ou souper communautaire. Ceux qui ne veulent pas dormir en refuge ou sous une tente de prospecteur peuvent profiter des intéressants forfaits « hébergement + ski/raquette » proposés dans certains gîtes et certaines auberges de la région.

Les amateurs de ski de fond sont également choyés au parc du Mont-Mégantic. Les pistes de ski de fond, tracées et entretenues mécaniquement, font découvrir une nature sous l'emprise de la neige. Longues de 38 km au total, elles sont d'un degré de difficulté qui varie d'« intermédiaire » à « expert ». Sur le parcours, quatre refuges et cinq tentes de prospecteur invitent les skieurs à venir s'y réchauffer ou y passer la nuit.

Pour les skieurs plus expérimentés et désireux de découvrir la vraie nature de l'hiver québécois, le sentier nordique, d'une longueur de 9,4 km, serpente sur le flanc nord du mont Mégantic, à une altitude moyenne de 900 m. À ce sentier non tracé s'ajoutent des sentiers-pistes pour la randonnée d'approche, sentiers d'une longueur totale de 10,1 km. De quoi procurer le plaisir de vivre toute une aventure ! Les refuges qui jalonnent les sentiers tracés permettent de récupérer ses forces.

Skieurs de fond devant le refuge *Grande Ourse*.

▶ Ski aux flambeaux.

▼ Le pavillon Chesham abrite un restaurant.

Les services de transport

En haute saison estivale, les forfaits de visite des observatoires du sommet du mont Mégantic proposés par l'ASTROLab comprennent un service de navette. Du mois de janvier au mois de mars, le parc vous offre quant à lui de transporter vos bagages de l'accueil jusqu'au refuge que vous avez choisi. Mais vous devez vous rendre à ce refuge à skis ou à raquettes.

Pour une pause-santé dans les refuges, vous pouvez vous faire préparer un repas au restaurant du parc. Et durant l'hiver, le parc vous invite à monter à bord de son véhicule avec un guide qui vous déposera au sommet du mont Mégantic. De là, vous pourrez redescendre vers l'accueil raquettes aux pieds, en profitant du paysage.

La tête dans les étoiles...

Au sommet du mont Mégantic, deux observatoires sont accessibles au public dans le cadre de visites guidées. À l'Observatoire du Mont-Mégantic (OMM), les visiteurs sont invités à découvrir le télescope le plus performant du Canada ainsi qu'à se familiariser avec le travail et les recherches des astronomes. Non loin, à l'Observatoire populaire du Mont-Mégantic (réservé au public), ils peuvent se servir d'un télescope de 61 cm et assister à la présentation multimédia *Les couleurs de l'astronomie*, une exploration captivante du monde de la lumière invisible. En soirée, ils peuvent admirer le coucher du soleil à 1 100 m d'altitude et assister à deux présentations, l'une portant sur les défis de l'exploration astronomique, l'autre sur les années-lumière et les télescopes, de vraies machines à voyager dans le temps : plus on regarde loin, plus on remonte dans le passé… Au pied du mont Mégantic, l'ASTROLab les convie pour sa part à visiter ses salles d'exposition, à visionner le film *Rythmes cosmiques* et à assister à des événements spéciaux. Durant les *Nuits des perséides,* ils peuvent observer les étoiles filantes à partir de l'ASTROLab ainsi qu'à l'Observatoire populaire situé au sommet, avec musique et animation. Ces soirs-là, ils sont invités à apporter chaise longue, couverture et liste de vœux !

▼ Marie-Georges Bélanger est la directrice du service à la clientèle du parc du Mont-Mégantic. Cette « semeuse d'étoiles » aime partager avec les visiteurs son émerveillement devant les beautés de la voûte céleste.

La nuit est froide en montagne !

En raison de l'altitude, les températures sont plus froides dans le parc que dans les villes relativement peu éloignées. Il est donc fortement recommandé d'apporter des vêtements chauds en toute saison. Tuques et foulards sont indispensables pour observer les étoiles même en été ! La température baisse d'environ 1 °C par 100 m d'altitude.

▲ L'Observatoire du Mont-Mégantic, qui projette son œil de cyclope sur les étoiles, a fait la renommée du parc. Son télescope est le plus puissant dans l'est de l'Amérique du Nord.

Comparativement à Montréal, la température dans le parc est donc de 6 °C plus fraîche à l'accueil et de 11 °C plus fraîche au sommet de la montagne.

Pour le plaisir d'apprendre...

Randonnées guidées dans la nature, de jour comme de nuit ; visites d'interprétation du saisissant paysage, tant terrestre que céleste ; observation du ciel au télescope… le parc du Mont-Mégantic a de quoi combler les esprits avides de connaissances.

L'été, diverses activités d'animation à l'intérieur ou en plein air permettent de découvrir la nature, l'environnement et l'histoire de la région. Dans la salle multimédia de l'ASTROLab, le film *Habiter la nature,* projeté sur écran géant, nous présente l'histoire et l'état de notre relation à l'environnement. Le kiosque *Le chariot des curieux* nous permet d'explorer le parc à notre rythme. Certaines randonnées de nuit nous en apprennent long sur les habitudes des animaux nocturnes. Sur le mont Saint-Joseph, trois activités nous sont proposées. *La Fabuleuse histoire du mont Saint-Joseph,* racontée par un animateur, nous fait revivre les débuts de la colonisation. *Plein la vue* donne, elle aussi, la parole à un animateur pour nous présenter en détail le magnifique panorama qui s'offre à nos yeux au sommet du mont. Et lors de la *Randonnée sur les crêtes,* un guide nous mène à l'un des plus beaux points de vue sur le parc et nous dévoile les secrets de la végétation unique des hauts sommets du massif.

Le long des sentiers des monts Saint-Joseph et Mégantic, de nombreux panneaux d'interprétation nous expliquent l'étagement de la végétation. Au sommet du mont Saint-Joseph, d'autres nous exposent l'histoire du sanctuaire et nous décrivent le paysage. Et au sommet du mont Mégantic, d'autres encore nous donnent d'intéressantes informations sur la faune, la flore, les conditions climatiques et la réserve écologique Samuel-Brisson.

Au Centre d'interprétation et de services, la salle *Pluton sur Terre* nous présente les différentes richesses naturelles du parc. Des modules interactifs nous permettent de mieux connaître les événements entourant la formation géologique du mont Mégantic, l'histoire du sanctuaire du mont Saint-Joseph et les particularités en rapport avec les conditions climatiques au sommet des montagnes.

Une réserve de ciel étoilé

Assez méconnue, la pollution lumineuse est la conséquence d'un éclairage trop puissant ou mal dirigé. En plus de nuire au déplacement des animaux nocturnes et de déséquilibrer les cycles biologiques, les nôtres y compris, cet excès d'éclairage nocturne voile les étoiles ; l'éclairage des grandes villes limite à seulement quelques dizaines les étoiles observables à l'œil nu. Au mont Mégantic, environ 2000 étoiles sont visibles actuellement. Toutefois, étant donné que la pollution lumineuse a doublé au cours des vingt dernières années, l'ASTROLab du Mont-Mégantic, de concert avec les instances régionales, a mis sur pied un projet de lutte contre ce genre de pollution et entend créer l'une des plus grandes « réserves de ciel étoilé » en Amérique du Nord.

Il existe des moyens simples de réduire la pollution lumineuse : éteindre les lumières lorsqu'elles ne sont pas indispensables, installer des minuteries pour gérer l'éclairage, utiliser des abat-jour qui dirigent la lumière vers le bas. La réduction de cette forme de pollution permet également de faire des économies d'énergie... et d'argent. Mais surtout, la voûte céleste, source d'inspiration artistique et scientifique, est un don du ciel que nous devons transmettre aux générations futures.

Le parc national de la Yamaska, une oasis de verdure au pied des Appalaches

Le parc national de la Yamaska est situé dans la région naturelle des basses terres appalachiennes. Entre la plaine du Saint-Laurent et les reliefs appalachiens, les collines aux courbes harmonieuses du piedmont des Appalaches évoquent le calme et la tranquillité. Au cœur de ce territoire, le réservoir Choinière est bordé d'une mosaïque de forêts – composées en grande partie d'érables – et de prairies, qui abritent de nombreuses espèces animales. Durant la belle saison, ce lac artificiel devient un centre d'activités nautiques ; kayaks, pédalos, planches à voile et canots sillonnent alors ses eaux. Pendant la saison froide, les doux vallons du parc font le bonheur des amateurs de sports d'hiver.

L'accès au parc

Le parc national de la Yamaska, situé à 6 km de Granby, est à environ une heure de route de Montréal (100 km). En provenance de Montréal ou de Sherbrooke, on y accède soit par l'autoroute 10 (sortie 68), puis la route 139 (boulevard David-Bouchard), soit par l'autoroute 10

Figure 12 : Le parc national de la Yamaska

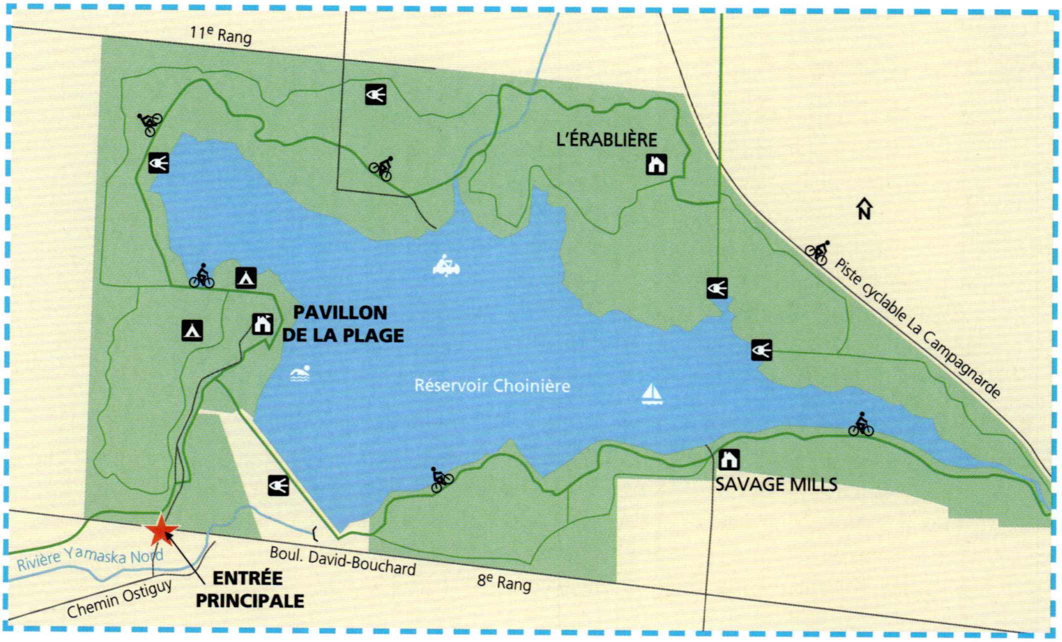

Source : Société des établissements de plein air du Québec (Sépaq)

(sortie 74), puis la route 112 et le chemin Ostiguy. De Québec, il faut prendre l'autoroute 20 (sortie 147), puis la 116 jusqu'à Acton Vale. Ensuite, il faut suivre la 139 en direction de Granby, jusqu'au parc. Le poste d'accueil est situé à 253 km de Québec. On a aménagé le *Pavillon de la plage* afin de faciliter le déplacement des personnes à mobilité réduite.

▲ **Le parc national de la Yamaska offre une vue spectaculaire sur le mont Shefford, colline montérégienne qui culmine à 519 m.**

L'histoire du parc

La création du parc national de la Yamaska, en 1983, a résulté en grande partie de celle du réservoir Choinière, élément central du parc. Ce plan d'eau de 4,75 km² a été créé en 1977 afin de régulariser le débit de la rivière Yamaska Nord et d'assurer l'approvisionnement en eau de la ville de Granby. La digue principale, longue de 1 km, s'élève à plus de 20 m au-dessus des terres environnantes et offre une vue exceptionnelle sur les environs. Le réservoir Choinière est devenu l'un des principaux attraits récréotouristiques de la région, parce qu'il présente une grande diversité d'habitats fauniques et floristiques. La partie terrestre du parc occupe d'anciennes terres forestières et agricoles. L'ensemble est très bien situé par rapport au réseau des pistes cyclables régionales.

▲ La piste cyclable du parc est reliée directement au réseau cyclable montérégien.

Une mosaïque de milieux naturels à découvrir

Depuis la colonisation, l'environnement a beaucoup changé dans la région, en raison de diverses activités humaines : défrichage à des fins agricoles, coupe sélective dans les forêts, acériculture (culture d'une érablière à sucre) et, évidemment, création du réservoir Choinière. Particulièrement intéressant, le secteur de la rivière Yamaska Nord, à l'extrémité orientale du parc, abrite une vingtaine de communautés végétales. Durant une courte randonnée, les visiteurs peuvent, par exemple, traverser une érablière, plusieurs types de forêts mixtes et coniferiennes, et un milieu ouvert en régénération. L'érablière à tilleul, forêt typique du parc, domine aux endroits les moins perturbés par l'activité humaine, alors qu'aux endroits plus humides on trouve simultanément l'érable rouge, le peuplier faux-tremble, l'orme d'Amérique, la pruche du Canada, le sapin et le bouleau gris. Le parc compte 40 espèces d'arbres, 41 espèces d'arbustes et environ 425 espèces de plantes herbacées. Outre les amphibiens, il abrite plus d'une trentaine d'espèces de mammifères. La faune avienne y est également bien représentée avec environ 230 espèces, y compris plusieurs espèces d'oiseaux aquatiques et de rivages. Aux périodes de migration, propices à l'observation de bernaches, d'oies des neiges et de canards de diverses espèces, les amateurs d'ornithologie seront captivés par le spectacle.

Sur les thèmes de la vie animale, de la flore et de l'histoire du milieu, une multitude d'activités encadrées par un guide-animateur et se déroulant sur terre ou sur l'eau permettent d'apprécier les richesses du parc. Au cours d'une excursion en canot rabaska, par exemple, les visiteurs sont menés vers la source du réservoir Choinière et obtiennent une foule de renseignements sur l'environnement.

▲ Milieu aquatique créé de toutes pièces, le réservoir Choinière est grouillant de vie.

▲ L'excursion en canot rabaska conduit à la source du réservoir Choinière et dévoile un paysage unique.

Les activités

Durant les chaudes journées de l'été, la plage sablonneuse du parc accueille dans un décor enchanteur les visiteurs désirant se baigner. Sur le réservoir Choinière, ils peuvent en outre pratiquer la pêche, le canot, le kayak et la planche à voile.

La marche et le vélo constituent d'excellents moyens de découvrir les différentes facettes du parc national de la Yamaska, que sillonnent des sentiers aménagés et des sentiers rustiques d'une longueur totale de plus de 18 km. Situé au cœur d'un réseau cyclable de plus de 250 km, dont un tronçon de la Route verte, ce parc conduit à quatre pistes champêtres : *La Montérégiade, L'Estriade, La Campagnarde* et *La Granbyenne.*

▶ Pages 264 et 265 : Détente en bordure des eaux fraîches du réservoir Choinière.

Les amateurs de ski de fond peuvent parcourir 30 km de sentiers, balisés ou tracés, et se réchauffer dans les trois relais, où un bon feu les attend. L'hiver, la raquette est une façon des plus agréables de se promener dans le décor féerique du parc. Quatre circuits totalisant 20 km, dont un sentier de 4,3 km menant au refuge *Savage Mills,* offrent cette possibilité. La randonnée pédestre sur neige est également tout indiquée pour une brève évasion. Un sentier damé de 3 km permet de se balader dans une nature où les oiseaux, les écureuils et les chevreuils abondent.

L'hébergement

Le terrain de camping du parc national de la Yamaska permet de prolonger le séjour sur les lieux. Ce camping aménagé comprend 123 emplacements et est situé à proximité de tous les services. *Le Pavillon de la plage* abrite un dépanneur et un casse-croûte. À environ 4,3 km de là, trois plates-formes de vélo-camping et de canot-camping, situées près du plan d'eau et accessibles à vélo, en

▼ Les sentiers de raquette balisés favorisent une grande évasion en pleine nature.

◀ Durant l'hiver, les adeptes de la pêche blanche taquinent la perchaude au réservoir Choinière.

▼ Sentiers balisés et tracés dans un décor enchanteur.

embarcation ou à pied, procurent un contact privilégié avec la nature. Il s'agit de sites rustiques ; il y a des toilettes sèches à proximité, mais pas d'eau potable.

Aux mordus de l'hiver, le parc de la Yamaska offre la possibilité de coucher en refuge. Les bâtiments *Savage Mills* et l'*Érablière,* qui font office de relais le jour, se transforment en refuge la nuit. Chauffés au bois, ils comprennent quatre lits, un coffre de rangement et une toilette sèche. Il n'y a pas d'eau potable à proximité. Le premier est situé à 4,3 km du Pavillon de la plage et le second, à 8 km. Ils sont accessibles à skis de fond et à raquettes. Ils sont aussi ouverts durant la saison estivale, où ils sont accessibles à pied ou à bicyclette.

La pure nature au parc national de Frontenac

En périphérie du lac Saint-François, magnifique plan d'eau de 51 km², le parc national de Frontenac mérite amplement son appellation de « parc de pure nature ». On y a dénombré plus de 150 espèces d'oiseaux et une trentaine d'espèces de mammifères. Relativement proche des centres urbains de Québec et de Sherbrooke, il offre de nombreuses possibilités d'hébergement dans un environnement très paisible.

Figure 13 : Le parc national Frontenac

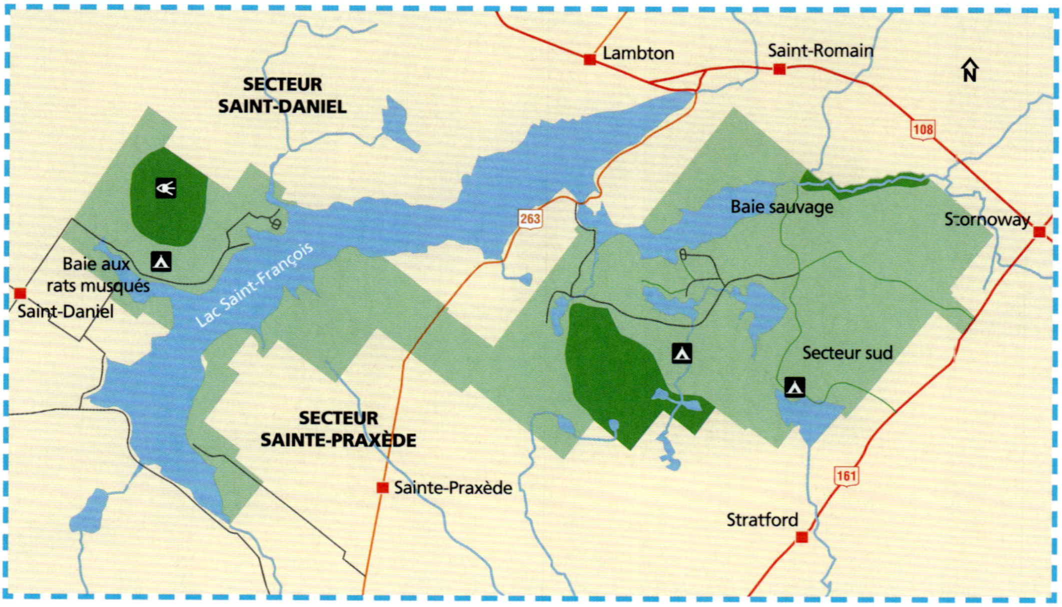

Source : Société des établissements de plein air du Québec (Sépaq)

▲ Le canot-camping au parc national de Frontenac, une aventure douce à découvrir.

L'accès au Parc

Chevauchant les régions touristiques des Cantons-de-l'Est et de Chaudière-Appalaches, le parc national de Frontenac se trouve à 260 km de Montréal, à 120 km de Québec et à 100 km de Sherbrooke. Situé entre la route 108 et la route 112, entre Sherbrooke et Saint-Georges-de-Beauce, il se divise en trois secteurs : Saint-Daniel, sur la rive est du lac Saint-François, Sainte-Praxède et le secteur Sud, sur la rive ouest. Dans tous ces secteurs, les activités nautiques, la randonnée pédestre et le vélo sont à l'honneur.

Au nord du parc, le secteur Saint-Daniel est à 18 km de Thetford Mines. Il comprend des sites de camping, des sentiers de randonnée pédestre, une plage et une magnifique piste cyclable. Il permet de pratiquer diverses activités nautiques et de visiter une tourbière exceptionnelle pour découvrir la flore particulière de ce milieu ou observer des oiseaux. Le secteur Sainte-Praxède, surtout fréquenté par les plaisanciers, est idéal pour pique-niquer en bordure du lac Saint-François. Enfin, le secteur Sud, délimité par le massif de Winslow – un ensemble de sommets érodés formant une sorte de fer à cheval où se concentrent les plans d'eau de la région : lacs, étangs à castors et marécages –, offre maintes possibilités d'évasion : hébergement en chalet, camping, canot-camping, activités nautiques et randonnées à pied, à vélo ou à cheval.

L'histoire du parc

En marge des grandes voies de circulation, la région du lac Saint-François est longtemps demeurée à l'écart du développement économique. À la suite de la construction d'un premier barrage à la décharge du lac Saint-François en 1917, le niveau de l'eau a été haussé de près de 8 m, ce qui a créé d'immenses baies à l'embouchure des principales rivières alimentant le lac.

Puis, la foresterie, l'agriculture, l'industrialisation, le développement immobilier et la villégiature ont transformé la plupart des milieux naturels de la région. Le parc national de Frontenac a été créé dans le but de préserver une partie de ce qu'il en reste. Depuis 1987, il protège un site représentatif de la région naturelle des chaînons de l'Estrie, de la Beauce et de Bellechasse, et offre un accès privilégié au majestueux lac Saint-François.

▼ Le lac à la Barbue, couvert des grandes fleurs mauves de la pontédérie cordée au cœur de l'été, vaut à lui seul une visite au parc national de Frontenac.

Le milieu naturel

Un territoire s'étendant sur 65 km en bordure du lac Saint-François jouit de la protection du parc national de Frontenac. De ce fait, le lac a conservé son caractère sauvage. D'une longueur de 27 km, il figure en outre parmi les plus grands lacs au sud du Saint-Laurent, après les lacs Memphrémagog et Témiscouata. Caractérisé par une faune et une flore abondantes, le parc recèle encore des trésors naturels cachés. Cet extraordinaire territoire de 155 km^2 de forêts et de marécages, où se trouve également une tourbière, a tout pour ravir les amoureux de la nature.

▲ Le droséra à feuilles rondes, un dévoreur d'insectes.

Les collines couvertes de feuillus sont le royaume des cerfs et des hiboux, tandis que la forêt coniférienne, où les lacs (une douzaine), les étangs, les marais et les ruisseaux sont omniprésents, est peuplée d'une grande variété d'animaux: plus de 30 espèces de mammifères et plus de 150 espèces d'oiseaux. Les jours de pluie, les gouttelettes font scintiller les arbres feuillus, et d'envoûtantes senteurs se dégagent de la forêt.

La mystérieuse tourbière

Au beau milieu de la forêt dans le secteur Saint-Daniel, une immense tourbière de 1,5 km^2 abrite sept espèces de plantes insectivores et une grande diversité d'orchidées. Dans ce milieu aquatique où l'eau circule à peine, la décomposition organique est bien loin de compenser l'accumulation de matières ligneuses. Le surplus, qu'on appelle « tourbe » et qui s'épaissit au fil des ans, ainsi que la végétation qui y pousse constituent la « tourbière ».

▲ La sarracénie pourpre est une digne représentante du parc national de Frontenac. Ses feuilles en forme de cornet sont de véritables pièges à insectes.

Phénomène exceptionnel à cette latitude, une partie de la tourbière est de type « structuré »: son tapis de mousse est morcelé par de longues mares d'eau reliées par de minces cordons de sphaigne. C'est sous les latitudes nordiques qu'on rencontre habituellement les tourbières structurées. Alors pourquoi une tourbière de ce type se trouve-t-elle dans les Cantons-de-l'Est, cela demeure un mystère.

Seul ou en participant à une visite guidée, on peut découvrir les richesses de cet écosystème grâce à un réseau de sentiers pontés, agrémentés de haltes, de tours d'observation et de nombreux panneaux d'interprétation. Les soirs de pleine lune, des arbres rabougris semblant surgir de la pénombre brumeuse donnent à la tourbière un caractère tout à fait singulier.

▲ L'*Expédition Felton*, une excursion de trois heures en rabaska, nous fait remonter dans le temps, jusqu'à l'époque de la colonisation. Elle nous conduit à la découverte des marais et nous mène finalement aux superbes cascades de la rivière Felton, où une dégustation de produits régionaux est offerte dans un site enchanteur.

Les activités

Le parc national de Frontenac offre de nombreuses activités d'interprétation : randonnée pédestre, excursion en rabaska, causerie en soirée, activités pour les enfants et rallye familial. Et visite de la tourbière, bien sûr. Mais ceux qui préfèrent découvrir cette étonnante tourbière à leur propre rythme peuvent emprunter les sentiers, qui comptent 20 panneaux d'interprétation.

Située dans le secteur Saint-Daniel, la plage surveillée du parc permet aux baigneurs de nager dans une eau d'excellente qualité, dont la température, en surface, atteint régulièrement 26 °C. Les activités nautiques y étant à l'honneur, il y a possibilité d'y louer un kayak, un canot, un pédalo ou une chaloupe. Parmi les lacs du parc, trois sont praticables en canot et en kayak, y compris le lac Saint-François, pour des balades de quelques minutes à plusieurs jours ; il est possible de camper à proximité.

Les amateurs de pêche sportive au doré, au brochet, à la perchaude et à la ouananiche trouveront ces espèces au lac Saint-François, au lac à la Barbue et au lac des Îles. Au lac Saint-François, la pêche se pratique selon les règles en vigueur dans cette zone. Au lac des Îles et au lac à la Barbue, elle est uniquement autorisée aux détenteurs de permis de séjour et exige de respecter des règles spécifiques, liées à la conservation des espèces.

Une magnifique piste cyclable de 8 km longeant en partie les rives du lac Saint-François peut être empruntée par tous, petits et grands. Elle donne accès à de petites aires de pique-nique situées au bord du lac. Dans le secteur Sud, un sentier relie le minuscule camping *Baie sauvage* au lac à la Barbue. Il est possible de louer des vélos sur place.

La randonnée est elle aussi au programme, bien sûr, puisque le parc national de Frontenac comprend 77 km de sentiers pédestres, dont 3,5 km sont des trottoirs de bois accessibles aux personnes à mobilité réduite. À travers les érablières et les peuplements de résineux, les visiteurs découvrent les beautés végétales et forestières du parc. Le secteur Saint-Daniel et le secteur Sud comportent également des sentiers de ski nordique et de raquette.

▲ Les marais débordent de biodiversité.

▼ La majesté du lac Saint-François, la qualité de ses eaux et ses multiples baies favorisent les activités nautiques de toutes sortes.

Des nuits toutes douces

Le parc national de Frontenac offre de nombreuses possibilités d'hébergement. Dans le secteur Saint-Daniel et le secteur Sud, plus de 200 emplacements permettent de camper dans des conditions alliant qualité du milieu naturel et proximité des aires de services et de loisirs. Tous les emplacements sont boisés, spacieux et intimes ; certains sont situés à proximité de l'eau. Le secteur Saint-Daniel comprend plusieurs campings : le *Camping baie aux Rats Musqués,* le *Camping rivière aux Bluets et* le *Camping Baie des Sables.* Ce dernier, particulièrement paisible, donne accès à l'une des plages du lac Saint-François. Au lac Egan, trois emplacements avec plate-forme sont également offerts, y compris durant la saison froide. Situés à 7,5 km du centre d'accueil du secteur Sud, ils ne sont accessibles qu'à raquettes ou à skis nordiques.

▲ **Les chalets du parc national de Frontenac offrent tout le confort voulu.**

Les visiteurs peuvent aussi profiter du confort des 8 chalets du secteur Sud, qui ont une capacité d'accueil de 4 à 20 personnes et disposent tous d'une cuisinette, d'un système d'éclairage et de chauffage au propane, de toilettes et de douches. L'hiver, deux de ces chalets sont proposés en location, pour les amateurs de raquette ou de ski nordique désirant vivre une aventure hors du commun.

Enfin, le parc national de Frontenac est une destination de rêve pour les amateurs de canot-camping, qui ont à leur disposition une trentaine d'emplacements situés au bord du lac des Îles, du lac à la Barbue et de la baie Sauvage du lac Saint-François. Un site de six emplacements est spécialement destiné aux groupes.

Plein air

À moins d'une heure de Montréal et longeant la frontière des États-Unis sur plus de 300 km, les Cantons-de-l'Est offrent une large gamme d'activités. Dans les montagnes, à travers les vallons et sur les magnifiques plans d'eau, on peut y passer d'inoubliables moments en plein air durant les quatre saisons. On y trouve près de 500 km de pistes cyclables aménagées, près de 1 000 km de sentiers de ski de randonnée, 250 km de sentiers pédestres et autant pour l'équitation, six centres alpins et 2 000 km de pistes de motoneige. De quoi ravir les amoureux des grands espaces !

Le vélo et le cyclotourisme

Grâce à son réseau cyclable de près de 500 km, la région des Cantons-de-l'Est offre la possibilité de faire un nombre incalculable de randonnées. Ce réseau comprend des pistes balisées, des routes secondaires et des sentiers de vélo de montagne qui peuvent faire le bonheur aussi bien des familles que des cyclistes les plus en jambes. De surcroît, la région bénéficie d'un climat suffisamment clément pour permettre de se promener à vélo en été et à l'automne. Paysages champêtres, ponts couverts, granges rondes, villages pittoresques, elle regorge d'attraits incitant à faire mille haltes, qui sont autant

▼ Le sentier au parc de la Baie-de-Magog, en bordure du lac Memphrémagog, fait le plaisir des adeptes du vélo et du patin à roues alignées.

▲ Le réseau cyclable Les Grandes Fourches en bordure de la rivière Massawippi.

d'occasions de déguster les spécialités culinaires et vinicoles du terroir. La randonnée classique se transforme alors en une balade au cours de laquelle on s'arrête pour s'imprégner de l'atmosphère *british* des maisons victoriennes ou des charmantes églises en bois, visiter une galerie d'art ou un économusée, ou encore parcourir un vignoble. Bref, du cyclotourisme au plein sens du terme.

La Route verte traverse toutes les régions du Québec et est sécuritaire pour tous les cyclistes. Cette piste cyclable de 4300 km, la plus longue en Amérique du Nord, prend de temps à autre la forme d'une chaussée désignée ou d'un accotement asphalté. Toujours balisée, elle permet dorénavant d'aller de Montréal à Québec, en passant par les Cantons-de-l'Est. Dans la région, la Route verte s'étire sur environ 225 km et relie deux extrémités, soit Farnham et Danville. Les amateurs de vélo peuvent ainsi voyager en profitant de la nature, de la bonne chère et des auberges douillettes qui caractérisent la région.

La Route verte prend différents visages selon les particularités des zones traversées. Elle emprunte plusieurs pistes régionales, souvent aménagées sur d'anciennes emprises ferroviaires, et offre quelques escapades à gauche et à droite. *La Montérégiade* conduit de Farnham jusqu'à Granby, où elle devient *L'Estriade* qui aboutit à Stukely. Des boucles permettent d'aller au lac Boivin et au parc national de la Yamaska. *La Campagnarde,* qui porte bien son nom, relie Waterloo à Drummondville. *La Montagnarde* permet d'apprécier la beauté de la région de Memphrémagog, parsemée de lacs et… de montagnes, bien sûr. Ce parcours, calqué sur le chemin des Diligences, traverse une paisible zone de campagne et le magnifique parc national du Mont-Orford. Le *Réseau Les Grandes Fourches* longe les rivières Magog, Saint-François et Massawippi jusqu'à Sherbrooke et présente toute une succession de paysages bucoliques inoubliables, notamment dans la région de North Hatley, en bordure du lac Massawippi. *La Cantonnière* traverse la région vallonnée du Val-Saint-François. Elle passe par les jolies localités de Melbourne et de Richmond avant d'atteindre la charmante municipalité de Danville, réputée pour son patrimoine bâti et naturel. Elle atteint finalement *Les Corridors verts* de la région d'Asbestos et les Bois-Francs, en bordure des Cantons-de-l'Est.

Figure 14 : Les itinéraires de la Route verte et des Sentiers de l'Estrie

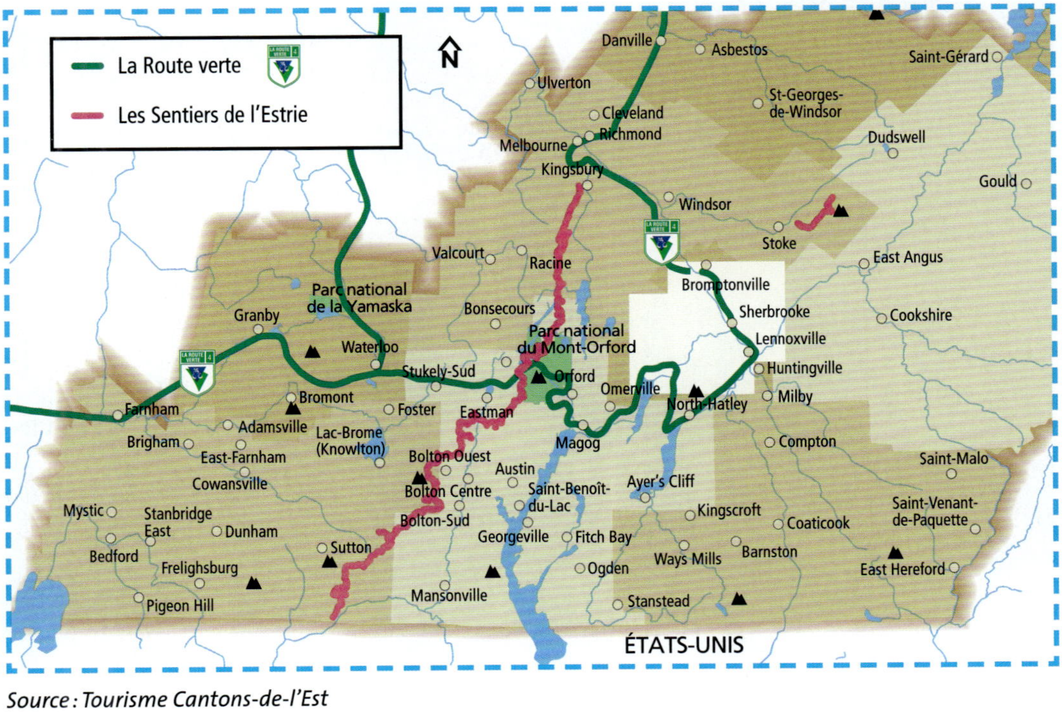

Source : Tourisme Cantons-de-l'Est

Plusieurs autres circuits empruntent des routes secondaires peu fréquentées par les automobilistes et font découvrir de magnifiques tableaux. Le circuit de l'axe Freeport dans les environs de Cowansville, d'East-Farnham et de Brigham, le circuit des Trois Villages reliant East Hereford, Saint-Venant-de-Paquettte et Saint-Malo, le circuit de l'axe Eau Sommet de Mégantic en sont quelques exemples. Ils traversent des villages et des hameaux où il fait bon s'arrêter pour savourer produits du terroir et pâtisserie maison ou profiter pleinement des attraits de la région.

Berceau de la viticulture au Québec, les Cantons-de-l'Est offrent aux amateurs de vélo d'ajouter au plaisir d'une sortie en plein air celui de découvrir une culture rurale et de déguster des vins du terroir. Traversant les vallons fertiles et les villages pittoresques de la région de Brome-Missisquoi, la *Route des vins* est ponctuée d'arrêts dans les vignobles et offre à tout moment des vues extraordinaires sur les Appalaches. Les cyclistes trouvent chez les producteurs des paniers garnis de vins, de fruits, de fromages et de pains divers, ainsi que des endroits idéaux pour pique-niquer.

▼ Un arrêt bien mérité au Vignoble de l'Orpailleur à Dunham.

▲ Lors de spectaculaires compétitions, les cyclistes descendent à des vitesses fulgurantes, ce qui exige des réflexes hors du commun.

Le vélo de montagne

Au printemps, les pistes de vélo de montagne du centre quatre-saisons *Ski Bromont* donnent des sensations fortes aux amateurs de descente et de cross-country. Ces cyclistes peuvent prendre la remontée mécanique quadruple pour découvrir un paysage à couper le souffle et vivre une expérience unique. Destination de choix depuis une vingtaine d'années, Ski Bromont offre plus de 100 km de sentiers balisés pour faire du vélo de montagne. Dès la naissance de ce sport, ce centre s'est imposé et grâce au développement de son réseau, la montagne a acquis ses lettres de noblesse. Du sommet du mont Brome partent 12 pistes de descente pour les cyclistes. Certaines sont faciles, notamment La Grande Douce qu'on peut prendre en famille, d'autres sont réservées aux experts. Ski Bromont est également doté d'un parc pour vélo de montagne, avec courbes profilées, installations pour les sauts et *wallride*. Il est donc en mesure d'accueillir des compétitions, dont certaines de calibre international, telles que la Coupe du Canada et le Championnat des Maîtres du vélo de montagne.

▲ La Coupe des Amériques dans le village d'Abercorn.

Pour les cyclistes moyens et experts en quête de défis à relever, les pistes de vélo de montagne du *Parc de la Gorge-de-Coaticook* sont des incontournables. Dans un décor boisé et enchanteur, ces sentiers longs de 18 km au total peuvent assurément satisfaire les plus aventureux. Ils sont inégalables en ce qui a trait à la technique. Montées et descentes, croches, sauts et autres exercices périlleux doivent être effectués afin de terminer le trajet.

Le réseau cyclable *Circuits Frontières* sillonne les fantastiques paysages d'East Hereford, Saint-Venant-de-Paquette et Saint-Malo. En forêt ou au milieu des plantations d'arbres de Noël, deux boucles balisées sont accessibles en saison estivale. Celle de niveau intermédiaire fait 20 km, et celle de niveau expert fait 30 km. Dans un décor montagneux, ces pistes grimpent sur les plateaux du mont Hereford (aussi haut que le mont Orford) ou longent de petits ruisseaux dans une vallée, vers Saint-Venant-de-Paquette et Saint-Malo.

▼ **À gauche : Le départ d'une randonnée cycliste est toujours un moment fébrile.**

▲ **À droite : La montée vers le mont Sutton représente un défi de taille.**

Des événements cyclosportifs

Dans chaque région des Cantons-de-l'Est, plusieurs randonnées cyclistes se déroulent sur des routes panoramiques, notamment le Grand Tour du lac Mégantic et le Mondial Cyclotour à Bromont, au grand plaisir des cyclosportifs.

◀ Après l'effort, une pause bien méritée…

La *Coupe des Amériques* est l'une des courses internationales parmi les plus réputées en Amérique du Nord. S'adressant aux cyclistes vétérans, aux « maîtres », cette compétition sur route se déroule en quatre étapes au cœur de la magnifique région de Sutton.

La randonnée pédestre

Les amateurs de randonnée pédestre, quel que soit leur niveau, peuvent s'en donner à cœur joie sur les innombrables sentiers balisés des Cantons-de-l'Est. Et ce, sans être constamment attaqués par les moustiques ! Plusieurs de ces sentiers nécessitent toutefois le paiement de droits d'accès, qui servent à payer leur entretien. Certains traversent des terres privées, où le droit de passage a été gracieusement accordé par leurs propriétaires. Il importe donc de bien respecter certaines règles.

Les Sentiers de l'Estrie

Dans un axe nord-sud, les Sentiers de l'Estrie vagabondent dans les Cantons-de-l'Est sur plus de 150 km. Il faut compter environ 10 jours pour les découvrir tous. Ces sentiers sont ardus ; ils présentent des pentes abruptes et sont parsemés d'obstacles naturels. Leur aspect sauvage est d'ailleurs l'un des éléments qui attire les randonneurs. À partir de la chaîne des monts Sutton, près de la frontière canado-américaine, ils traversent huit zones : Sutton, Écho, Glen, Bolton,

Quand les Cantons s'enflamment

Dans les Cantons-de-l'Est, septembre annonce la saison froide et enflamme les paysages jusqu'à l'Action de grâce. Cette explosion de couleurs automnales, conjuguée à une lumière chaude et à un vent frais, attire chaque année des milliers de visiteurs à la recherche de délicieux séjours ou promenades au milieu de forêts flamboyantes. Offrant des vues plongeantes, les montagnes des Cantons sont assurément des lieux de prédilection pour admirer le spectacle. En outre, plusieurs endroits s'animent pour permettre d'associer les randonnées à d'autres plaisirs. Le majestueux mont Ham est tout indiqué pour une sortie familiale agrémentée d'un tour au marché où sont vendus les produits biologiques du terroir. À Sutton, *Panoramaduodlacôte* propose diverses activités et excursions guidées, notamment une introduction à la mycologie. En bordure du lac Memphrémagog, l'événement *Autumnfest* au mont Owl's Head met en valeur des objets d'artisanat et des antiquités. Au mont Orford, des promenades en gondole, des activités de plein air et des spectacles donnent la vedette à *La Flambée des couleurs*. Et plusieurs stations de ski remettent en marche leurs télésièges pour permettre aux touristes d'accéder au sommet des monts.

Orford, Brompton, Kingsbury et Chapman. Chacune de ces zones compte plusieurs points d'accès, ce qui permet aux randonneurs d'effectuer aussi bien de courtes promenades d'une journée que des randonnées de plusieurs jours. Les sentiers passent tout près de sites de camping rustique et de refuges. Et ils donnent accès à de nombreux belvédères, d'où on peut voir une partie des Appalaches, notamment les monts Sutton, Echo, Glen et Orford, ainsi que de magnifiques vallées, dont celles de la rivière Missisquoi et de la rivière aux Saumons.

Par le biais du sentier Long Trail du Vermont, les Sentiers de l'Estrie permettent de rejoindre le Sentier international des Appalaches (SIA), qui s'étend de la Georgie, aux États-Unis, jusqu'à l'extrémité orientale du parc Forillon, en Gaspésie.

Les Sentiers frontaliers

Le réseau des Sentiers frontaliers, qui compte une centaine de kilomètres de sentiers pédestres, relie le parc du Mont-Mégantic (1105 m) au territoire du mont Gosford (1193 m), en passant par la montagne de Marbre (900 m) et le mont Saddle (967 m). Grâce à diverses infrastructures, les sentiers conviennent tant aux marcheurs désirant faire une promenade de quelques heures qu'à ceux voulant effectuer une randonnée de plusieurs jours (de 6 à 8 jours).

Le secteur du mont Gosford est le plus fréquenté. Ce magnifique coin de nature sauvage à quelques heures de route des grands centres donne accès à l'un des plus hauts sommets du sud du Québec. On y trouve plus de 35 km de sentiers pédestres, un pavillon au pied de la montagne ouvert aux visiteurs toute l'année, des aménagements pour du camping rustique ainsi que des plates-formes de camping, des abris trois faces

▼ ***Les Sentiers de l'Estrie*** **traversent les Cantons-de-l'Est du nord au sud sur plus de 150 km.**

▶ Le réseau des *Sentiers frontaliers* donne accès au sommet du mont Gosford, l'un des plus hauts des Cantons-de-l"Est.

et une tour d'observation donnant sur des paysages à couper le souffle! L'hiver, un service de transport de bagages vers les refuges y est offert. Il est également permis d'y circuler avec son animal de compagnie. Toutefois, par respect pour les autres randonneurs, il est recommandé de maintenir les chiens en laisse sur les sentiers. Excepté pendant la période de chasse, les sentiers de randonnée sont ouverts toute l'année. On y accède soit par le parc national du Mont-Mégantic, soit à partir du poste d'accueil de la Forêt habitée du mont Gosford, à Woburn.

Le secteur du mont Gosford est également une destination quatre saisons pour les amateurs d'autres activités de plein air et pour les amoureux de la nature. On peut y faire du vélo sur plus de 35 km de chemins forestiers, y observer toutes sortes d'oiseaux, notamment des grives de Bicknell, y séjourner en camping sauvage, y pêcher dans les ruisseaux, et y chasser l'orignal, le chevreuil ou du petit gibier. En hiver, les conditions d'enneigement exceptionnelles permettent de faire de la raquette, du ski hors piste (télémark) et des balades en traîneau.

Le Parc d'environnement naturel de Sutton

Aux confins sud du Québec, le Parc d'environnement naturel de Sutton (PENS) occupe une grande partie du massif des monts Sutton, dans le prolongement des montagnes Vertes du Vermont. Il offre un réseau de 82 km de sentiers de montagne, dont le niveau de difficulté varie de facile à difficile. Ce réseau est relié aux Sentiers de l'Estrie.

À travers de vastes milieux forestiers, les sentiers longent la rivière Sutton (à partir de l'Auberge des Appalaches) et sillonnent les flancs du massif des monts Sutton. Ils permettent d'observer des phénomènes géologiques intéressants : des schistes dont la formation remonte à celle des Appalaches, des empreintes de l'érosion glaciaire et des blocs erratiques. L'un d'eux, long de 2,3 km, atteint le sommet Round Top (Sommet Rond), à 962 m d'altitude. Les visiteurs peuvent accéder à des points de vue magnifiques sur la vallée de la rivière Missisquoi et sur les reliefs appalachiens, ainsi qu'au lac Spruce, au mont Gagnon, au Dos de l'Orignal et au lac Mohawk. À l'aide des panneaux d'interprétation et des guides pour randonneurs du PENS, les visiteurs découvrent une grande variété de milieux naturels, notamment de superbes forêts matures, riches en diverses espèces végétales et animales. En progressant en altitude, ils peuvent atteindre des sommets culminant parfois à plus de 900 m et explorer des habitats naturels typiques des régions nordiques.

▼ À Sutton, les Sentiers traversent le Parc d'environnement naturel de Sutton (PENS) et passent par le point le plus haut, le Round Top.

▲ Le sommet du mont Ham offre une vue panoramique à 360 degrés.

▼ Le réseau de sentier du mont Ham longe de magnifiques affleurements rocheux.

Le mont Ham, mille lieues sous les mers !

Au mont Ham, on marche non seulement en forêt, mais aussi sur un ancien fond de mer et de glaciers ! Cette montagne située à la limite des Cantons-de-l'Est et des Bois-Francs fait partie des bas-plateaux appalachiens. Les roches qui la composent se sont formées dans le fond d'un océan. Elles nous rappellent la naissance des Appalaches, il y a plus de 400 millions d'années.

Telle une sentinelle, le mont Ham (à Ham-Sud) se dresse jusqu'à 713 m d'altitude. Il offre un réseau de sentiers pédestres de 18 km permettant de franchir un dénivelé de 360 m, et son sommet, une vue panoramique sur les monts Orford, Mégantic, Adstoke, Stoke et Owl's Head, ainsi que sur les lacs Aylmer et Nicolet. Le sentier L'Intrépide mène directement au sommet. Long de 1,7 km, il traverse des groupements forestiers variés pour atteindre finalement, après une montée assez abrupte dans son dernier tiers, une végétation dégarnie ; au faîte du mont Ham, seuls les arbustes, les mousses, les lichens et les herbes subsistent. Au cours de l'ascension, on remarque différents affleurements rocheux témoignant d'événements géologiques anciens et plus récents : roches volcaniques, plissements dans la roche, basaltes, veines de quartz, stries glaciaires, marmites, blocs erratiques et éboulis. Sur le versant occidental, le sentier Le Panoramique est plus facile et contourne la montagne sur une distance de 2,1 km. Quant au sentier Le Buton, d'une longueur de 3,7 km, il permet, lui aussi, d'accéder au sommet, mais en passant par la colline du même nom.

Owl's Head, une montagne sacrée

Le mont Owl's Head a été baptisé ainsi par les Abénaquis, en l'honneur d'un de leurs anciens chefs. Pour ces autochtones, il était une montagne sacrée, au sommet de laquelle ils venaient accomplir leurs rites. Selon une légende, le fantastique Anaconda se réfugiait dans une grotte sous cette montagne ; c'est pourquoi les Abénaquis craignaient de se baigner dans le lac Memphrémagog. De nos jours, la légende continue d'alimenter l'imaginaire collectif.

Les francs-maçons de la loge Golden Rule de Stanstead ont perpétué, à leur manière, la tradition abénaquise. Chaque année depuis le 24 juin 1858 et au solstice d'été, ils se rassemblent au sommet du mont Owl's Head, où se trouve une formation rocheuse naturelle connue sous le nom de *World's Only Natural Masonic Lodge Room* : « loge franc-maçonnique naturelle unique au monde », et qui fut l'une des premières loges en plein air en Amérique du Nord.

▲ On peut accéder à la loge maçonnique du mont Owl's Head par un sentier au sommet de la montagne.

La franc-maçonnerie, dont l'origine remonte au Moyen Âge, a de nombreux adeptes dans les Cantons-de-l'Est, adeptes qui mettent l'accent sur les œuvres de bienfaisance et l'éducation.

Les pierres énigmatiques de Potton

Au cœur du canton de Potton, à Mansonville, de curieuses roches attirent l'attention des randonneurs. Ces pierres mystérieuses suscitent de nombreuses questions.

Dans un décor de montagnes et de hautes prairies aux environs de la frontière du Vermont et du lac Memphrémagog, des monticules de pierres ressemblant à des cairns surgissent dans les champs, en pleine forêt ou à flanc de montagne. Bien qu'il y en ait aussi près du chemin de l'Étang Sugar Loaf, près du mont Écho et à proximité de Sutton, c'est au site White, à Mansonville, qu'ils sont les plus impressionnants. Une randonnée de 3 km conduit à une cinquantaine de ces monticules.

▲ Randonneurs devant les cairns avec Gérard Leduc.

Tout près, une terrasse s'apparente à un observatoire astrologique, où un alignement de pierres dressées avec des traits gravés indiquerait la position du lever du soleil au solstice d'hiver (22 décembre). Au site Jones, le long du ruisseau Vale Perkins, un affleurement de schistes porte également des marques ressemblant à des pétroglyphes. Ces marques gravées dans la pierre rappellent étrangement l'écriture celtique irlandaise, l'ogham, qui remonte au ve siècle. Ce site est le plus célèbre, mais on a découvert des gravures similaires à Potton et ailleurs dans les Cantons-de-l'Est, comme à Bolton-Ouest, Glen Sutton, Foster, Frelighsburg et Saint-Armand. Les sites d'intérêt archéologique étant situés sur des propriétés privées, la randonnée est encadrée et guidée par Gérard Leduc.

Le patrimoine et l'archéologie sont les deux passions de Gérard Leduc. Ce biologiste, qui a fait carrière comme professeur à l'Université Concordia, a élu domicile à Potton au début des années 1990. Depuis, son intérêt pour les vestiges de pierres et les bâtiments patrimoniaux de la région n'a cessé de croître. Fondateur de l'Association du patrimoine de Potton, qui organise des randonnées dans les environs de cette municipalité, il donne des conférences et publie ses écrits sur le sujet.

Les cairns : ce terme irlandais désigne des amas de pierres, d'origine celtique. Ces monticules paraissent assemblés pour former des dômes, au sommet desquels trône fréquemment un bloc de quartz. Leurs formes et leur distribution indiquent qu'il ne s'agit pas d'amas résultant de l'épierrage des champs par des colons défricheurs, mais plutôt de monuments dont la construction a été dictée par des rites.

La Forêt habitée de Dudswell

À Marbleton, l'un des plus beaux villages du Québec, la Forêt habitée de Dudswell est un massif forestier et champêtre offrant un magnifique parcours de randonnée pédestre. Le réseau comprend neuf sentiers, dont la longueur totale est de 15 km et dont le niveau de difficulté varie de facile à intermédiaire. Des belvédères et une tour d'observation offrent des points de vue spectaculaires sur le lac d'Argent et le mont Mégantic. Des panneaux d'interprétation jalonnant les pistes donnent des renseignements sur la flore et la faune des différents écosystèmes forestiers rencontrés. Hormis quelques tronçons qui sont fermés pendant la saison de chasse, les sentiers sont accessibles toute l'année, et ce, gratuitement. La Forêt habitée de Dudswell ne manque pas de superbes coins pour pique-niquer. Durant la saison estivale, on y présente des concerts en plein air dans une ancienne carrière de marbre, à l'occasion de l'événement Sons et Brioches.

▼ **Le belvédère de la forêt habitée de Dudswell surplombe le lac d'Argent.**

Les sentiers pédestres de la Maison du Granit

À proximité de la Maison du Granit, les amateurs de randonnée trouveront trois sentiers pédestres. Le Sentier du Morne propose deux boucles de 1,2 km et permet d'accéder au sommet du mont Saint-Sébastien (820 m). Une tour d'observation offre une vue panoramique sur les alentours, que décrivent des panneaux d'interprétation. Le Sentier de l'Oratoire (8 km) mène à la carrière où a été exploité le granit ayant servi à la construction de l'Oratoire Saint-Joseph, à Montréal. Et le Sentier du Pic, un sentier de courte randonnée (0,7 km aller-retour), conduit dans les bois de la Maison du Granit. En cheminant sur ce sentier, recherchez les neuf stations d'information sur la flore et la faune locales.

La raquette

Les adeptes de la raquette sont très attirés par les Cantons-de-l'Est. En pratiquant ce sport, de plus en plus populaire et accessible à toute la famille, ils peuvent en effet y découvrir de grands espaces sauvages et y observer une multitude d'oiseaux différents. De nombreux sentiers pour explorer une nature bien préservée, un silence apaisant après une bordée de neige, des arbres ployant sous la neige, des paysages magnifiques, voilà ce que vous réservent les nombreux sites de la région.

Contrairement aux monts Orford, Mégantic et Sutton, très fréquentés du fait qu'il est facile d'y accéder en toute saison, certaines montagnes plus reculées dans le sud des Cantons font la joie des raquetteurs à la recherche d'aventures hivernales. Le mont Saddle, que l'on peut gravir grâce au réseau des Sentiers frontaliers, contentera les amateurs de raquette et de ski hors-piste (avec des peaux, bien sûr). Il faut parcourir environ 15 km pour faire l'aller-retour. Le niveau de difficulté est moyen, mais il ne faut surtout pas oublier qu'il s'agit d'une destination pour les raquetteurs ayant l'habitude des sentiers forestiers déserts. La vue sur la montagne de Marbre ainsi que sur les monts Gosford et Mégantic est superbe. Par temps clair, on peut même apercevoir le mont Washington.

Le sommet du mont Hereford offre, lui aussi, une vue très dégagée sur les montagnes Blanches et les vallées américaines. Le sentier pédestre Neil-Tillotson, ainsi nommé en l'honneur du propriétaire de la montagne décédé à l'âge de 102 ans, permet d'y accéder par deux portes d'entrée situées dans les villages d'East Hereford et de Saint-Herménégilde. En hiver, une piste de raquette de montagne de 5,5 km emprunte ce sentier, à partir du village d'East Hereford. Cette piste sinueuse, de niveau intermédiaire et expert pour la raquette, est balisée, mais non entretenue mécaniquement. Les efforts déployés pour franchir le dénivelé d'environ 500 m et parvenir au sommet (864 m) sont largement récompensés par la vue époustouflante sur les montagnes frontalières. Arrivé au sommet couvert de blocs de granit, le randonneur peut effectivement admirer de tous côtés la région environnante. Durant la période estivale, le sentier pédestre fait 12 km. Pour les moins aguerris, le sommet est également accessible en automobile, à partir de Saint-Herménégilde. Durant la période de chasse, ces sentiers sont fermés. Enfin, ils réclament de respecter certaines règles : les animaux doivent être tenus en laisse et les feux sont interdits.

▶ Page 293 : Randonnée en raquettes sur le mont Hereford.

Généralement couverte d'un épais manteau de neige en hiver, la montagne de Sutton invite à la découverte. Aux 50 km de sentiers du Parc d'environnement naturel de Sutton (PENS) s'ajoute le réseau de la station *Au Diable Vert,* perchée à 300 m d'altitude. Sur 200 acres du côté sud de la montagne, cette station propose plusieurs boucles de randonnée en raquettes. Ces pistes mènent à des chutes de glace, à des ruisseaux à demi gelés qu'enjambent de petits ponts de bois, à des caps rocheux et à une large vue sur la vallée de la rivière Missisquoi.

Le ski alpin

Un climat ni trop doux ni trop rigoureux durant la saison froide ; des pistes enneigées, dont 80 % peuvent l'être artificiellement ; des remontées mécaniques à la fine pointe de la technologie… les Cantons-de-l'Est sont aussi une excellente destination pour faire du ski ou de la planche à neige. Qu'ils soient débutants ou experts, les adeptes de ces sports de glisse n'ont que l'embarras du choix devant les six stations des Cantons : Ski Mont-Shefford, Centre récréotouristique Montjoye, Mont-Orford, Ski Owl's Head, Ski Bromont et Mont-Sutton.

▶ Sutton entre les branches.

▲ **Au pied des pentes du mont Orford, le *Slalom Pub* offre la plus grande terrasse ensoleillée de la région.**

Depuis 1960, la station *Mont-Sutton* développe un concept maintenant réputé dans tout l'est de l'Amérique du Nord : le ski et le surf en sous-bois. Environ 40 % de son domaine skiable est dessiné à travers la forêt. Sise dans un décor enchanteur, elle est mondialement connue pour ses pistes enchevêtrées et toujours changeantes ; chaque descente offre un choix de parcours quasi illimité. Son sommet, à une altitude de 968 m, jouit d'un enneigement extraordinaire, et l'orientation nord des pistes assure des conditions de ski idéales. Grâce à ses 53 pistes et sous-bois de toutes catégories, à ses 9 remontées mécaniques et à ses 4 chalets en montagne, la station Mont-Sutton est devenue l'une des stations de sports d'hiver parmi les plus populaires au Québec.

L'imposante montagne qui illumine le ciel du canton de Brome les soirs d'hiver constitue le plus grand domaine skiable éclairé en Amérique du Nord. La station *Ski Bromont* offre plus de 72 pistes de tous niveaux le jour et plus de 46 pistes pour le ski de soirée. Dotée de sept remontées mécaniques et étendue sur sept versants – dont le Versant du lac, d'où l'on a une vue fantastique sur le lac Brome –, cette station plaît autant aux amateurs de ski alpin qu'à ceux de planche à neige. Grâce à un système d'enneigement mécanique sophistiqué, elle ne craint pas les caprices de Dame Nature. De plus, une équipe d'entretien arpente la montagne matin, midi et soir afin que les pistes soient parfaitement damées. Au cours de l'hiver, Ski Bromont organise pour les skieurs 10 Nuits blanches et des soirées *Ski Dating*.

Présentant le plus haut dénivelé des Cantons-de-l'Est (540 m), le mont *Owl's Head* s'élève majestueusement sur les rives du lac Memphrémagog. En retrait des grands axes routiers, la station de ski constitue un secret bien gardé par les skieurs québécois. Ses 44 pistes desservies par 8 télésièges, 4 quadruples et 4 doubles, lui permettent d'offrir une expérience de ski unique. Au printemps, elle s'avère une station très recherchée par les mordus du ski, pour qui la dernière descente de la saison est toujours mémorable.

Comprenant trois impressionnants massifs développés sur 4 versants et offrant 56 pistes panoramiques ou en sous-bois, la station *Mont-Orford* est un véritable paradis pour les skieurs et les planchistes de tous les niveaux. Elle est dotée de sept remontées, dont une gondole hyper-rapide, ainsi que de parcs à neige aménagés pour les sauts. Grâce à l'enneigement artificiel, on peut y skier dès le mois de novembre. Et l'entretien quotidien des pistes assure d'excellentes conditions de glisse en tout temps.

▼ Le cerf-volant à traction, une activité douce pour l'environnement qui gagne en popularité.

Le ski tracté

Dans les Cantons-de-l'Est, celles et ceux qui rêvent de s'envoler dans les airs skis aux pieds pourront s'initier au cerf-volant de puissance (ou à traction). En effet, les conditions éoliennes sur les grands plans d'eau de la région sont particulièrement propices à ce sport. Économique, écologique et grisant, le cerf-volant de puissance est enseigné à l'*École Mouvents* de Sainte-Catherine-de-Hatley. Il ne requiert qu'un vent à 10 km/h et peut être pratiqué en toute saison: l'été, on utilise une planche de surf adaptée, et l'hiver, une planche à neige ou des skis.

▼ Le dressage illustre à merveille les aptitudes physiques du cavalier et de son cheval.

L'équitation

Les résidents des Cantons-de-l'Est ont une véritable vénération pour ce magnifique animal qu'est le cheval. Environ 200 km de sentiers équestres permettent aux cavaliers-randonneurs de découvrir la région d'une façon agréable et originale. D'ailleurs, on rencontre fréquemment des cavaliers et leur monture au cours de randonnées champêtres, ou encore des calèches sur les routes de terre battue de l'arrière-pays. Plusieurs centres équestres organisent des promenades à cheval, en traîneau ou en calèche.

Non loin de North Hatley, le *Centre de randonnées Jacques Robidas* offre des randonnées pour tous les goûts: à cheval, en voiture attelée ou en traîneau. Ce centre possède des chevaux dressés pour que les cavaliers se sentent en sécurité sur leur monture et éprouvent le plaisir de réellement la conduire.

▼ Le *Centre de randonnées Jacques Robidas* propose de magnifiques balades à cheval, en traîneau ou en voiture attelée.

On peut également admirer les prouesses des cavaliers et de leurs montures lors des concours hippiques de toute nature qui se déroulent dans la région. Les compétitions équestres figurent parmi les rares compétitions sportives où femmes et hommes se mesurent à égalité. Chaque année, le décor enchanteur de Bromont est le théâtre de concours internationaux qui rallient les intrépides de quatre disciplines: le concours complet, le saut d'obstacles, le dressage et l'attelage. Entouré de montagnes verdoyantes, le Parc équestre olympique de Bromont permet à tous les spectateurs de bien voir les exploits des chevaux et des cavaliers. Il fut choisi comme site officiel pour les compétitions équestres des Jeux olympiques de 1976 et a toujours conservé sa vocation de centre équestre. Bromont est fière de son champion, Mario Deslauriers, qui détient un record mondial depuis 1984: cette année-là, il devint le plus jeune cavalier de l'histoire à avoir remporté une finale de Coupe du Monde, et ce, avec le plus jeune

▲ Les épreuves de saut d'obstacles de l'International Bromont représentent tout un défi pour les montures et les cavaliers. Installés à flanc de montagne, les spectateurs profitent pleinement de la compétition.

cheval ayant concouru durant la compétition. Le Concours complet se révèle une démonstration hors pair de l'union harmonieuse des cavaliers et de leurs montures. Inspirés de l'entraînement des régiments de cavalerie et de divers tests d'aptitude, le dressage, le cross-country et le saut d'obstacles peuvent se comparer à un triathlon réservé aux cavaliers. L'International Bromont est, quant à lui, uniquement axé sur le saut d'obstacles.

Le golf

Les Cantons-de-l'Est regorgent de terrains de golf, dont certains sont réputés pour les panoramas qu'ils offrent. À Stanstead, village voisin du Vermont, le *Club de golf Dufferin Heights* est considéré comme l'un des plus beaux des Cantons-de-l'Est. Situé en altitude, ce terrain de golf est particulièrement recherché par les photographes, notamment son 10e trou, d'où l'on a une vue spectaculaire jusqu'aux monts Owl's Head et Bear Mountain. Le chalet du club étant haut perché, sa terrasse permet d'admirer le majestueux lac Massawippi et ses alentours.

Au cœur d'un superbe boisé entouré de montagnes, le *Club de golf Cowansville* est enchanteur. Cette oasis de verdure située à seulement 45 minutes de Montréal est empreinte de calme et de sérénité. Réalisé en 1964, d'après les plans du célèbre architecte Howard Watson, le parcours a aujourd'hui atteint sa pleine maturité. Il est considéré par les adeptes sérieux comme l'un des meilleurs au Québec.

▶ Le Golf des lacs à Bromont offre un décor enchanteur.

▲ **Club de golf de Owl's Head.**

Avec ses tertres de départ, ses allées et ses verts en agrostide (*bent grass*), ses fosses de sable de silice blanche judicieusement réparties et ses obstacles d'eau sur six allées, le terrain de *golf d'Owl's Head* permet aux amateurs de golf de vivre une expérience inoubliable. Comme tous les parcours dessinés par l'architecte de renommée internationale Graham Cooke, celui-ci offre de beaux défis à relever. La vue sur les montagnes appalachiennes est à couper le souffle! L'ambiance campagnarde du chalet, doté d'un grand foyer et de belles boiseries, est propice à la détente.

Le *Royal Bromont,* un club de golf haut de gamme, fut admirablement conçu en 1992 par le réputé Graham Cooke. Cet architecte a su tirer profit de l'environnement exceptionnel de la région de Bromont pour réaliser un parcours pittoresque. De surcroît, ce parcours offre actuellement les meilleures conditions de jeu au Québec grâce à l'agrostide qui recouvre les verts, les allées et les départs. Le Royal Bromont, qui fut l'hôte de l'Omnium PGA canadien de 1994, fait partie des plus prestigieux clubs de golf du Canada.

▲ La tour Memphré, sur la plage de Magog, comporte une série de panneaux d'interprétation qui soulignent les différents points d'intérêt géographique ou historique de la région.

Les activités nautiques

Les lacs Memphrémagog, Massawippi et Mégantic sont les plus vastes plans d'eau des Cantons. Depuis des décennies, ce sont les lacs préférés des plaisanciers. À preuve, les nombreux bateaux qui naviguent sur leurs eaux : bateaux de pêche, voiliers, bateaux à moteur, canots, planches à voile et kayaks. Sans oublier les bateaux de croisière, également présents sur le lac Aylmer, grâce auxquels les touristes peuvent découvrir certains endroits de la région sous un angle différent.

Depuis 1979, la *Traversée internationale du Lac Memphrémagog* (TILM) attire chaque année les meilleurs nageurs et nageuses longue distance du monde, ainsi que des milliers de visiteurs. Ce grand marathon international figure comme un événement majeur dans le cadre des activités de la célèbre et prestigieuse Fédération internationale de natation (FINA). Et il donne lieu à de joyeuses festivités à Magog, au parc de la Pointe-Merry : spectacles musicaux, soirées dansantes, feux d'artifice et activités pour les enfants.

▼ Le lac des Nations à Sherbrooke.

Des excursions en kayak au clair de lune

L'été, des excursions en kayak sont organisées les soirs de pleine lune, où l'ambiance devient magique. Ces balades suivent le parcours sinueux de la rivière Missisquoi entre les villages de Highwater et Glen Sutton, une descente paisible de 15 km (environ 4 heures) dans une magnifique vallée champêtre encadrée par les montagnes du nord du Vermont et le massif des monts Sutton.

La mise à l'eau des kayaks s'effectue peu avant le coucher du soleil. On peut ainsi observer la tombée de la nuit, au moment où la lune orangée s'élève au-dessus des montagnes. Petit à petit, la rivière s'obscurcit. Ses eaux tranquilles sont de temps à autre troublées par de petits rapides qui se franchissent aisément. Des loutres poursuivent leurs joutes aquatiques, et des castors apparaissent furtivement dans un méandre de la rivière. Sur les berges se dressent les silhouettes inquiétantes de splendides arbres matures : des chênes, des érables et des saules. Le terme abénaquis *missisquoi* prend ici toute sa signification, « multitude d'oiseaux aquatiques » ; on aperçoit en effet des hérons bleus au regard intimidé, des nichées de canards qui déambulent discrètement et des bécasseaux vagabondant sur le rivage.

▲ Pénétrez les mystères de la nuit en vous laissant bercer par la rivière Missisquoi.

Ces excursions, organisées par la station de montagne Au Diable Vert, nous rappellent d'ailleurs que les Abénaquis empruntaient autrefois la rivière Missisquoi pour rejoindre leurs terres ancestrales en Nouvelle-Angleterre. Cette rivière leur permettait de se rendre de la vallée du Saint-Laurent au lac Champlain, via la rivière Saint-François et le lac Memphrémagog.

▼ La Traversée internationale du lac Memphrémagog.

▲ L'ivresse des grands espaces.

La motoneige

La région des Cantons-de-l'Est n'est pas seulement le berceau de la motoneige, elle en est aussi le paradis, puisqu'elle est très bien pourvue pour pratiquer ce sport, l'un des plus spectaculaires au Québec. Elle doit cette double notoriété à l'inventeur de la motoneige, Joseph-Armand Bombardier. Un circuit de 750 km est d'ailleurs dédié à cet homme à la fois génial et visionnaire. De plusieurs pays du monde, des touristes viennent dans les Cantons pour y connaître l'ivresse que procurent les grands espaces blancs. Le relief des Appalaches, tantôt légèrement vallonné, tantôt accidenté, est sillonné de sentiers parmi les mieux adaptés à la motoneige. Le réseau, qui compte 2 000 km de pistes, s'étire de la Montérégie à la Beauce en longeant la frontière américaine et forme une véritable autoroute des neiges.

Le *Grand Prix Ski-Doo de Valcourt* est sans conteste LE rendez-vous annuel des mordus de la motoneige, dans la ville natale de Joseph-Armand Bombardier, considérée comme la capitale mondiale de la motoneige. Chaque année, Valcourt se consacre à l'organisation de cet événement, qui se déroule au mois de février. Le Grand Prix Ski-Doo regroupe diverses compétitions, durant lesquelles s'affrontent les meilleurs pilotes de motoneige au monde. C'est aussi une grande fête où l'on peut participer à de nombreuses activités et assister à de spectaculaires courses de moto sur glace.

▲ Le Grand Prix Ski-Doo de Valcourt.

◀ Le *Manoir d'Orsennens,* à Lac-Mégantic, est une auberge qui offre des forfaits intéressants aux motoneigistes. Il est accessible par le réseau provincial de sentiers et dispose d'un parc de stationnement pour les motoneiges.

▲ Photos ci-dessus : La randonnée aérienne s'adresse aux amateurs de sensations fortes.

La randonnée à la cime des arbres

Importée d'Europe, la randonnée aérienne est de plus en plus populaire au Québec. Se pratiquant en forêt, elle consiste à se déplacer d'arbre en arbre à l'aide de diverses installations et accessoires : des ponts de singe, des poutres, des passerelles, des échelles, des balançoires, des filets, des lianes, des cordes et, bien sûr, les fameuses tyroliennes. Une tyrolienne est un long câble tendu entre deux arbres, sur lequel on se laisse glisser, attaché à un harnais relié à un dispositif à roulettes.

Les parcours étant de difficulté variable, les amateurs peuvent se promener d'un arbre à l'autre quel que soit leur niveau d'habileté. Ils se déplacent en toute sécurité grâce à un équipement d'escalade (baudrier, longes, mousquetons, poulie) et à une ligne de vie (câble d'acier recouvert d'une gaine rouge) qui leur permet de s'assurer (s'attacher) tout au long de la balade.

Dans les Cantons-de-l'Est, deux parcs aménagés pour la randonnée aérienne ont déjà vu le jour : *Arbre Aventure,* à Eastman, et *D'Arbre en Arbre,* à Sutton. L'un et l'autre offrent tout l'équipement voulu pour découvrir cette activité à la fois sportive et ludique. Une immersion dans la nature, avec adrénaline et plaisir garantis !

▼ *La tyrolienne.*

L'aventure douce

Les cours d'eau et les immenses forêts des Cantons-de-l'Est se prêtent merveilleusement bien à diverses activités d'exploration. Parmi celles-ci, les excursions en traîneau à chiens ne laissent personne indifférent. L'arrivée au chenil est habituellement soulignée bruyamment par les aboiements des chiens, impatients de partir en balade. Mais par la suite, l'ambiance est tout autre. Une fois les rudiments de la conduite enseignés, le départ est donné, et les chiens se lancent en silence à l'attaque des grands espaces blancs. Seuls les cris du conducteur, ou « marcheur » (terme dont la déformation anglaise a donné *musher*), brisent le calme de la forêt, tandis que le traîneau glisse sur la neige. De purs moments de bonheur !

▲ Le chien de traîneau, un animal attachant.

À Orford, chez *Adrénaline Aventure,* les randonnées se déroulent dans un cadre enchanteur, offrant une superbe vue panoramique. Chez *Massawippi Aventures,* la promenade en traîneau va bien au-delà de la simple balade. Les intéressés apprennent à soigner des huskies sibériens, à les atteler au traîneau, puis à les conduire eux-mêmes à travers les paysages époustouflants de la région d'East Hereford. Il est

▼ Randonnée en traîneau à chiens dans la région d'East Hereford.

▶ Le kayak permet de découvrir la *réserve naturelle Quilliams* près du lac Brome.

aussi possible de passer une nuit en forêt en la compagnie des chiens. Après la journée de randonnée, une confortable tente de prospecteur chauffée accueille les amateurs pour un repos bien mérité, ainsi que le souper et le déjeuner. Ils peuvent même profiter des bienfaits du sauna autochtone ou se rafraîchir les idées dans un bain de neige. Massawippi Aventures propose également une initiation au *dog trekking,* activité où le randonneur est relié à son chien par un harnais et un câble élastique afin de faciliter son ascension dans les airs.

Chez *Station O'Kataventures,* à Eastman, les balades sur l'eau sont à l'honneur : descentes en kayak et promenades en canot sur la rivière Missisquoi, et croisières en ponton sur le lac d'Argent. Certaines excursions ont lieu au clair de lune. Ce pourvoyeur encadre aussi des randonnées à vélo. Sur le site, il est possible de manger sur l'une des aires de pique-nique aménagées et de camper.

Dans la région de Waterloo, *Safari Aventure Loowak* propose toute l'année une aventure en plein air très originale. Munis d'émetteurs-récepteurs portatifs, de boussoles et de jumelles, les participants forment des équipes pour retrouver des carcasses d'avions ou autres trésors dissimulés dans une forêt de 500 acres. Cette sorte de rallye permet de se mettre dans la peau des explorateurs et donne le sentiment de participer à des missions de sauvetage sur la piste d'avions disparus.

▼ Page 307 : Kayak au lac d'Argent à Eastman.

Les centres d'interprétation de la nature

Ces points d'intérêt sont tous facilement accessibles par les voies routières ou à pied.

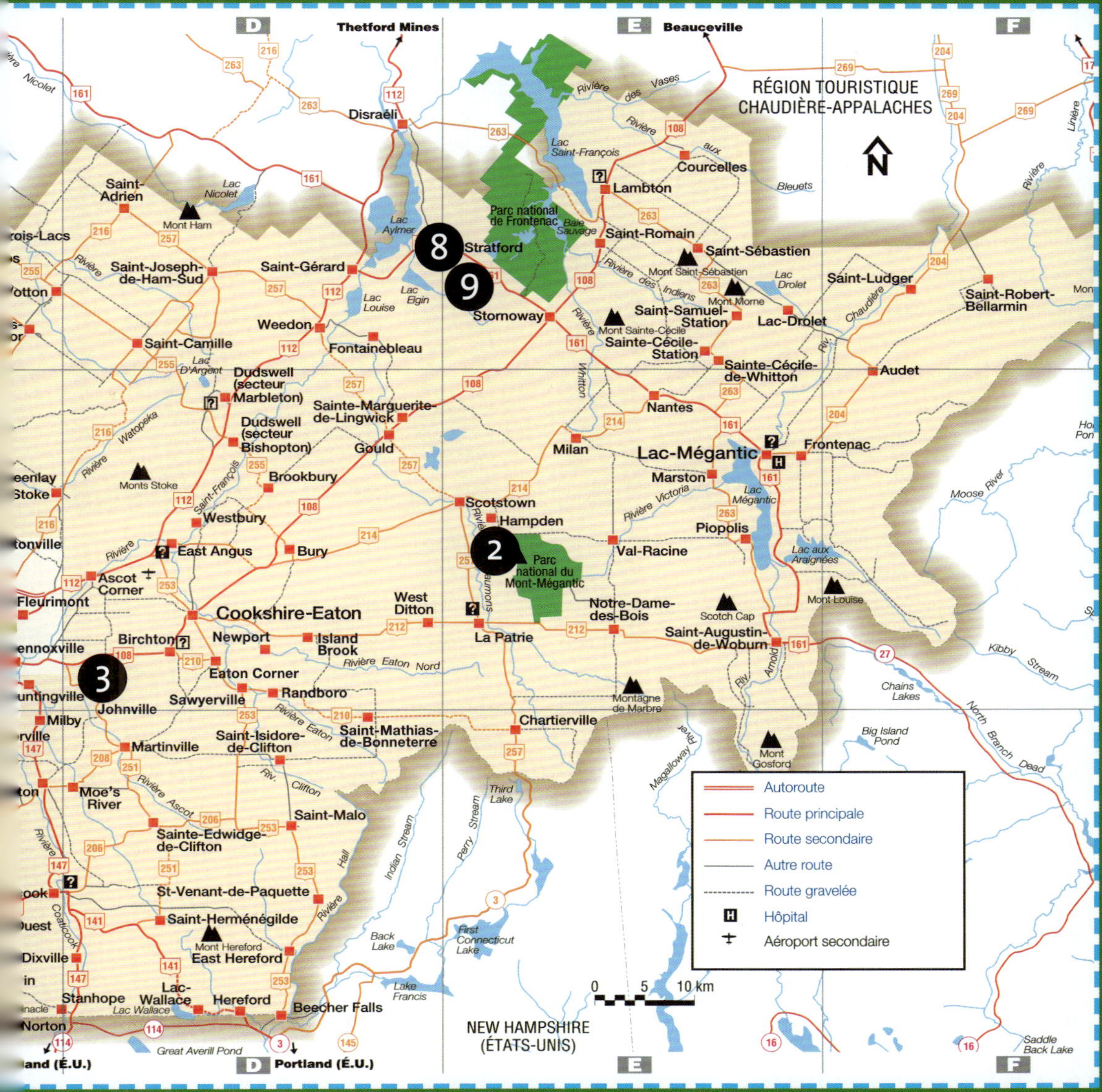

1. Le Musée de la nature et des sciences à Sherbrooke
2. L'ASTROLab du mont Mégantic
3. Le Parc écoforestier de Johnville
4. Le Centre d'interprétation de la nature du lac Boivin
5. L'île du Marais à Sainte-Catherine-de-Hatley (Katevale)
6. Le marais de la rivière aux Cerises
7. Le Centre de la nature de l'étang Burbank
8. Le marais Maskinongé
9. Le Pavillon de la faune à Stratford
10. Le Jardin zoologique de Granby

1 Des merveilles naturelles au Musée de la nature et des sciences à Sherbrooke

▲ Le Musée de la nature et des sciences.

Le Musée de la nature et des sciences permet d'apprendre mille choses, de s'en émerveiller, et d'intégrer ces connaissances dans la vie de tous les jours. Chef de file en vulgarisation scientifique, ce musée vise à susciter l'intérêt pour les sciences et les technologies et à motiver les jeunes à faire carrière dans ces domaines.

La salle d'exposition permanente *Au fil des saisons* propose un parcours original à travers les quatre saisons. On y trouve aussi des espaces réservés aux expositions thématiques temporaires en rapport avec les sciences naturelles, par exemple sur le climat et le réchauffement de la planète. Autre attraction du musée : un théâtre scientifique interactif, qui transporte les spectateurs à l'intérieur du cerveau d'un adolescent de 13 ans, une aventure intitulée *Votre incroyable cerveau*.

Le musée comporte également des collections centenaires en sciences naturelles et en archéologie, ainsi que des instruments scientifiques. Ses collections comptent près de 65 000 spécimens de mammifères, d'oiseaux, d'amphibiens, de reptiles, d'insectes et de plantes du Québec et du Canada, ainsi que certains spécimens provenant d'autres continents.

2 À la découverte de l'univers à L'ASTROLab du mont Mégantic

Situé au pied du mont Mégantic, l'ASTROLab propose un fascinant voyage dans le cosmos, avec ses salles d'interprétation, son spectacle multimédia et ses merveilleuses soirées d'observation du firmament.

La visite de jour a pour but d'élucider la plus grande question de tous les temps : qu'est-ce que l'univers ? Elle comprend trois parties : d'abord, le spectacle *De l'œil nu au spectre invisible*, présenté dans la salle d'interprétation de l'histoire de l'astronomie et de l'évolution des techniques d'observation ; puis, au CosmoLab-Velan, la visite de l'exposition *Histoire et naissance du Cosmos*, qui explore les mystères de la cosmologie et dévoile les secrets du big-bang ; enfin, à la salle multimédia, le film haute définition *Rythmes cosmiques*, qui propose un voyage aux confins de l'univers, en partant du mont Mégantic pour remonter jusqu'au big-bang.

Que le ciel soit couvert ou non, la route des étoiles est toute tracée par des guides passionnés… et passionnants. La soirée d'astronomie à l'ASTROLab débute dans la salle multimédia

▲ **Sébastien Giguère animant une soirée d'astronomie qui débute par la présentation du film *Rythmes cosmiques*.**

par des présentations spéciales: *L'ascenseur spatial, Odyssée vers Saturne, Introduction au cherche-étoiles* et *Le ciel ce soir.* Elle se poursuit avec l'observation des étoiles au télescope, à l'extérieur ainsi qu'à partir de l'Observatoire Velan. Il est indispensable d'apporter des vêtements chauds. Par temps couvert, cette activité est remplacée par les présentations suivantes: *Actualités astronomiques* (les dernières nouvelles concernant les étoiles), *Tempête d'étoiles* (une bonne occasion de poser toutes vos questions sur l'univers) et *L'univers en 3D.*

La salle *Pluton sur Terre,* située dans le pavillon d'accueil du parc, présente les multiples richesses naturelles de ce lieu et explique sa formation géologique particulière. On y découvre l'origine du massif du mont Mégantic, grâce à une exposition interactive.

3 Un monde à part dans le Parc écoforestier de Johnville

À seulement 15 km du centre-ville de Sherbrooke, le Parc écoforestier de Johnville, qui protège le patrimoine écologique et culturel d'un territoire de 180 ha appartenant à la ville de Sherbrooke, est des plus dépaysants. Éléments rares dans les Cantons-de-l'Est, la tourbière et les étangs du parc recèlent une multitude d'habitats, d'animaux et de plantes que l'on peut observer à partir des sentiers sillonnant le parc. Qu'ils veuillent enrichir leurs connaissances sur l'écologie des tourbières et sur la dernière période glaciaire ou faire tout simplement une belle balade, les visiteurs disposent d'un circuit de trois sentiers pédestres totalisant 4,1 km, ainsi que de deux sentiers de ski et de raquette. Grâce à de nombreux panneaux d'interprétation, ils peuvent partir seuls à la découverte du parc. Durant la saison estivale, ils peuvent, s'ils le désirent, participer à une visite guidée.

▲ **La tourbière du Parc écoforestier de Johnville, un milieu de vie à découvrir.**

4 Le Centre d'interprétation de la nature du lac Boivin

Le marais du lac Boivin, à Granby, est connu pour la diversité de sa faune. Offrant aussi bien une halte migratoire à plus de 25 espèces de canards et d'oies qu'un habitat à des mammifères comme le rat musqué, le vison d'Amérique et même le cerf de Virginie, il constitue un endroit idéal pour s'adonner à l'observation de la nature, ou simplement à la randonnée pédestre. Les jours de pluie, les grenouilles, les rainettes et les ouaouarons y font entendre leurs chœurs assourdissants. Au cours d'une visite libre ou guidée, bien au sec sur les 13 km de sentiers aménagés, les visiteurs pénètrent au sein de ce marais d'eau douce, où vivent en harmonie quenouilles, pontédéries et lenticules.

▲ **Le marais du lac Boivin, un lieu privilégié pour la détente et la contemplation de la nature.**

5 L'île du Marais à Sainte-Catherine-de-Hatley (Katevale)

Né à la suite de la construction du barrage du lac Magog, le marais de Katevale est un lieu de prédilection pour les quenouilles et est traversé par un chenal d'eau libre bordé d'herbiers de potamots et de nénuphars. La diversité de ses habitats lui confère une grande valeur écologique. On y trouve en effet le marécage, la forêt, les champs et le milieu aquatique. Plus de 250 essences d'arbres, d'arbustes et de plantes herbacées peuplent ces divers milieux, dans lesquels une faune très riche se reproduit ou cherche abri et nourriture.

▲ **Le marais de Katevale, un habitat de prédilection pour la grenouille.**

Chaque année, on peut observer 186 espèces d'oiseaux dans le marais de Katevale. Certains oiseaux, comme les bernaches du Canada, s'y reposent au cours de leur long périple vers le Grand Nord. D'autres y séjournent durant la saison estivale, le temps de s'accoupler, de couver leurs œufs et d'élever leurs canetons ; c'est notamment le cas des canards colverts, qui se parent de couleurs spectaculaires au printemps afin d'attirer les femelles. De nombreux oiseaux chanteurs, comme les carouges à épaulette, viennent aussi s'y établir. Les insectes terrestres et aquatiques foisonnent dans ce marais, qui sert aussi de « pouponnière » à la chélydre serpentine, à la tortue peinte, à différents types de grenouilles et à plusieurs espèces de poissons. Le castor y trouve également les conditions favorables à son développement. Bref, le marais de Katevale est un milieu de vie très diversifié!

▲ La bernache s'établit dans le marais de Katevale pour nicher.

Bains de soleil

Parmi les neuf espèces de tortues du Québec, la tortue peinte et la chélydre serpentine sont les deux espèces les plus observées et les plus largement répandues. Tout comme les crocodiles, les alligators, les lézards et les couleuvres, ce sont des reptiles qui vivent dans des plans d'eau permanents, comme les lacs, les rivières, les étangs et les marais, là où pousse la végétation aquatique. Les tortues de ces deux espèces prennent des bains de soleil après s'être nourries, pour faire augmenter leur température corporelle et activer ainsi leur système digestif. De plus, des études tendent à démontrer que les rayons UVA et UVB joueraient un rôle important dans l'activation de leur flore intestinale. Lorsque l'espace est restreint, il n'est pas rare de voir des tortues peintes empilées les unes sur les autres pour profiter des rayons du soleil. Les chélydres serpentines prennent elles aussi des bains de soleil, mais on les aperçoit rarement hors de l'eau. Elles se déplacent en eau peu profonde, et seuls leur dossière (carapace) et le bout de leur museau émergent. De surcroît, la couleur foncée de leur dossière les rend difficiles à repérer.

Lors des journées ensoleillées des mois de mai à octobre, les tortues peintes prennent des bains de soleil soit sur des troncs d'arbres flottant sur l'eau, soit sur les berges d'un plan d'eau.

Des œufs qui ont la vie dure!

Bien que les tortues peintes et les chélydres serpentines soient des tortues aquatiques, elles pondent leurs œufs hors de l'eau. En mai et en juin, les femelles creusent un trou dans le gravier ou dans la terre, là où la végétation est peu abondante, pour y déposer leurs œufs. Une fois la ponte terminée, elles remblaient leur nid et urinent dessus afin d'éviter que d'autres femelles viennent creuser le leur au même endroit. Les œufs s'incubent tout seuls dans un nid de ce type, qui leur permet de recevoir assez d'humidité pendant le processus. C'est de la température ambiante que dépendra le nombre de mâles et de femelles qui sortiront finalement du nid. Au moment de la ponte, il n'est pas rare de voir une tortue peinte et une chélydre serpentine à proximité l'une de l'autre, puisque la saison de la ponte et les conditions nécessaires sont sensiblement les mêmes. Dans les deux cas, de 90 à 94 % des nids sont détruits par les prédateurs, principalement le raton laveur, la mouffette, le vison et le renard.

▲ Tortues peintes profitant des chauds rayons du soleil.

6 Le marais de la rivière aux Cerises

En plein cœur de la ville de Magog, à l'extrémité du lac Memphrémagog, le marais de la rivière aux Cerises offre près de 6 km de sentiers qui traversent différents écosystèmes : marais, marécage, tourbière et boisé, qui favorisent la diversité des espèces animales et végétales. On y a dénombré plus de 110 espèces d'oiseaux, dont le butor d'Amérique, le grand héron, le canard noir, le colvert et le canard branchu, 190 espèces d'arbres, d'arbustes et de plantes, et 13 espèces d'amphibiens et de reptiles. Il abrite également quelques espèces de mammifères et de poissons. Au printemps, il sert de zone de frai au brochet maillé et à la perchaude. Par les chaudes journées ensoleillées, on peut voir poindre ici ou là la carapace lisse et aplatie d'une tortue peinte.

Une tour d'observation, une terrasse couverte et des passerelles sur pilotis invitent les marcheurs à de belles découvertes. Le marais de la rivière aux Cerises est accessible toute l'année. On peut le visiter à son gré ou profiter d'une visite guidée.

▲ **Une visite du marais de la rivière aux Cerises en kayak constitue une expérience sonore et visuelle des plus intéressantes.**

7 Le Centre de la nature de l'étang Burbank

▲ **L'étang Burbank, un foisonnement de plantes aquatiques.**

À Danville, l'étang Burbank est un territoire où les plantes aquatiques sont si abondantes qu'elles créent un herbier aquatique abritant une faune nombreuse et très variée. De plus, ce marais à bracénies de Schreber est d'une envergure unique dans la région ; à la fin de l'été, il est presque entièrement couvert par ces plantes. Les scirpes, la pontédérie et les nénuphars égaient son tapis végétal. Et l'étang grouille de vie : il regroupe plus de 100 espèces d'oiseaux et plus de 19 espèces de mammifères, amphibiens et reptiles. Au printemps, 16 espèces de canards y prennent la vedette et en été, hirondelles, moucherolles et autres parulines et passereaux effectuent, le soir venu, de spectaculaires voltiges pour trouver des insectes. Le grèbe à bec bigarré, le butor d'Amérique et le grand héron animent les lieux de leurs puissants cris. À l'automne, le site est idéal pour observer des oies blanches et des bernaches.

À partir du centre d'interprétation, trois kilomètres de sentiers de randonnée et plusieurs aménagements écologiques permettent de découvrir cet univers mystérieux et d'y effectuer des visites guidées. La salle d'exposition présente une collection de spécimens animaux et végétaux.

8 Le marais Maskinongé

À Stratford, à proximité du lac Aylmer, le site du marais Maskinongé est une invitation à explorer différents milieux aquatiques en suivant un sentier de 1,6 km doté de belvédères, de trottoirs pontés et d'une tour d'observation. Après avoir traversé un bois, ce sentier nous mène à un marais en bordure de la rivière Maskinongé. Des panneaux d'interprétation nous guident et nous informent sur la géologie du site, sur la flore qu'on y observe et sur la faune qu'il abrite. Canards colverts, canards branchus, rats musqués et grands hérons se croisent dans ce marais bien particulier.

◀ **Le marais Maskinongé.**

9 Le Pavillon de la faune à Stratford

Une visite au Pavillon de la faune, à Stratford, constitue une occasion unique de renouer avec la faune de tous les coins de l'Amérique du Nord. Différents animaux naturalisés sont exposés dans des décors impressionnants, qui représentent à merveille leur habitat. Au cours de la visite, le guide-animateur donne une foule d'informations sur tous ces animaux.

Les visiteurs peuvent également se promener à l'extérieur, sur des sentiers jalonnés de panneaux explicatifs. Ils peuvent ainsi observer de près plus de 15 espèces d'animaux sauvages vivant dans des enclos. Et si cela les tente, ils peuvent s'offrir une croisière commentée sur le lac Aylmer, à bord du bateau-mouche *L'Odyssée*. Enfin, ils peuvent faire des emplettes dans la boutique de souvenirs, manger dans l'aire de pique-nique ou prendre un rafraîchissement au café-terrasse.

▶ **Le Pavillon de la faune.**

10 Le Jardin zoologique de Granby

Le Zoo de Granby fut fondé par M. Pierre-Horace Boivin, maire de la ville de Granby de 1939 à 1964, qui marqua profondément l'histoire de la région. En 1953, le zoo fut confié officiellement à la Société zoologique de Granby ; les constructions importantes s'y multiplièrent, la collection se diversifia et les visiteurs affluèrent. Le Jardin zoologique de Granby gagna ses lettres de noblesse et devint une attraction touristique d'envergure au Québec. Depuis 1999, il accueille en moyenne 516 000 visiteurs par an. Sa collection animale compte plus de 1 000 animaux répartis en quelque 200 espèces. Il nous offre de vivre une expérience instructive et divertissante unique, au contact d'animaux exotiques ou au statut précaire, pour la plupart, et dans des installations récréotouristiques de qualité.

Récipiendaire de nombreuses distinctions, le *Zoo de Granby* fait partie du groupe composé de plus de 200 zoos et aquariums nord-américains accrédités qui collaborent à des programmes de reproduction d'espèces animales en captivité et à des activités de conservation et de recherche, ainsi que d'éducation du public. Mais au Zoo de Granby, l'éducation prend des airs de vacances. Les visiteurs peuvent tester leurs connaissances auprès des éducateurs, qui les invitent à toucher des crânes, différentes fourrures et même des animaux vivants. Ils peuvent aussi rencontrer les gardiens du zoo, qui entraînent des éléphants, donnent le biberon aux ours orphelins et côtoient de près les tigres et les lions. Ces employés passionnés partagent volontiers avec les visiteurs leur amour des animaux.

La *Hutte à découvertes* abrite un univers multimédia tout à fait hors du commun, dans lequel la découverte scientifique se fait au moyen des cinq sens. Dans cette salle de jeu « nature », le mot d'ordre est : « Prière de toucher ». Ce lieu amusant, plein de couleurs, de modules et de

décors variés, est animé par les éducateurs… et par des animaux vivants.

Tout à fait unique, la *Caverne des Débrouillards,* qui reconstitue fidèlement une véritable caverne, renferme une riche collection de stalagmites, stalactites, pisolithes et colonnes, ainsi que d'étranges animaux cavernicoles : poissons sans yeux, chauve-souris, opilions… Une belle occasion de se familiariser en toute sécurité avec le monde souterrain.

Le *Parc aquatique Amazoo Yoplait,* dans un décor inspiré d'un village amazonien, invite les familles à profiter de la plus grande piscine à vagues du Québec, de la *Rivière aventure Cunucunoma* (pour une descente sur chambre à air) et d'un bassin de jeux d'eau. L'eau est maintenue à 26 °C (80 °F) en permanence. Quant au parc d'attraction *À nous la planète !,* il comporte les manèges classiques : autos tamponneuses, grande roue, petit train, etc.

◀▼ Le Jardin zoologique de Granby, une expérience unique au contact d'animaux exotiques.

Vidéo

Les arts, la gastronomie et l'accueil

◀ Le centre du village de Sutton est très animé lors de l'événement Noël à la campagne. Ian Westover propose des promenades en carriole, et bon nombre de boutiques regorgent de produits fins pour les repas des fêtes ou de jolis cadeaux à offrir.

Destination vacances depuis plus de 150 ans, les Cantons-de-l'Est ont acquis une solide réputation de région à la fois très accueillante et très vivante. Culture, arts, spectacles, repas champêtres, fine cuisine régionale et gastronomie du terroir occupent une large place dans le mode de vie des Estriens. Les hôtels, les auberges de campagne et les gîtes du passant ouvrent grand leurs portes pour assurer aux touristes un séjour agréable et palpitant. En toute saison, les Cantons-de-l'Est demeurent une région idéale pour prendre du bon temps.

L'art de vivre dans les Cantons-de-l'Est

▼ Le peintre Michel Des Marais à l'œuvre, dans le village de North Hatley. Ses toiles expriment tout son amour pour le ciel, pour les campagnes du Québec et, surtout, pour les moutons.

Alliant le charme anglo-saxon et la joie de vivre typiquement québécoise, les Cantons-de-l'Est offrent une multitude de plaisirs pour les sens. Vaste, verte, riche en montagnes, en lacs et en rivières, cette région se présente comme une succession de paysages spectaculaires. Mais sa principale richesse, elle la doit à ses résidents. En effet, les francophones et les anglophones qui y cohabitent depuis deux siècles l'ont métamorphosée en un véritable bouillon de culture. Forts d'une longue tradition d'expression artistique et inspirés par la beauté de cette contrée, artistes, artisans, musiciens et écrivains s'y adonnent à leur art avec passion. La multiplicité des lieux de diffusion: centres et galeries d'art, cafés et boutiques, ainsi que la panoplie d'événements culturels reflètent toute la vitalité artistique des Estriens.

Les arts visuels et décoratifs

Captivés par les magnifiques tableaux que forment lacs et montagnes, des peintres canadiens et étrangers ont dès le début du XIXe siècle formé une colonie estivale. De nos jours encore, les artistes des Cantons comblent les visiteurs par l'originalité et la diversité de leurs créations. Qu'ils soient peintres, sculpteurs ou artisans, ils ajoutent une note de fraîcheur à leur séjour.

◀ Le *Magasin général* est la pièce maîtresse de l'œuvre de Louis-Émile Beauregard. Animé d'une vraie passion pour la sculpture, cet artiste nous a légué toute une collection de merveilleuses miniatures.

Les lieux

L'art naïf occupe une place prépondérante dans le paysage culturel des Cantons-de-l'Est. Généralement autodidacte, le peintre naïf se caractérise par un esprit proche de celui d'un enfant, capable d'émerveillement et de spontanéité. On dit de lui qu'il « peint avec les yeux de l'âme ». L'art naïf est simple mais non simpliste, hors du temps, féerique et magique. Résultant d'un point de vue inattendu, insolite, il n'a de limites que la vision et l'audace de l'artiste lui-même. Seul musée canadien consacré à cet art, le *Musée international d'art naïf de Magog* expose en permanence plus de 250 toiles d'une centaine d'artistes représentant 25 pays et 10 techniques différentes, et accueille aussi des expositions temporaires. Il nous fait ainsi découvrir toute la richesse de cet art populaire.

À la *Maison de la culture de Dudswell,* qui abrite un bureau de tourisme et une galerie d'art, les sculptures miniatures de Louis-Émile Beauregard (1922-1989) sont mises en vedette. Aussi étonnantes qu'émouvantes, elles sont finement sculptées dans du pin et comportent des parties mobiles. Elles représentent, jusque dans leurs moindres détails, des éléments de l'environnement dans lequel le sculpteur a passé son enfance. La collection Beauregard comprend 64 miniatures, dont un magasin général avec ses centaines d'articles en vente, une école de rang et un fourgon mortuaire tiré par un cheval.

▼ Personnifiée par Manon Vaillancourt, de la Maison de la culture de Dudswell, Lumina Bélisle transmet l'histoire orale de la colonisation francophone dans les régions de Dudswell et de Wotton.

▲ Bronze de Nicole Taillon à la *Galerie Jeannine Blais* de North Hatley.

Au cœur du charmant village de North Hatley, la *Galerie Jeannine Blais* mérite qu'on s'y arrête pour découvrir les multiples facettes de l'art naïf et primitif. Depuis plus de 20 ans, cette galerie contribue à faire connaître cet art et les artistes qui le cultivent. La propriétaire, Jeannine Blais, qualifie ces artistes de «peintres du bonheur». Elle expose les toiles, très colorées et souvent humoristiques, de peintres provenant de 16 pays. Certains de ces artistes sont célèbres, d'autres moins connus mais extrêmement talentueux. Les tableaux d'Arthur Villeneuve (1910-1990), peintre et barbier, jouxtent ceux de Dragan Mihailovic, Geneviève Jost, Rajka Kupesic et Danièla Zekina. Acryliques, huiles, collages, gravures et estampes sont harmonieusement présentés. Bien connue par les collectionneurs et les amateurs d'art pictural, Jeannine Blais expose également des œuvres artistiques d'une autre forme, telles que les magnifiques sculptures en bronze de Nicole Taillon et d'Hélène Labrie.

Le *Musée des Beaux-Arts de Sherbrooke* vise à faire découvrir, à préserver et à faire évoluer les beaux-arts dans les Cantons-de-l'Est. Situé au cœur du centre-ville dans un magnifique édifice historique, l'ancien siège social de l'Eastern Townships Bank (1876), il compte trois salles d'exposition, l'une consacrée à son importante collection permanente et les deux autres, à des expositions temporaires. Plus de 3000 œuvres réalisées par des artistes installés dans les Cantons-de-l'Est ou inspirés par la beauté de cette région y sont exposées. Une remarquable collection comptant 726 peintures à l'huile, des pastels, des aquarelles ainsi que des dessins au fusain, au graphite ou à l'encre illustre la carrière de l'un des plus grands artistes des Cantons, Frederick Simpson Coburn, né à Melbourne (Richmond) en 1871. Elle comprend les travaux d'étudiant de cette célébrité, des exemples de ses illustrations, les premières œuvres de sa période européenne, des portraits et des nus, ainsi que plusieurs de ses paysages d'hiver canadien parmi les plus renommés.

À la *Galerie des artistes du Canton*, une soixantaine d'artistes et artisans estriens exposent leurs œuvres: des peintures, des sculptures, des dessins, des photographies et des objets artisanaux. Artistes professionnels et en voie de le devenir s'y rencontrent au cours de divers événements : collectifs, Nuit de la créativité, Mariage des lettres, rencontres musicales et expositions. La salle Mobilis présente diverses expositions thématiques en rapport avec les Cantons-de-l'Est, notamment *La Légende de Memphré,* en été. Les lancements de livres et de disques y sont aussi à l'honneur. La salle Jacques-Boisvert, dédiée à ce Magogois qui a ravivé la légende de Memphré, a effectué plus de 7 000 plongées dans le lac Memphrémagog et a découvert des trésors qu'il nous a laissés en héritage, est aussi à la disposition des artistes pour des expositions, des ateliers et des cours. L'extérieur de la galerie est joliment agrémenté de sculptures gigantesques, qui s'intègrent harmonieusement au jardin de vivaces, bordé d'un sentier et d'un bassin.

▲ Représentation de Memphré par l'artiste François Girard. Alliant l'art à l'histoire, l'exposition *La légende de Memphré,* à la *Galerie des artistes du Canton* de Magog, fait revivre la célèbre créature aquatique qui vivrait dans le lac Memphrémagog.

Dans leur désir de créer un lieu de diffusion d'œuvres artistiques et de faire connaître les diverses tendances de l'art contemporain, un groupe de personnes et d'artistes des environs de Sutton ont fondé, en 1980, la galerie *Arts Sutton.* Le programme annuel de cette galerie comprend de sept à dix expositions consacrées à des artistes de la région ou de l'extérieur et une exposition thématique à l'automne.

La collection Bruck-Lee est présentée à la *Maison Bruck,* un fleuron du patrimoine architectural de Cowansville. Réalisée au fil des ans grâce aux dons d'artistes de renom, tels qu'Alexander Young Jackson, du Groupe des sept, Sarah Robertson et William Brymner, elle reflète

◀ Pierre Desjardins, artiste peintre, à la *Galerie Knowlton,* sise au cœur du village de Lac-Brome.

▲ Œuvres et artisanat de la région des Cantons-de-l'Est, à la *Galerie des artistes du Canton*.

▼ Jocelyne Munger devant *Trois moulins de prières* lors de l'exposition *Ombres et lumières*, qui a eu lieu à la galerie *Arts Sutton* en 2005.

les tendances dominantes de l'art canadien au milieu du XIXe siècle. Cette collection permanente de 60 œuvres de qualité muséale comprend des peintures à l'huile, des aquarelles, des pastels, des photographies, des émaux et des sculptures.

Située en bordure du lac Memphrémagog dans le village historique de Georgeville (connu sous le nom de « Copp's Ferry » de 1797 à 1822), la *Galerie d'art Nitsche* vaut vraiment le déplacement ! On y trouve une large gamme d'objets d'art et d'antiquités, incluant des meubles, de l'argenterie, des sculptures de bronze, des pièces de porcelaine et de verre, ainsi qu'une petite collection de bijoux. Mais on y découvre surtout un grand nombre de peintures, allant de toiles du XVIIe siècle à des tableaux modernes. Depuis longtemps réputée en Allemagne pour ses grandes connaissances et son énorme travail dans le domaine de l'art, la famille Nitsche l'est désormais en Amérique du Nord.

À Magog, *Les Trésors de la Grange* est une vraie caverne d'Ali Baba. Achetée en 1999, la grange fut restaurée pour devenir un centre d'art, d'artisanat et d'antiquités. Tout en humant la douce odeur du vieux bois, on peut y admirer différentes créations originales réalisées par des artistes et des artisans de la région : des tableaux, des murales en tissu, des soies décorées de motifs peints à la main, des vitraux, des étoffes tissées de façon artisanale, des articles pour bébé, des accessoires de cuisine, des maisons d'oiseaux décoratives, des émaux sur cuivre, des sculptures de bois, des peintures sur ardoise, etc. On y présente aussi des expositions thématiques et, pour terminer la saison estivale en beauté, les œuvres de jeunes artistes promis à un bel avenir.

▲ Le presbytère de Lambton, qui a été transformé en une galerie d'art.

▲ Françoise T. Lavoie, directrice des *Trésors de la Grange*, a redonné vie à un bâtiment centenaire.

À Weedon, la *Maison Laplante* est un lieu consacré à l'histoire et à la culture régionales. Ce bâtiment patrimonial, dont l'intérieur a été préservé, abrite une galerie d'art, une exposition d'oiseaux naturalisés et une exposition rendant hommage à Doris Lussier. Ce dernier est originaire de Fontainebleau, un village voisin, où il vécut une enfance heureuse dans un environnement physique et humain qui a profondément marqué son âme. L'exposition relate la vie de ce professeur de philosophie, écrivain, artiste et homme politique qui incarna aussi, pendant de nombreuses années, le légendaire Père Gédéon.

▼ Jacques Valiquette et Wolfgang Nitsche de la *Galerie Nitsche*, à Georgeville.

▲ Visite d'antiquaires à Lac-Brome.

▼ La boutique *Emporium* à North Hatley.

Que ce soit pour les férus d'histoire et de culture ou pour les collectionneurs, les objets légués par nos ancêtres ont une valeur inestimable. Dans les Cantons-de-l'Est, ils proviennent souvent des colons américains, britanniques et français qui ont façonné la région. Les magasins d'antiquités regorgent de trésors qui remontent jusqu'au début de la colonisation, en passant par l'ère industrielle et l'époque victorienne. Comptant parmi les meilleurs du Québec, les antiquaires estriens se retrouvent lors des expositions d'Eastman, de Lac-Brome et de North Hatley. À Sherbrooke, Magog et Georgeville, entre autres, ils présentent dans leurs boutiques des perles de l'héritage québécois : divers meubles en pin, dont des commodes, des tables, des bancs et des armoires, ainsi que des objets de collection, comme des porcelaines, des tableaux, des bijoux, des vêtements et des livres rares.

Dans le décor enchanteur de North Hatley, la boutique *Emporium* évoque l'atmosphère d'un ancien magasin général. Là se mêlent antiquités québécoises et victoriennes, belles porcelaines et objets rares. Les becs sucrés y trouveront leur bonheur, au comptoir à bonbons, chocolats et autres petites douceurs.

Le Sentier poétique, à Saint-Venant-de-Paquette

Le Sentier poétique est né d'une idée du chansonnier québécois Richard Séguin, qui voyait s'inscrire «le rayonnement du poème au vent» dans le paysage de Saint-Venant-de-Paquette, où il résidait. Niché dans les collines, non loin de la frontière canado-américaine, ce village surnommé la «Tourterelle de l'Estrie» est assez exceptionnel. Ses habitants aussi. Depuis près de 20 ans, avec peu de moyens et beaucoup de talent, non seulement ils ont sauvé leur église et ses trésors, mais ils ont mis en valeur tout leur patrimoine bâti et naturel pour mieux le faire découvrir aux visiteurs.

Le Sentier poétique, lieu de silence intégré à la nature, nous invite à lire les plus beaux poèmes de la littérature québécoise, écrits par Émile Nelligan, Louise Forestier, Pierre Morency, Félix Leclerc, Gilles Vigneault, Pauline Julien, Blanche Lamontagne, Alfred DesRochers, Anne Hébert, Gaston Miron et bien d'autres. Il nous offre trois kilomètres de sentiers jalonnés de sculptures de pierre, «où les mots des poètes enfin sortis des livres s'accordent à la musique du vent et des oiseaux».

« Je rêve
d'un sentier
J'en parle à
voix basse
Voilà que l'idée fait
le tour du village
Comme l'eau du
ruisseau… »

– Richard Séguin

L'*église de Saint-Venant-de-Paquette* se démarque par son revêtement intérieur entièrement en bois verni, qui a conservé sa beauté d'origine. Tout y est dans le même état qu'il y a plus d'un siècle ! Moulures, murs, voûtes, autel et bancs ont été soigneusement réalisés par des artisans locaux avec sept essences de bois provenant de la région. La lumière naturelle que laissent passer les larges fenêtres néogothiques leur confère une riche teinte dorée. L'église sert aujourd'hui de lieu de culte, de salle de concert et de spectacle, et de musée. La galerie à l'étage, la seule au Québec à faire le tour complet d'une église, présente une exposition permanente sur l'architecture de ce bâtiment historique, sur ses objets religieux anciens et sur l'histoire du village.

À côté de l'église, la *Maison de l'arbre* constitue un excellent point de départ pour la plupart des visites de Saint-Venant-de-Paquette. Ce petit pavillon comporte une terrasse donnant vue sur un étang. En plus d'une exposition permanente sur la forêt, on y offre des services d'accueil, de restauration légère et d'information touristique.

Véritable joyau tout en bois, l'église de Saint-Venant-de-Paquette témoigne du savoir-faire des artisans d'autrefois.

▲ Le peintre Jean Gaudet devant son œuvre *Not in your wildest dream.*

Les artistes

Peintre vraiment figuratif, *Jean Gaudet* devrait être classé dans la catégorie des portraitistes, puisqu'il se rapproche toujours de son sujet et que l'intimité est intrinsèque à sa composition. Célébrant l'anatomie humaine et la nature, il ne s'embarrasse pas d'un propos tourmenté; il compose plutôt un éloge à la lumière et à la beauté, ce qui rend le motif séduisant. Constamment en quête de renouveau, Jean Gaudet travaille par cycles de deux, trois ou quatre ans, au cours desquels il réalise des œuvres inspirées d'un même thème visuel.

▼ Jean Villeneuve dans son atelier, lors de La Tournée des 20.

Couleurs éclatantes et paysages flamboyants surgissent sous le pinceau de l'aquarelliste *Jean Villeneuve.* Séduit par la campagne estrienne, ce Montréalais d'origine s'est établi à Dunham. Il a installé son atelier au milieu des vignobles et des vergers, «justement là où la nature avait déjà peint un de ses plus beaux tableaux champêtres». Dans cet environnement, «mon inspiration puise ses formes et ses couleurs à travers monts et vallées. Ma passion se nourrit des lumières et des odeurs bucoliques, au fil des paysages magnifiquement dessinés», dit-il. Depuis 1995, sa vie artistique est marquée par une succession d'expositions, en solo ou de groupe, et de symposiums, entrecoupée de réalisations monumentales: des décors et des murales pour différentes sociétés et organisations. De surcroît, Jean Villeneuve s'est

▶ **Les sculptures de bronze de Nicole Taillon sont tout élan, tout énergie, elles sont en vie, comme l'atteste le personnage Bienvenue.**

occupé activement de l'exposition de sculptures *Nature et Création,* au vignoble du Domaine des Côtes d'Ardoise, à Dunham. Enfin, il participe régulièrement à La Tournée des 20, qui nous invite chaque année à découvrir des œuvres très variées dans 20 ateliers d'artistes de la région.

Au cœur du village de Frelighsburg, l'atelier d'imprimerie artisanale de *Michel Dupont* est établi dans l'ancien bureau de poste. Voici comment travaille Michel Dupont. Il commence par créer un relief sur une plaque de métal, de bois ou de plexiglas. Puis, il recouvre d'encre cette plaque et la presse finalement sur du papier coton pour en reporter le motif sur ce support. La difficulté de ce travail d'estampe réside dans le très subtil procédé d'impression inversée, qui requiert l'emploi de lignes microscopiques (atomes d'encre) et de couleurs fortes. Grâce à cette technique, Michel Dupont produit des œuvres flamboyantes.

Dotée d'une imagination débordante, *Nicole Taillon* réussit à projeter des formes humaines ou animales dans toutes les dimensions. Pour cette artiste installée dans la région de Magog depuis deux décennies, « la vie est déséquilibre ». Ses sculptures démontrent un extrême souci tant du détail que de la finition et ont une élégance, une grâce, un mouvement qui traduisent toute la beauté de la vie. Nicole Taillon crée ses modèles avec de la glaise – celle-ci étant pour elle une matière d'inspiration – et marie audacieusement le bronze avec d'autres métaux, de la pierre, du quartz ou du verre. Percevant l'invisible et l'essence divine de toute créature, elle laisse l'énergie prendre possession de ses mains. Elle s'est taillé une solide réputation au Canada et sur la scène internationale.

Hélène Brunet a plusieurs cordes à son arc : l'aquarelle, le collage et l'acrylique. Ses œuvres, très recherchées par les collectionneurs, sont empreintes de délicatesse et de douce lumière. De pures merveilles ! Elles résultent d'une approche plutôt impressionniste, mais aussi d'un goût pour l'abstraction, c'est-à-dire la libre effusion dans les formes non figuratives. Établie à la campagne, Hélène Brunet vit maintenant dans un cadre qu'on retrouve dans ses tableaux, qui évoquent des scènes pastorales. Ses paysages de rêve, ses fleurs voluptueuses et ses collages ont fait l'objet de nombreuses expositions. Elle accueille volontiers les visiteurs dans son atelier de Bolton Centre et participe au Tour des Arts et au Circuit des arts.

▼ Les potiers Carole Bouthillette et Mario Tremblay dans leur atelier artisanal à Dudswell.

Les œuvres conjointes de *Francine Paquin* et *Bernard Frenette* rappellent l'art rupestre. Pour ces deux créateurs, les pierres bordant les cours d'eau, les écorces d'arbres et les végétaux sont une source d'inspiration. Compagnons de vie depuis plus de 30 ans, Francine Paquin et Bernard Frenette ont expérimenté ensemble de multiples techniques artistiques. Aujourd'hui, ils gravent sur des plaques d'argile des motifs mi-abstraits, mi-figuratifs et des symboles inspirés de la nature. Ils cuisent ensuite les plaques dans un four spécial, avant de passer à l'étape de la peinture à l'acrylique. Habitant dans la région d'Orford, près du lac des Français, ils ouvrent leur atelier aux intéressés durant le Circuit des arts. En outre, ils organisent fréquemment des vernissages de leurs œuvres les plus récentes.

▼ Combinant la peinture et la gravure, Francine Paquin et Bernard Frenette transforment des feuilles d'argile en de véritables tableaux.

Daniel Haché sculpte le bois à grands coups de scie mécanique. Autodidacte, il doit son inspiration et son style à la richesse de la nature et aux rencontres qu'il fait chaque jour. Pour réaliser ses œuvres totémiques, il se sert de troncs écimés, qu'il trouve notamment dans les alentours de Sutton. L'été, il travaille en plein air et l'hiver, en atelier. Il a remporté un prix lors de plusieurs symposiums de sculpture sur bois de Saint-Jean-Port-Joli. Certaines de ses œuvres sont exposées, entre autres, au Jardin de sculptures du Domaine Howard, à Sherbrooke, et à l'auberge *Au Diable Vert,* à Glen Sutton. Cet artiste éclectique excelle aussi dans l'art du conte et dans la maîtrise du frottoir, un instrument de percussion d'origine cajun.

À la poterie de Dudswell, *Mario Tremblay* et *Carole Bouthillette* fabriquent des objets décoratifs : des pots aux motifs variés ainsi que des pièces de vaisselle aux teintes florales et sylvestres, telles que des assiettes, des tasses, des bols et des plats de service. Toutes leurs pièces sont façonnées à la main sur un tour, ce qui procure à chacune un caractère unique. Les glaçures appliquées sur les céramiques ont été mises au point à l'atelier, dans le but de produire une vaisselle de grès à l'émail bien vitrifié, résistant et facile à entretenir. Le côté utilitaire et fonctionnel des objets n'a donc pas été

négligé au profit de l'esthétique, qui a guidé la recherche des couleurs caractéristiques des objets créés par Mario Tremblay et Carole Bouthillette. De nos jours, l'exercice du métier de potier témoigne d'un attachement au travail fait à la main.

▲ Photo de gauche : Guylaine Benoît, lors de l'événement Canard en fête à Lac-Brome.

Photo de droite : Daniel Haché éprouve une véritable fascination pour les arbres, qu'il voit comme des monuments.

Sandra Picken Roberts a inventé tout un art : la peinture à l'huile sur ardoise. Ses tableaux célèbrent la beauté des paysages des Cantons-de-l'Est, où elle a élu domicile. L'ardoise qu'elle utilise provient de la région de Richmond. Certaines tuiles ont même servi autrefois à fabriquer des toitures, ce qui explique leur contour irrégulier et la présence occasionnelle de trous laissés par des clous. Loin d'être des défauts, ces particularités confèrent à chaque pièce un cachet unique. Sandra Picken Roberts peint aussi sur des meubles et divers objets, comme des bouteilles et de vieux fers à repasser. On peut se procurer les œuvres de cette artiste à son atelier *Les Trésors de Sandy,* à Richmond, et à la galerie *Les Trésors de la Grange,* à Magog.

Après leur apprentissage de la technique du vitrail, *Lucie Poirier* et *Jean-Michel Lopez* ont travaillé dans des ateliers montréalais durant cinq ans. Puis, ils sont partis vivre en France, où ils ont fondé, en 1981, l'atelier *Le Château de Verre*. Pendant deux ans, ils ont exposé leurs travaux dans plusieurs villes de France et de Suisse. Depuis leur retour

au Québec en 1984, ils poursuivent leur démarche artistique dans leur atelier situé à Magog, sur le chemin des Pères. Aujourd'hui, forts de toutes ces années d'expérience, ils créent des vitraux dont la qualité et l'originalité en font des œuvres d'une grande valeur.

Le Musée incroyable

Humour, génie et imagination ! Plus de 150 sculptures réalisées avec des matériaux de récupération sont exposées dans une grange rénovée, située en bordure d'un rang pittoresque près du mont Ham. Pour rire et s'amuser tout en découvrant l'ingéniosité du sculpteur Normand Toupin, il faut aller à Saint-Adrien. Le déplacement en vaut la peine, non seulement parce que les œuvres que Normand Toupin réussit à créer avec des rebuts sont étonnantes, mais aussi parce que cet artiste est vraiment sympathique.

Les événements culturels

La région des Cantons-de-l'Est comptant parmi ses résidents une multitude d'artistes et d'artisans, il n'est pas étonnant que de nombreux événements soient organisés pour favoriser la rencontre entre amateurs d'œuvres artistiques et créateurs. À ces occasions, nous pouvons partir à l'aventure dans l'intimité des ateliers et des jardins, en nous laissant guider par nos sens. Certains de ces lieux se trouvent dans de jolis coins de verdure, d'autres, dans de coquettes maisons centenaires. Nous pouvons y voir les œuvres, nous y renseigner pour mieux les comprendre et nous balader dans cette région champêtre si inspirante. Talents et créativité jalonnent un itinéraire d'ateliers où nous pouvons parler avec les artistes ou les artisans et découvrir leurs créations : peintures, sculptures, dessins, gravures, pièces en bois, en métal ou en céramique, courtepointes, bijoux et autres objets de valeur. Les bureaux touristiques des Cantons-de-l'Est nous offrent des cartes détaillées des différents circuits et nous informent sur les soirées proposées durant les événements.

Avec le mont Sutton pour toile de fond, le *Tour des Arts* offre pendant l'été une incursion dans le monde particulier d'une quarantaine d'artistes et artisans de Sutton, Mansonville et Knowlton. Le *Circuit des Arts Memphrémagog* permet aussi à une trentaine d'artistes et artisans de la MRC Memphrémagog, qui regroupe 17 municipalités et villages, de faire connaître leurs talents. Dans la même région, le *Festival des arts de Georgeville-Fitch Bay* fournit quant à lui une belle occasion de découvrir toute une panoplie de styles et de techniques en rapport avec différentes disciplines, telles que la peinture à l'huile, la sculpture, la photographie et l'ébénisterie.

Ceinturant le mont Mégantic, le *Circuit des arts de la montagne* permet au public de rendre visite à des artistes et à des artisans installés dans les MRC du Granit et du Haut-Saint-François, tout en profitant des magnifiques paysages de ces territoires. Pour sa part, le *Symposium des arts de Dudswell* est un moment privilégié où les artistes de toutes les tendances partagent en toute simplicité leur passion avec les visiteurs. Enfin, La *Tournée des 20* est le dernier grand événement artistique de la saison estivale dans les Cantons ; elle se déroule durant quatre week-ends à l'automne. Tout au long d'un itinéraire bucolique menant aux vignobles de la fameuse Route des vins, elle invite les érudits et les amateurs d'art à venir rencontrer les artistes et les artisans de quelques-uns des plus beaux villages du Québec, tels que Frelighsburg, Pigeon Hill, Saint-Armand, Philipsburg, Bedford, Mystic et Dunham.

▲ La *Grange Éléphant,* sur le chemin Magoon Point, près de Georgeville, est l'hôte du Festival des arts de Georgeville-Fitch Bay.

▼ Myriam Bardoul, peintre et créatrice de bijoux, participe aux événements artistiques de la région de Sutton.

Chaque fin d'été durant le *Festiv'art,* les habitants de Frelighshburg cèdent une partie de leur terrain et leur galerie à des artistes et à des artisans des Cantons-de-l'Est. Le village se transforme alors en une immense galerie d'art à ciel ouvert, où visiteurs et amateurs d'art déambulent sur les trottoirs et discutent avec les artistes qui exposent leurs œuvres. Dans son genre, le Festiv'art est l'événement le plus prestigieux de la région ; il attire une centaine d'artistes venant de tous les coins du Québec et même de France. Il permet aux visiteurs d'assister à la création en direct de quelques tableaux peints par des artistes regroupés au centre du village. Il est aussi animé par des acteurs de théâtre et des gens du cirque.

Les courtepointes

De nombreux objets artisanaux qui étaient traditionnellement fabriqués en Nouvelle-Angleterre l'ont aussi été dans les Cantons-de-l'Est. C'est notamment le cas des courtepointes et des tapis crochetés, nés du souci constant d'éviter tout gaspillage. En Nouvelle-Angleterre et dans les Cantons, les femmes avaient l'art d'agencer des retailles de tissus, dont les couleurs et les motifs étaient des plus variés, pour fabriquer des couvertures à la fois chaudes et jolies, les courtepointes. Elles alliaient ainsi l'utile à l'esthétique. La courtepointe est apparue vers la fin du XVIIIe siècle, époque où le Québec est passé sous le régime anglais. Aujourd'hui, c'est dans les Cantons-de-l'Est, région qui fut plus particulièrement colonisée par des loyalistes, qu'on trouve les courtepointes les plus élaborées.

Le Tour des Arts permet d'admirer les créations des *Potton Valley Quilters* à la Maison Reilly à Mansonville. Ces artisanes qui fabriquent des courtepointes exposent avec enthousiasme certaines de leurs plus belles pièces lors de cet événement. Quels ouvrages splendides !

Ils sont peintres ou sculpteurs, diplômés ou autodidactes, ils habitent dans la ravissante région rurale de Sutton et ils se sont regroupés pour organiser chaque année un événement artistique qu'ils ont baptisé *Collectif Spontané*. Les amateurs d'art et de curiosités peuvent ainsi découvrir leurs œuvres résolument contemporaines sur le site d'une ancienne forge convertie pour l'occasion en lieu d'exposition. À l'extérieur du bâtiment, le bois à l'état brut, le béton et le métal s'imposent ; les sculptures aux formes humaines, animalières ou architecturales de Daniel Haché, James Teuscher et Olivier Burnham se dressent dans le paysage bucolique de Sutton Jonction. À l'intérieur se succèdent des créations de Myriam Bardoul, François-Xavier Chamberland, Liz Davidson, Jean Gaudet et Jean-Guy Robert. Peinture, travail sur papier et sculpture y sont notamment à l'honneur.

▲ Olivier Burnham, de *La Forge d'Oll,* conçoit certaines de ses œuvres en fonction de l'environnement et utilise son savoir-faire en ferronnerie d'art pour les produire.

Durant le week-end de la fête du Travail, la jolie municipalité de Danville est particulièrement accueillante. Une cinquantaine d'artistes s'y rassemblent pour le *Symposium des arts de Danville,* au cours duquel des œuvres incomparables sont exposées à de nombreux endroits. Outre ces expositions, le charme envoûtant de cette petite ville, les spectacles et les diverses activités proposées rendent cet événement culturel mémorable.

▲ À Sutton Jonction, *La Forge d'Oll,* où a lieu chaque année l'événement artistique nommé « Collectif Spontané ».

▲ Le peintre Germain Michaud, de Québec, lors du Symposium des arts de Danville. Cet artiste puise son inspiration dans des lieux évoquant un passé lointain.

Les arts de la scène

Dans les Cantons-de-l'Est, les lieux de diffusion, les fêtes et les festivals font connaître au public tous les aspects de la culture estrienne. Grâce aux nombreuses salles de spectacle de grande qualité, les arts de la scène sont très vivants et des spectacles fort variés sont présentés.

Niché au cœur du parc du mont Orford, le *Centre d'arts Orford* est un espace où nature et culture sont en symbiose, un cadre propice à l'épanouissement artistique. L'Académie de musique de calibre mondial offre un perfectionnement de haut niveau à des jeunes musiciens particulièrement doués et sur le point d'amorcer leur carrière professionnelle en musique classique. Les pavillons d'hébergement, la salle à manger, la terrasse sous les pins, l'amphithéâtre et les salles multifonctionnelles sont ouverts toute l'année.

Chaque été, le Festival Orford attire les mélomanes et le grand public dans un cadre naturel et architectural exceptionnel. Cet événement culturel et touristique majeur se distingue par la qualité des prestations musicales. En outre, le Centre d'arts Orford présente des œuvres relevant d'autres arts, tels les arts visuels. Quant au Sentier des arts, qui permet d'admirer une vingtaine de sculptures d'artistes internationaux, il allie nature et culture.

En 1960, quatre comédiens liés d'amitié, Marjolaine Hébert, Louise Rémy, Hubert Loiselle et Gilbert Comptois, tombent sous le charme d'une grange bâtie sur une colline en face du mont Orford et dominant le magnifique lac d'Argent. Le 24 juin, le rideau se lève dans cette grange métamorphosée en une salle de spectacle, le *Théâtre de la Marjolaine*. Puis, la comédienne s'associe avec le réalisateur et metteur en scène Louis-Georges Carrier, et de succès en succès, la comédie musicale devient la marque distinctive de ce théâtre estrien. De jeunes artistes aux talents multiples y côtoient des artistes chevronnés, tels que Claude Léveillée, Andrée Lachapelle, Jean Besré, Benoît Girard, Albert Millaire et Jean-Louis Millette. Le Théâtre de la Marjolaine connaît une époque glorieuse durant un certain temps, mais le rideau tombe à la fin de l'été 1994 et il entre en dormance durant quelques années. En 2003, sous l'impulsion du fougueux Marc-André Coallier, il rouvre ses portes. Chaque été depuis lors, des milliers de spectateurs venus des environs et de toutes les régions du Québec font à nouveau vibrer les murs de la vieille grange sous l'effet de leurs éclats de rire et de leurs applaudissements.

▼ Située dans un décor merveilleux, l'Académie de musique du Centre d'arts Orford regroupe des élèves venant des quatre coins du monde.

Tout à côté du Théâtre de la Marjolaine se trouve la boîte à chansons *Le piano rouge,* ainsi nommée en l'honneur de l'instrument apporté au théâtre par Claude Léveillée en 1964. C'est à cet endroit-là que Léveillée composa la musique de *Doux temps des amours,* première comédie musicale canadienne en langue française. Et depuis 40 ans, le piano est toujours là, dans ce lieu où le public assista aux prestations inoubliables de Robert Charlebois, Louise Forestier, Jean-Pierre Ferland, François Dompierre, Diane Dufresne, François Cousineau et autres vedettes de la chanson. En 2003, quand Marc-André Coallier devint le nouveau propriétaire du Théâtre de la Marjolaine, Claude Léveillée lui fit officiellement don de son magnifique piano rouge. De nombreux spectacles de grande qualité ont lieu au *Piano rouge,* dans l'ambiance unique d'une vraie boîte à chansons!

▲ Le Théâtre de la Marjolaine, à Eastman.

Le Piano Rouge

L'église de Saint-Joseph-de-Ham-Sud, village entouré de collines au doux relief, abrite le *Centre des arts Rita Lafontaine*. C'est grâce à la détermination de la comédienne Rita Lafontaine que cette petite église de style néogothique, bâtie en 1917 d'après les plans de Louis-Napoléon Audet, a été rénovée de manière que sa nef tout en bois devienne une confortable salle de spectacle de 300 places. Pendant la période estivale, on y présente des spectacles mettant en vedette des acteurs, des humoristes et des chanteurs québécois de renom. On y trouve également des espaces aménagés pour accueillir des expositions d'art visuel et, au sous-sol, la bibliothèque municipale.

Depuis 1991, le *Théâtre Lac Brome* propose des comédies anglaises et des pièces bilingues parmi les plus célèbres. Sa direction artistique a été confiée à Nicholas Pynes, qui est d'origine new-yorkaise. Naguère théâtre d'été, il est aujourd'hui un centre culturel quatre saisons, où sont présentées des pièces jouées par des acteurs professionnels de la mi-juin jusqu'à la fête du Travail et des pièces jouées par des acteurs locaux le reste de l'année. Tout comme autrefois le théâtre d'été du manoir Brae, le Théâtre Lac Brome contribue à la vigueur économique et culturelle de Lac-Brome et des Cantons-de-l'Est, au grand plaisir des visiteurs et des résidents. Ce théâtre est situé à l'arrière du *Pub Knowlton*.

▼ **Grâce au Centre des arts Rita-Lafontaine qu'elle abrite, l'église de Saint-Joseph-de-Ham-Sud est devenue un lieu très animé.**

À Magog, *Le Vieux Clocher* démontre le souci de conservation du patrimoine dans la région. Cette ancienne église méthodiste a été transformée en une salle de spectacle, où plusieurs artistes ont fait leurs débuts. Le fait que le bâtiment ait conservé son aspect d'origine explique le nom donné à cette salle. *Le Vieux Clocher* offre sous un même toit des activités de création, de production et de diffusion de spectacles.

Depuis 2002, l'association culturelle *Espace Sutton* produit *Les Tableaux vivants,* son spectacle vedette. Cette « pièce de théâtre » d'un genre nouveau est sans pareille au Canada : les acteurs sont placés sur la scène de manière à reproduire ou à évoquer un tableau célèbre.

Les déplacements sont réduits, la gestuelle est plutôt statique et la narration s'effectue d'un bout à l'autre dans le même décor. Depuis le premier spectacle présenté en 2002, Espace Sutton a ainsi mis en scène huit tableaux très connus, peints par de grands maîtres.

▲ Le Théâtre Piggery est bien connu des estivants de North Hatley.

Les événements

Si cela vous tente d'écouter des œuvres musicales célèbres sur une pelouse, aux abords d'un lac ou dans une église convertie en salle de spectacle, vous serez comblé dans les Cantons-de-l'Est. En effet, le calendrier culturel de cette région est bourré d'événements musicaux en tout genre : Le Printemps en musique à l'église Sainte-Élisabeth, les Concerts d'harmonie au parc Dreamland à North Hatley, la Semaine de jazz au Camp musical d'Asbestos, le Festival Orford, sans oublier le Festival international de la chanson de Granby, le plus prestigieux concours canadien permettant aux interprètes et auteurs-compositeurs-interprètes de se révéler.

Le *Festival Saint-Zénon-de-Piopolis* rend hommage aux traditions et aux personnes qui les perpétuent. Débutant à la Saint-Jean-Baptiste, il propose jusqu'au milieu du mois d'août des concerts et des activités musicales de haut niveau qui rappellent certaines traditions populaires d'autrefois. Dans une atmosphère paisible et sympathique, il se déroule à deux endroits : l'église Saint-Zénon et le parc du Croissant de Lune, en bordure du lac Mégantic.

◀ *Les Tableaux vivants*, à Sutton.

▲ Concert en plein air à Piopolis, en bordure du lac Mégantic.

▼ Les Correspondances d'Eastman.

À Marbleton, des concerts variés sont présentés lors des *Matinées musicales Sons et Brioches* dans une belle carrière de marbre ou, en cas de pluie, dans une église patrimoniale. À Sherbrooke, *Les Grands Feux Telus* sont une compétition de feux d'artifice au cours de laquelle cinq sociétés de différentes provinces du Canada se disputent la Coupe des Dieux. Ce concours est jumelé à la Fête du lac des Nations, qui dure six jours et offre une vingtaine de spectacles sur quatre scènes. Musiques du monde, jazz et artistes réputés, au Québec et à l'étranger, sont à l'affiche.

Chaque été, le centre-ville de Cowansville vibre au rythme de la « Musique en vue ». Pendant cet événement, on peut assister à des concerts en plein air. Le programme attire les amateurs de blues, de jazz, de rock, de musique classique, de folk, de country et de musique populaire. Des humoristes sont aussi invités.

Dans le cadre des *Correspondances d'Eastman,* le charmant village du même nom propose des spectacles, des ateliers et des expositions sur le thème général de l'écriture et sur celui, plus particulier, de la rédaction de lettres. Dans les jardins en fleurs, aux abords du lac d'Argent et dans le parc du Temps qui passe, tout le monde écrit ! Au sein du village et dans les environs, les « chambres d'écriture » sont propices à la création. Tout le courrier est acheminé gracieusement, à moins qu'il ne soit destiné au concours de la Poste restante, qui peut valoir à des épistoliers la lecture de leur missive par l'un des auteurs invités lors de la cérémonie de clôture. Inspiré des Correspondances de Manosque, village de l'écrivain français Jean Giono, cet événement attrayant et distrayant a été adapté par la comédienne et romancière Louise Portal, par Jacques Allard et par d'autres résidents de la région afin de donner le goût d'écrire.

▲ Wilfred LeBouthillier lors du festival Musique en vue, à Cowansville.

Les produits du terroir et l'agrotourisme

La campagne estrienne étant l'une des plus fertiles du Québec, les produits du terroir y abondent et sont de grande qualité. À la production laitière s'ajoutent les élevages bovin et ovin, d'autruches et d'émeus, de grands gibiers et de canards, ainsi que l'aquaculture. De plus, la région de Cantons-de-l'Est fut l'une des pionnières dans le domaine de l'agriculture biologique et de l'agrotourisme.

Le canard du lac Brome, les fromages de l'abbaye de Saint-Benoît-du-Lac et les vins de Dunham sont bien connus des organisateurs d'événements culinaires au Québec, mais aujourd'hui, les Cantons ne doivent plus leur réputation de région gourmande à ces seuls produits, loin de là. On y trouve en effet une large gamme de denrées délicates, dont les pommes et les cidres de la région de Frelighsburg, la gelée de Rose de Nel et l'ail transformé du Petit Mas de Sainte-Edwidge-de-Clifton. Afin de faire connaître et déguster leurs nombreux produits du terroir, les Estriens proposent une trentaine d'événements du printemps à l'automne : la Clé des champs à Dunham, le Festival du lait à Coaticook, la Fête des récoltes à Saint-Malo, le Week-end des saveurs et Savourez l'automne à Compton, pour n'en nommer que quelques-uns.

▲ Les panneaux « Au gré des cantons » signalent les entreprises participant aux circuits agrotouristiques estriens, qui empruntent des routes panoramiques pour permettre aux visiteurs de profiter des splendides paysages de la région.

À l'intention des visiteurs, l'Association touristique des Cantons-de-l'Est a tracé six parcours « Au gré des cantons » pour faciliter leur découverte des produits du terroir, ainsi que de gîtes et petites auberges des plus agréables. Elle tient à leur disposition une brochure intitulée *Parcours exquis,* dans laquelle sont présentés les différents itinéraires et indiqués l'emplacement des producteurs et des lieux d'hébergement, ainsi que la longueur de chaque parcours. Pour les internautes, elle a mis en ligne des cartes interactives sur lesquelles figurent également ces indications.

La Route des vins

Profitez d'une escapade en voiture ou à vélo dans les Cantons-de-l'Est pour faire une virée bien spéciale en suivant la Route des vins de Brome-Missiquoi. Ce circuit est signalé par des panneaux bleus, placés tous les dix kilomètres. Il vous invite à parcourir la région de Brome-Missiquoi, empreinte de l'histoire des loyalistes, et vous transporte à Dunham, berceau de la viticulture québécoise. Il vous fera ainsi découvrir les délicieux produits de 12 vignobles. D'une longueur de 132 km, il traverse des villages pittoresques, évoquant la Nouvelle-Angleterre : Mystic, Pigeon Hill, Stanbridge East et Lac-Brome (Knowlton).

Au cours de votre virée, vous pourrez faire connaissance avec des vignerons qui vous offriront en exclusivité les fruits du terroir et de leur travail. Tout au long de l'année, ces viticulteurs peuvent vous recevoir,

Figure 15 : La Route des vins

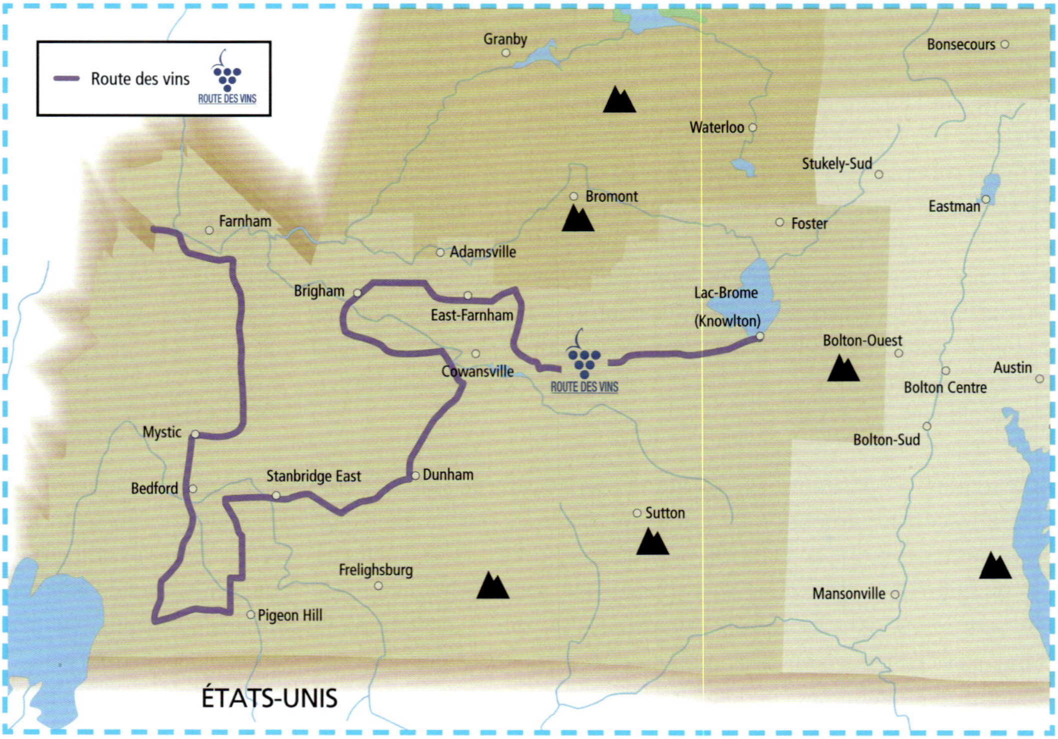

Source : Tourisme Cantons-de-l'Est

Le vignoble *Les Blancs Coteaux*

La plupart des vignerons installés le long de la Route des vins de Brome-Missisquoi permettent aux visiteurs de pique-niquer sur leur terrain et leur proposent des activités culturelles. Au vignoble *Les Blancs Coteaux*, on peut acheter de délicieux paniers de pique-nique ; pain, pâtés de canard de la région, fromage et vin sont au menu. Mais on peut aussi apporter son repas ou de délicieuses victuailles achetées dans l'une des épiceries fines de la région. Situé dans une campagne vallonnée, ce vignoble mérite une halte pour admirer le paysage.

▲ **Une sortie bien romantique dans le vignoble *Les Blancs Coteaux*.**

et c'est avec passion qu'ils vous parleront de leur métier et vous conseilleront des vins pour les petites et les grandes occasions. En plus des vins blancs, rouges et rosés, ils proposent toute une gamme d'apéritifs et de digestifs. Le climat froid de la région est idéal pour la fabrication de vins de glace et de vendange tardive, boissons qui, plus concentrées en sucres, se dégustent à l'apéritif ou au dessert.

Suivre la Route des vins, c'est aussi découvrir des sites enchanteurs et participer à des activités qui complètent bien la visite des vignobles. Dans une ambiance conviviale, chaque vignoble vous offrira quelque chose de différent : une visite guidée, des explications sur les différents cépages et sur les méthodes de vinification, une dégustation de vins, des produits du terroir, une aire de pique-nique sympathique, une table champêtre, une exposition d'œuvres d'art en plein air… bref, maints

▶ Les contreforts appalachiens se prêtent merveilleusement aux activités de plein air, en particulier aux balades à vélo. Il faut effectuer de fréquents arrêts pour fureter et goûter aux produits du terroir offerts par de nombreux producteurs.

plaisirs. Le programme culturel de la Route des vins comprend aussi une multitude d'activités intéressantes et des plus variées. Peintres, sculpteurs et autres artistes vous accueilleront dans leur atelier, dans une boutique ou dans un vignoble pour vous transmettre leur passion.

Une détermination qui porte fruit

Derrière une ancienne auberge où faisaient halte les diligences et les voyageurs au début du XXe siècle se trouvent 14 hectares de vignes. C'est à cet endroit que naquit *L'Orpailleur*.

▼ Promesse de vin de glace au vignoble *Côte d'Ardoise*.

En 1982, deux viticulteurs français, Hervé Durand et Charles-Henri de Coussergues, et leur associé québécois, le producteur Frank Furtado, se lancèrent dans une aventure risquée au Québec : la culture de vignes. Puis, en 1985, Pierre Rodrigue se joignit à eux. Ensemble, ils se sont entêtés à défier le climat rigoureux de la province en appliquant une méthode viticole mise au point dans les pays du nord de l'Europe et en URSS. Cette méthode consiste à renchausser les ceps à l'automne afin de les protéger du froid, puis à les déchausser au printemps, après le dégel. Au bout de trois ans de travail acharné, soit à l'automne 1985, la première récolte a donné 15 000 bouteilles d'un vin blanc succulent, que le chanteur québécois Gilles Vigneault a baptisé *L'Orpailleur*, terme signifiant « chercheur d'or ».

Le vignoble de l'Orpailleur, un économusée de la vigne et du vin

Au *vignoble de l'Orpailleur,* des panneaux d'interprétation nous donnent mille informations sur le vin et son histoire, ainsi que sur le métier de vigneron. En outre, cet économusée met à notre disposition des revues et des livres portant sur la viticulture. Il recèle aussi maints objets fascinants qui témoignent des méthodes utilisées jadis pour faire du vin : un pressoir en bois que les viticulteurs faisaient fonctionner manuellement, des dames-jeannes, des paniers, des serpes, des houes, etc. Des pièces d'archéologie fournies par Parcs Canada, comme des bouteilles et des assiettes de la fin du XVIIe siècle jusqu'au début du XXe siècle, viennent enrichir cette collection. En partant à la découverte de tous ces objets du passé, on suit le travail minutieux des vignerons d'autrefois et on peut comparer les techniques employées hier avec celles utilisées aujourd'hui.

▼ Nadège Marion et Robert Brisebois du vignoble *Les Trois Clochers.*

La Fête des vendanges Magog-Orford

Les vendanges représentent pour le vigneron le fruit du travail de toute une année. Pour une récolte garantissant la production d'un vin de qualité, les vignerons doivent cueillir les grappes au moment où elles arrivent à maturité, quasiment cent jours après la floraison des vignes. Toutes les vendanges commencent et se terminent par des réjouissances bien sympathiques, précédées ou suivies d'un grand banquet.

▲ Selon la tradition, le très populaire foulage des raisins doit être effectué deux fois par jour.

La Fête des vendanges Magog-Orford nous invite à découvrir tout un monde de délices. Proposée au départ par les propriétaires du Vignoble *Le Cep d'Argent,* elle s'inscrit aujourd'hui parmi les plus grands événements mettant en valeur les produits du terroir québécois. Une vingtaine de viticulteurs et 70 exposants y célèbrent les vendanges pendant les deux premiers week-ends de septembre. Une cuisine spécialement aménagée sous un chapiteau est alors le théâtre de spectacles culinaires animés par des chefs de la région. Des dégustations de plats et de bouchées concoctés en fonction des produits régionaux sont également au programme. Les festivités se déroulent à Magog, plus précisément à la pointe Merry, en bordure du lac Memphrémagog. Elles donnent lieu à un véritable rassemblement de gourmets, auxquels elles offrent de belles occasions de faire bonne chère, mais aussi d'écouter de la musique et de danser. Elles débutent avec le Bal médiéval des vendanges, le vendredi soir dès 18 h.

▲▶ Vergers dans la région de Frelighsburg.

Le fruit de la fin des beaux jours : la pomme

Depuis longtemps associée à l'amour et au désir, la pomme aurait été amenée en Europe par des Asiatiques. Les pépins laissés le long des routes ont donné naissance aux pommiers sauvages qui poussent encore en bordure de certains bosquets dans les pays européens. Ces arbres font partie de la famille des rosacées et donnent des fruits au goût acide. L'amélioration de la qualité de la pomme a été obtenue au fil des siècles par l'hybridation et la greffe. Comme beaucoup d'arbres fruitiers, le pommier devient productif grâce à l'apport, par les vents, les insectes et les oiseaux, de pollen d'un autre arbre. Le pommier aime la compagnie !

▼ Une manne de pommes.

En 1617, les premiers pommiers cultivés firent le grand voyage vers l'Amérique, et Louis Hébert en planta près de Québec. On en trouvera ensuite près de chaque ferme de la colonie. Et en 1812, le premier centre de pomiculture du Québec vit le jour à Saint-Paul-d'Abbotsford, en Montérégie. La création de ce centre marqua le début de la culture de pommiers à grande échelle, et les entreprises commerciales apparurent à la fin des années 1860. Frelighsburg devint l'un des grands centres de production, et la pomiculture, une des principales sources de revenus dans la contrée. Bien que la région de Compton compte une dizaine de vergers, celles de Frelighsburg et Dunham, dans la MRC de Brome-Missisquoi, se classent parmi les principales régions productrices de pommes au Québec.

Au cours d'une promenade en famille dans les Cantons-de-l'Est, une halte dans l'un des nombreux vergers permet de profiter pleinement de la nature et de découvrir l'un des aspects de la vie à la campagne. Les pomiculteurs proposent aux visiteurs une activité des plus populaires, l'autocueillette, et dans certains cas, des visites guidées et des activités d'interprétation pour adultes et enfants. Ils leur offrent aussi de savourer du jus de pomme et des cidres raffinés, et de se procurer d'autres gourmandises produites à partir de la transformation de la pomme, telles que les gelées et les fameuses tartes maison.

À Freligshsburg, le verger *Au Cœur de la Pomme* propose un vinaigre de cidre aromatisé aux fines herbes et fabriqué de façon artisanale à partir des pommes produites sur place et de plusieurs produits dérivés. Le verger écologique et le petit magasin à l'ancienne sont situés dans un cadre enchanteur, le long de la rivière aux Brochets. À Dunham, endroit réputé pour son microclimat propice à la culture de pommiers et de vignes, la *Cidrerie Fleurs de Pommiers* propose quant à elle des cidres et apéritifs vieillis dans des fûts de chêne et élaborés en tenant compte de vieilles recettes normandes. En appliquant une méthode spéciale utilisant la chaleur, on y produit aussi le fameux cidre de feu.

▲ La visite des vergers à l'automne, une tradition qui se perpétue.

▼ La cueillette de pommes fournit l'occasion de découvrir la beauté des montagnes estriennes.

▲ La *Ferme des Trois Ruisseaux*, à Frelighsburg.

▲ Hélène Levasseur et sa fille Stéphanie, du verger *Au Cœur de la Pomme* à Frelighsburg.

▲ Au verger *Le Gros Pierre*, cueillette, visite et dégustations sont à l'honneur.

À Compton, le verger *Le Gros Pierre* reçoit les visiteurs au centre d'interprétation sur la pomme. On y présente des objets anciens et on y offre une visite guidée portant sur la symbolique de la pomme au fil des siècles. Des personnages amusants accueillent les enfants, qui peuvent également profiter de balades en tracteur.

Une cidrerie qui n'a pas froid aux yeux

Le cidre de glace figure maintenant parmi les produits québécois les plus appréciés. Il se sert notamment avec une poêlée de foie gras de canard du Québec ou avec des fromages, accompagnés de confitures de fruits. Il se substitue avantageusement aux apéritifs, au vin de glace, au sauternes et au porto.

▶ Le Festival de la tarte aux pommes, à Stanbridge East.

▲ Le maître de chai Marie-Andrée Tremblay, exhibant fièrement des cidres lors de la *Clé des champs* à Dunham.

▼ Pomme de givre dans le verger du *Domaine Pinnacle*.

Chef de file de la production de cidre de glace au Québec, le *Domaine Pinnacle,* propriété de Susan et Charles Crawford, est une vaste pommeraie située sur un versant du mont Pinacle, près du village de Frelighsburg. Cette région, dont les vergers sont réputés dans le monde entier, bénéficie de conditions idéales pour la pomiculture. De surcroît, un froid intense au moment voulu permet la production de cidre de glace.

Il faut plus de cinq kilos de pommes pour fabriquer une seule bouteille de 375 ml de cidre de glace. La récolte a lieu à l'automne dès que la température chute au-dessous de zéro. On cueille à la main les pommes de givre nécessaires pour produire ce cidre liquoreux qu'est le cidre de glace, à partir de jus de pomme dont les sucres ont été concentrés par le froid avant la fermentation. Tout comme les grands vins, le cidre de glace s'améliore en vieillissant ; il peut donc être conservé plusieurs années. La boutique du *Domaine Pinnacle* (certifié Relais du Terroir par la Fédération des Agricotours du Québec) est située dans l'ancienne maison de ferme datant de 1859. Elle offre les produits de la cidrerie. On peut visiter le domaine, d'où on a une vue spectaculaire non seulement sur la région, mais aussi sur le nord du Vermont et de l'État de New York.

▶ *Domaine Bleu Lavande.*

De la lavande, des roses et du miel

En bordure d'une route historique longeant la majestueuse baie de Fitch se trouve un havre de paix baptisé *Domaine Bleu Lavande*. C'est dans ce coin de paradis que Pierre Pellerin et Christine Deschesnes ont établi leur plantation de lavande, au sommet de la colline d'Applegrove, qui domine le lac Memphrémagog. Les plants, soigneusement entretenus, bénéficient de l'ensoleillement et de la chaleur requis pour assurer une croissance optimale. Du fait de leur qualité exceptionnelle, ils permettent de fabriquer une huile essentielle pure et d'une grande finesse. Et c'est grâce aux arômes délicats de cette huile essentielle que les propriétaires du domaine ont réussi à concocter des produits pour les soins corporels et des gourmandises irrésistibles.

À Stoke, près de Sherbrooke, *La Rose de Nel* nous invite à une visite commentée de son immense roseraie. Elle nous offre également divers produits dont la rose est l'un des ingrédients, comme des gelées, du miel et des cosmétiques.

À Stoke, la *Miellerie Lune de Miel* nous propose de pénétrer directement dans l'univers fascinant des abeilles, grâce à une ruche géante reproduite à l'échelle humaine. La visite guidée nous permet de mieux comprendre la vie des abeilles, leur rôle dans la nature et la manière dont elles fabriquent le miel. On peut observer des abeilles placées

◄ Ruche géante à la *Miellerie Lune de Miel.*

▼ Richard Côté, de la *Miellerie Lune de Miel.*

Cueillette dans les champs.

dans une ruche vitrée et, dans la salle d'extraction, découvrir le travail de l'apiculteur. À la boutique *Nectarium,* on peut acheter des produits de la ruche et déguster des miels de différentes sortes, dont ceux à base de fruits. Un vrai régal !

Au Paradis des Fruits.

Des produits fruités

À Dunham, la ferme écologique *Au Paradis des Fruits* porte bien son nom puisqu'elle propose 22 variétés de pommes, des poires, des prunes et des petits fruits rouges : fraises, framboises et bleuets. Son autre spécialité est un délicieux miel naturel produit sur place. À Compton, *Apéri-Fruits Compton* élabore des apéritifs à base de cassis ou de mûre sauvage, en portant une attention particulière à l'équilibre des saveurs afin de ne pas masquer les qualités du fruit.

À Johnville, la *Framboisière de l'Estrie* compte 16 acres, couverts de plants. Superbement située dans une vallée verdoyante et profitant d'un microclimat particulièrement favorable, elle est spécialisée dans la fabrication de produits fins à base de framboise, comme du jus, de la confiture et du coulis. On peut y faire provision de framboises fraîches, en les cueillant soi-même si on le désire, ou de framboises surgelées.

Le temps des sucres

Bénéficiant d'une situation géographique propice à la croissance des érables, le Québec est le chef de file des provinces et États d'Amérique du Nord producteurs de sirop d'érable. La majeure partie de la récolte provient des Cantons-de-l'Est qui, aux mois de mars et d'avril, jouissent de températures idéales pour la production de ce sirop. Le jour, le thermomètre oscille entre 4,5 °C (40 °F) et 10 °C (50 °F) et la nuit, il chute sous le point de congélation.

C'est au contact des autochtones que les colons européens ont découvert les secrets de la production de sucre et de sirop d'érable. Ils s'en inspirèrent pour entailler les arbres à la hache afin d'y enfoncer

▼ À la *Cabane à sucre Bellavance,* à Sainte-Cécile-de-Whitton, la récolte de l'eau d'érable est effectuée selon la méthode traditionnelle.

▲ Dès les premiers signes du printemps, l'eau d'érable s'écoule dans les seaux en aluminium.

une goutterelle en bois de cèdre, le long de laquelle l'eau coulait goutte à goutte vers une auge de sapin, déposée dans la neige au pied de l'arbre. L'exploitation à grande échelle des érables à sucre ne débuta qu'à compter de la fin du XIXe siècle. À partir de ce moment-là, le vilebrequin remplaça la hache pour faire l'entaille, le chalumeau, la goutterelle et le seau en bois, le casseau en écorce de bouleau. Plus tard, lorsque différents accessoires en métal firent leur apparition, le sceau en fer-blanc puis celui en aluminium furent utilisés. Finalement, des conduites en plastique courant d'un arbre à l'autre et reliées à un capteur vinrent compléter le tableau des érablières.

La sortie printanière à la cabane à sucre fait partie des traditions québécoises les plus ancrées. À l'intérieur de la cabane, de grandes tables cirées ou recouvertes de nappes à carreaux rouge et blanc sont alignées. Dans l'air s'exhalent des effluves rappelant la cuisine de nos grand-mères : fèves au lard, crêpes, jambon, pain de ménage, oreilles de crisse, cretons, omelette, pommes de terre au four, tartelettes au sirop d'érable. Que l'on cherche une ambiance festive avec danse et beaucoup d'animation ou une petite cabane à sucre sympathique où l'on boit une eau d'érable recueillie dans un tonneau tiré par un cheval et où mijote de la tire chaude, prête à figer sur la dernière neige du printemps, on n'a que l'embarras du choix dans les Cantons-de-l'Est.

► Une érablière traditionnelle, chez Howard C. Jewett à Vale Perkins.

◀ Distribution de tire d'érable à la *Cabane du Pic Bois,* à Brigham.

▲ La tire sur la neige, un beau moyen de se sucrer le bec !

À Brigham, tout près de Bromont, la *Cabane du Pic Bois* allie tradition, authenticité et qualité. Dans cette construction originale toute en bois, on peut déguster un repas traditionnel typique du temps des sucres. Un sentier d'interprétation de l'érablière serpente parmi les arbres, dont certains sont tricentenaires. Les propriétaires de la *Cabane du Pic Bois,* Danielle Cardin et André Pollender, veillent à ce que l'accueil soit chaleureux, le service, personnalisé, et l'ambiance, semblable à celle d'autrefois, ce qui contribue à créer une atmosphère unique. La boutique offre des produits de l'érable fabriqués de manière artisanale, dont le fameux vinaigre d'érable.

Certifiée biologique, l'*Érablière Mont-Écho* offre de la tire sur la neige les fins de semaine. On peut s'y procurer divers produits transformés, tels que le beurre, le sucre et la tire d'érable. On y privilégie la visite des lieux et l'observation du processus d'évaporation.

Mis à part le pain, tous les produits offerts à la *Cabane à sucre Mégantic* sont fabriqués sur place. La bouilloire pour l'eau d'érable, récoltée à l'ancienne dans des seaux, se trouve dans la salle d'attente, si bien que les visiteurs peuvent observer le processus d'évaporation. Dans cette cabane à sucre règne une ambiance de fête folklorique. L'omelette soufflée et les crêpes au sirop, spécialités de la maison, y sont vraiment délicieuses. En fin de repas, la tire chaude est servie sur la neige. Au comptoir de vente, on peut acheter différents produits de l'érable.

Bio, une érablière ?

Plusieurs éléments distinguent l'acériculture biologique de l'acériculture conventionnelle. Premièrement, l'acériculture biologique vise à éviter la surexploitation des boisés. Deuxièmement, elle offre à l'acériculteur la possibilité d'échapper à la logique liant le prix du sirop à sa couleur, facteur essentiellement esthétique. Troisièmement, les méthodes biologiques qu'elle implique favorisent la diversité végétale et la préservation de la régénération en sous-bois. L'emploi d'engrais, de pesticides de synthèse, de fongicides ou de phytocides est prohibé ; l'acériculteur doit même y renoncer trois ans avant sa première production certifiée biologique. Quatrièmement, un diamètre minimal doit être respecté lors de l'entaillage des érables. Enfin, les règles régissant la transformation de l'eau d'érable, le nettoyage et l'entretien du matériel ainsi que la fabrication des produits diffèrent également. *Source : Équiterre.*

▲ Produits biologiques fabriqués à partir de l'eau d'érable à l'Érablière Mont-Écho.

▲ La *Cabane à sucre Mégantic.*

Située sur un versant du mont Orford, la *Sucrerie Haut Bois Normand* est entourée d'une superbe érablière comptant 12 000 entailles et s'étendant sur une centaine d'hectares. Le fabuleux Festin du temps des sucres y est servi dans la salle à manger, d'où l'on peut voir la salle de bouillage, que l'on peut d'ailleurs visiter. En outre, on peut acheter sur place des produits de l'érable.

Les fromages

Parmi les différentes industries alimentaires québécoises, l'industrie fromagère est sans contredit une de celles qui connaissent un essor fulgurant. Longtemps limitée à la fabrication de cheddar et de fromage d'Oka, elle produit maintenant plus de 500 variétés de fromages, dont une trentaine peuvent porter l'appellation de fromage au lait cru. Les fromageries avec cave d'affinage sont très répandues dans les Cantons-de-l'Est. L'une des plus connues est celle de l'abbaye de Saint-Benoît-du-Lac. Inaugurée en 1943, cette fromagerie ne produisait au départ que le fromage bleu L'Ermite. Par la suite, d'autres fromages y furent élaborés et fabriqués, dont le fameux Bleu Bénédictin, très apprécié par les amateurs de bleu. Outre les fromages, la boutique vend des produits à base de pomme, dont du cidre, ainsi que des chocolats et divers objets religieux.

▲ L'affiche de *Canard en fête 2006* est signée Marie-Andrée Leblond, dont les tableaux peints à l'acrylique et à l'encre sont exposés en permanence à la *Galerie Knowlton*, au centre du village. On peut s'y procurer cette affiche.

Le canard en fête à Lac-Brome (Knowlton)

Renommé partout dans le monde pour son canard, Knowlton (Lac-Brome) soigne bien sa réputation lors de son célèbre festival automnal Canard en fête au Lac-Brome. L'événement se déroule habituellement durant deux fins de semaine, à la fin du mois de septembre et au début du mois d'octobre. Diverses activités ont lieu au parc Coldbrook et partout dans le village : dégustations de canard et autres produits régionaux, expositions d'art et d'artisanat, musique, marché champêtre et course de canards sur la rivière. Knowlton est un merveilleux endroit pour passer un week-end à la campagne, particulièrement en automne lorsque les feuilles se révèlent dans toute leur splendeur. Dans les galeries d'art, les boutiques, les gîtes du passant et les auberges, on est aux petits soins pour les visiteurs. Le canard apprêté de maintes façons attire les amateurs de fine cuisine, qui tombent sous le charme de Lac-Brome, petit village historique situé à proximité d'un beau lac.

Fondée en 1912, la ferme *Canards du Lac Brome* est l'héritière d'une longue tradition. Aujourd'hui encore, elle est spécialisée dans l'élevage du canard de Pékin. À la boutique *Gourmet*, on trouve magrets, confits, saucisses, brochettes, pâtés et rillettes, ainsi que du foie gras entier ou en mousse.

▶ L'âne adore les séances d'étrillage et les randonnées. D'un naturel calme, curieux et affectueux, il est un compagnon idéal pour les enfants et un excellent aide dans les thérapies de groupe.

▲ À la ferme *Le Seigneur des Agneaux,* le chaleureux restaurant *L'Itchildin* nous invite à déguster des mets raffinés.

◀ La visite à la ferme est toujours très appréciée des tout-petits.

Des fermes à découvrir

Pour un repas champêtre ou pour le simple plaisir de passer quelques heures dans une ferme, *Le Seigneur des Agneaux* (certifiée Ferme Découverte par la Fédération des Agricotours du Québec) est l'endroit rêvé. Cette ferme est sise dans le village de Stukely-Sud, véritable Terre du Milieu puisqu'elle est située à égale distance des villes de Granby et Magog (environ 20 km), et à égale distance de Waterloo et d'Eastman (7 km). Elle propose des visites guidées de la bergerie, du centre d'interprétation du mouton et de l'asinerie spécialisée dans l'élevage de l'âne du Cotentin, une espèce originaire de Normandie.

À Dunham, le *Domaine de la Chevrottière* nous propose de nous familiariser avec les différents animaux élevés sur place, de goûter à des produits du terroir et de nous promener dans une érablière. Les daims asiatiques se montrent très accueillants, surtout quand on leur offre de petites friandises naturelles. Les chèvres nubiennes, tout comme les magnifiques chevaux Haflinger et les délicats chevaux miniatures (Fallabella), se laissent volontiers cajoler. Dans la boutique, les personnes aimant les produits de beauté naturels découvriront avec plaisir 17 variétés de savons à base de lait de chèvre entier et des cosmétiques à base de cire d'abeille. Quant aux gourmets, ils pourront y acheter du sirop, de la tire, du beurre, de la gelée et du caramel fabriqués à partir d'une eau d'érable recueillie à l'ancienne.

À Coaticook, la *Ferme Martinette* est une ancienne ferme d'élevage de vaches de pure race Holstein. Depuis trois générations, la famille Martineau travaille sur une terre de 111 hectares, très fertile et offrant une vue spectaculaire sur la campagne verdoyante des Cantons-de-l'Est. Sur cette terre se trouve d'ailleurs un cimetière anglophone où est enterré Vester Cleveland, qui, avec Richard Baldwin, a fondé la ville de Coaticook en 1818. Moutons, chèvres, poules, coqs, dindes, oies, lapins, canards, chatons… y font le bonheur des petits et des grands. Outre un verger familial, un potager et un jardin fleuri, on y découvre

▲ La ferme *Le Chaparal* , à Martinville.

▶ La *Ferme Martinette,* à Coaticook.

▲ La *Ferme du wapiti,* à Frelighsburg.

une érablière de 3 000 entailles ; l'eau d'érable recueillie est employée pour fabriquer différents produits haut de gamme. Pendant le temps des sucres, on y sert le traditionnel repas folklorique de cabane à sucre et le reste de l'année, des repas de fine cuisine régionale. On y propose aussi des méchouis. Enfin, la *Ferme Martinette* nous offre de séjourner dans une douillette maison campagnarde datant de 1860.

Les élevages exotiques

Grâce au retour à la terre, de nouvelles fermes d'élevage sont apparues ces dernières années dans le paysage des Cantons-de-l'Est. Et vu l'engouement pour les produits sains et naturels, les éleveurs se sont lancés dans l'élevage de bisons, de sangliers, de cerfs, de wapitis, de lamas, d'autruches et d'émeus. Désormais, ces animaux font partie des attraits touristiques des Cantons.

Découvrir le bison des plaines d'Amérique et sa chair délicieuse, voilà ce que nous propose la ferme *Domaine du Bison,* sise à Lambton en bordure du lac Saint-François. Cette entreprise agrotouristique est entièrement consacrée à l'élevage de ce mammifère qui a tant fasciné nos ancêtres. On peut s'y procurer de la viande de bison sous toutes ses formes: steaks, saucisses, T-bone, bison fumé, osso bucco, bison en cubes, tourtières et terrines.

Originaire d'Australie, l'émeu est de la même famille que l'autruche, mais plus petit, bien sûr, puisque l'autruche est le plus grand des oiseaux. La région des Cantons-de-l'Est compte quelques fermes qui se sont orientées vers l'élevage de ce magnifique volatile. La viande d'émeu est maigre, donc bonne pour la santé, et l'huile est recherchée pour ses propriétés anti-inflammatoires et bienfaisantes pour la peau. Outre la viande, la *Ferme d'émeus L & R,* à Brigham, fabrique des produits à base d'huile d'émeu commercialisés sous la marque Produits Prélise, tels que du savon, du lait pour le corps, des huiles, du shampooing et du revitalisant. À Martinville, la *Ferme Chaparal* propose « L'Escapade champêtre », une table d'hôte avec les spécialités de la maison, à base de viande d'émeu.

À Frelighsburg, la *Ferme du wapiti* se spécialise quant à elle dans l'élevage de ce superbe cervidé qu'est le wapiti. On y découvre également une miniferme pour les tout-petits, qui comprend une foule de gentils animaux: chèvre, agneau, canard, poule, lapin, veau, cochon, âne…

▼ Le chef cuisinier André de La Palme, de *La Tablée du pont couvert,* lors des Comptonales, événement annuel qui révèle le savoir-faire des restaurateurs et des fabricants de produits régionaux installés à Compton et dans les environs.

La gastronomie et les restos

La région des Cantons-de-l'Est s'est taillé une réputation enviable pour son accueil, entre autres grâce à la richesse et à l'originalité de ses produits. Outre une cuisine traditionnelle plutôt familiale, on y découvre une fine gastronomie régionale. En accordant une place de choix aux produits du terroir, les chefs des meilleures tables proposent à leurs hôtes des repas mémorables. Canard de Lac-Brome, cerf de Highwater, lapin de Stanstead, fromages de l'abbaye de Saint-Benoît-du-Lac, truites des Bobines à East Hereford, produits de l'érable, vins, cidres… la liste de produits uniques et savoureux est longue.

Une résidence de campagne datant de 1825 abrite une auberge des plus romantiques, l'*Auberge Le Bocage,* qui est également une des grandes tables

de la région. Au cœur du hameau de Moe's River, tout près de Compton, on retrouve le calme d'antan, que seul trouble le joyeux tintement des cloches des vaches. L'intérieur de l'auberge est à l'avenant : les boiseries magnifiques, les murs tapissés et les chaleureux foyers procurent une sensation de bien-être que renforce l'accueil personnalisé. Dans cette auberge, on sert des soupers gastronomiques, à l'intérieur ou sur la terrasse. Deux menus « découverte » composés de produits de la région, et même du jardin, sont proposés chaque soir. Les gourmets sont aux anges ! Et en plus, les clients ont accès à une piscine chauffée.

▲ L'*Auberge Le Bocage,* à Moe's River.

▼ François Dubois, chef cuisinier et propriétaire de l'*Auberge Le Bocage,* un gastronome explorateur.

Le restaurant *La Tablée du pont couvert* a été ainsi baptisé en raison de la proximité du vieux pont de Milby. Il propose chaque semaine un menu différent, plein d'heureuses surprises. La clientèle est accueillie au sein de la résidence familiale, dans une ambiance amicale et décontractée. Le chef s'approvisionne auprès des producteurs voisins pour créer des plats à partir de produits du terroir, comme le lapin de Compton, le porcelet de lait de Milby, le magret du Duc de Montrichard, l'agneau primeur de Sayerville, la truite d'East Hereford et les

▲ Sandro Meffé et Mary Ann Hastings offrent une spécialité du *Il Duetto*: le nid. Un pur délice!

framboises de Johnville, accompagnés de légumes cueillis dans les deux grands jardins de l'établissement. Sa cuisine « réconfort » rappelle ces journées inoubliables de l'enfance, que couronnait toujours un bon repas copieux dont le plat principal avait mijoté longtemps. *La Tablée* propose également des soirées épicuriennes, au cours desquelles on déguste d'excellents vins, et vend des produits maison.

À Sutton, au milieu d'un majestueux paysage de vallons et de forêts, on découvre l'un des meilleurs restaurants de la région. Le propriétaire et chef cuisinier du *Il Duetto,* Sandro Meffé, concocte des plats qui valent le détour. Dans une atmosphère feutrée, l'Italie est à l'honneur: produits régionaux préparés à l'italienne, fines grappas et vins soigneusement choisis. De surcroît, la délicieuse cuisine est assaisonnée de créativité; pâtes noires à l'encre de seiche, foie de canard frais au vinaigre balsamique, osso bucco avec figues noires et jus d'agrumes sont un régal pour les papilles.

▼ La table du *Il Duetto.*

Dans le décor enchanteur de Frelighsburg, non loin du mont Pinacle, *La Girondine* propose un menu copieux qui rend hommage aux produits de la ferme ainsi qu'aux fruits et légumes de saison. Grâce à l'élevage de lapins, de pintades, d'agneaux et de canards – dont le gavage permet de préparer un merveilleux foie gras – des charcuteries et des terrines maison sont vendues dans la boutique et à quelques détaillants. Sylvie Campbell, François Desautels et leurs enfants, Mathieu, Keven et Kim, vous accueillent avec plaisir tout au long de l'année dans leur belle salle champêtre pour vous faire découvrir les succulents produits de leur ferme et de leur région.

Le chemin des Pères, circuit touristique qui longe le lac Memphrémagog et se trouve à deux pas de Magog et d'Orford, offre non seulement un panorama saisissant, mais aussi des commerces hors du commun. *Aux Jardins champêtres* est une auberge de charme qui allie plaisirs de la table et confort. Pour être sûrs de la qualité des aliments entrant dans la composition de leurs fins repas, les propriétaires ont décidé d'élever des animaux, dont des canards de Barbarie, de cultiver des légumes, des fines herbes et des fleurs comestibles, et d'utiliser différents produits régionaux fort appréciés,

▲ *Aux Jardins champêtres*, à Magog.

tels que le cerf de Highwater, le canard du lac Brome, la truite des Bobines et les fromages de l'abbaye de Saint-Benoît-du-Lac. Certains soirs, ils proposent des soupers-concerts gastronomiques.

Située à Dunham en bordure de la Route des vins, la ferme nommée *Chèvrerie des Acacias* partage ses activités entre l'élevage de chevreaux de boucherie et celui de chevaux de course. Sa table invite à une aventure gastronomique orchestrée en fonction des produits de la ferme et de ceux des agriculteurs du voisinage. La salle à manger se trouve dans une maison datant de 1850, dont les fenêtres parées de dentelle, le foyer de pierre, le piano et les candélabres d'époque évoquent l'ancien temps. Le menu, à la fois léger et plantureux, comprend six services. Autant de délices originaux, dont les fins palais garderont le souvenir.

▲ La terrasse du *Lion d'Or*, à Lennoxville, un rendez-vous très prisé.

Entre Magog et Georgevilles, sur le charmant chemin Georgeville, *La Table Tourigny* met en valeur la saveur des produits régionaux. Le propriétaire et chef cuisinier François Tourigny, pionnier dans les Cantons-de-l'Est en matière de fine cuisine, confectionne dans une accueillante maison de campagne des plats aussi agréables à l'œil qu'au palais, à base de champignons sauvages et d'herbes aromatiques

▲ **Soirée médiévale au vignoble *Le Cep d'Argent*, à Magog.**

rares qu'il cueille lui-même. Il offre des cours de cuisine, notamment sur la préparation du foie gras de canard. Mycologue chevronné, il aime aussi partager sa passion pour les merveilles cachées des sous-bois. Au programme : identification des champignons sauvages, récolte, préparation et… dégustation.

Sur la rive occidentale du Petit lac Magog, le vignoble *Le Cep d'Argent* – l'un des plus anciens et des plus importants vignobles du Québec – nous dévoile les secrets de la viticulture. Durant la belle saison, on y propose, entre autres activités, des visites guidées qui permettent non seulement de découvrir l'exploitation, mais aussi de déguster ses produits. Des belvédères aménagés au milieu des vignes, les visiteurs peuvent admirer le paysage tout en savourant un succulent pique-nique préparé par le chef. Par ailleurs, deux salles de réception thématiques évoquant le Moyen Âge sont réservées aux groupes désireux de passer une soirée mémorable dans un endroit bien spécial.

Situé à Danville, le restaurant *Le Temps des Cerises* est réputé aussi bien pour sa table que pour son décor original et raffiné. Cette ancienne chapelle presbytérienne écossaise, transformée en restaurant en 1987 par Martine et Patrick Satre, a obtenu plusieurs mentions pour la qualité de sa rénovation. Les boiseries d'origine et les nombreux vitraux restaurés créent une ambiance des plus plaisantes. Une carte recherchée, une cave à vin bien garnie et un service soigné ont valu à ce restaurant plusieurs prix. On accueille aussi les visiteurs à l'*Auberge Jeffery,* charmante maison victorienne du XIXe siècle entièrement restaurée et offrant tout le confort moderne.

▼ Martine et Patrick Satre, propriétaires du restaurant *Le Temps des Cerises,* établi dans une charmante église, à Danville.

À Lennoxville, au cœur des Cantons-de-l'Est, un arrêt s'impose à la brasserie *Le Lion d'Or.* Ce pub fut le premier de la région à fabriquer des bières et a très bien réussi dans cette entreprise, puisque ses bières exclusives ont remporté des prix prestigieux. Si vous êtes gourmand, vous serez enthousiasmé par le menu. Et vous pourrez terminer la soirée en dansant sur la musique jouée par un groupe invité ou choisie par un DJ.

Établie dans l'une des plus vieilles maisons de Magog, la microbrasserie *La Memphré* remporte la palme en ce qui concerne le service. L'accueil y est particulièrement chaleureux, et les employés sont sympathiques et souriants. Les bières maison, dont celle à la sangria, sont bien agréables à boire après une promenade sur la rive du lac Memphrémagog. La terrasse bénéficie d'une vue splendide sur la rivière Magog et sur le lac.

À proximité de la plage des Cantons de Magog, le restaurant *Lady of the Lake* rend hommage au célèbre bateau qui sillonna le lac Memphrémagog pendant un demi-siècle, entre 1867 et 1917. Dans un décor maritime, on y sert une succulente cuisine méditerranéenne. Outre un grand choix de vins, on y offre différentes bières fabriquées sur place à la microbrasserie, qu'il est possible de visiter. De la terrasse, on jouit d'un point de vue exceptionnel sur le lac et sur le mont Owl's Head. Un lieu idéal pour manger un bon repas en profitant des charmes de la nature.

▼ Resto-pub *La Memphré.*

Les escapades gourmandes

Épiceries fines, boulangeries, pâtisseries, chocolateries, fromageries… les commerces d'alimentation spécialisés foisonnent dans la région. À Mansonville, une boutique évoque l'Europe, la boulangerie artisanale *Owl's Bread,* du nom de la montagne voisine. On y vend divers types de pains fabriqués selon la tradition française, des croissants et des pâtisseries pur beurre, des gâteaux, de nombreux produits d'épicerie fine, des fromages de chèvre ou de vache au lait cru, des charcuteries fabriquées sur place, ainsi que des plats à emporter. Son café-resto

▶ Denis Mareuge, chef cuisinier et pâtissier, et Agnès Castilloux, de la boulangerie *Owl's Bread,* à Mansonville, font de leur café-resto une incontournable escale gourmande.

affiche au menu les excellentes spécialités de la maison : saumon fumé au bois d'érable, fondant de foie de canard au porto, feuilleté d'escargots aux champignons sauvages, confit de canard, cassoulet toulousain et bavette à l'échalote. Le service est personnalisé et attentionné. Dans une autre boulangerie *Owl's Bread* établie au centre-ville de Magog, les clients peuvent prendre leur repas sur une magnifique terrasse en bordure de la rivière Magog.

Construit en 1861, l'édifice Boright & Safford, authentique magasin général, est impressionnant avec sa façade au grand auvent soutenu par des consoles et ses grandes fenêtres du rez-de-chaussée qui servent de vitrines. Il abrite aujourd'hui *La Rumeur affamée,* une boulangerie qui fournit les gourmets de la région de Sutton en pain artisanal, croissants et viennoiseries, sucreries à base de sirop d'érable, fromages, charcuteries et autres produits d'épicerie fine. *La Rumeur affamée* est réputée pour ses tartes au sirop d'érable et aux petits fruits. À Dunham se trouve une boutique jumelle, qui porte le même nom.

▲ André Forest et Michelle Besré, de *La Rumeur affamée*, un commerce de Sutton au nom évocateur…

La Fête du chocolat à Bromont

Sous le chaud soleil du mois de mai, les rues du vieux village de Bromont s'animent : la Fête du chocolat bat son plein. Imaginée par Michel Bilodeau, cette fête unique en son genre attire chaque année plusieurs dizaines de milliers de personnes venues rencontrer une quarantaine d'exposants. Au programme : dégustations, danses, sculpture dans de gigantesques blocs de chocolat, spectacles, activités culturelles et conférences. Au *Spa Bromont,* on peut aussi profiter des vertus tonifiantes d'un enveloppement de chocolat.

Le chocolat… nectar des dieux, boisson des marquises

Selon une vieille légende, le dieu Quetzalcoatl aurait découvert le cacao, aliment sacré, dans le jardin des fils du Soleil. Le cacaoyer, arbre dont les fruits sont les cabosses, est originaire d'Amérique centrale. Les Mayas furent les premiers à se délecter d'une décoction de ses fèves. Les Aztèques les imitèrent et inventèrent une boisson à partir de la fève grillée, le *tchocoatl.* Les premiers conquistadores considéraient la fève de cacao comme une vulgaire monnaie d'échange. Cependant, ils ne tardèrent pas à découvrir les vertus tonifiantes du cacao. Pour atténuer son amertume, ils y ajoutèrent de la vanille et du sucre de canne, ce qui donna naissance au chocolat. L'aristocratie espagnole tomba sous le charme de ce produit exotique et lui attribua des vertus aphrodisiaques. Assez rapidement, la production et le commerce du cacao se répandirent dans les grandes colonies, et sa consommation augmenta considérablement en Europe. Finalement, l'industrie chocolatière se développa avec la mécanisation, et le chocolat devint si populaire qu'il est maintenant le roi dans le monde de la confiserie. La production de cet aliment est aujourd'hui un enjeu économique majeur dans les échanges Nord-Sud – les pays développés transformant le cacao et les pays moins avancés le produisant.

▲ Jean-Guy Jerry, sculpteur sur chocolat !

▼ Julian Rose, maître chocolatier.

Le Musée du chocolat de la *Confiserie de Bromont* a tout pour susciter l'intérêt et exciter les papilles. D'abord, parce qu'on y raconte l'histoire de ce produit divin qu'est le chocolat, depuis ses origines jusqu'à sa transformation et à sa fabrication, en passant par ses différentes variétés. Ensuite, parce qu'on y trouve diverses créations en chocolat : fresques, sculptures et peintures. Enfin, parce qu'il est possible d'y déguster et d'y acheter du chocolat fabriqué sur place.

Au centre du hameau de Mystic, un chocolatier s'est établi dans un magasin général admirablement restauré par de jeunes entrepreneurs. Au même endroit, ces derniers ont également aménagé une charmante auberge de style Nouvelle-Angleterre baptisée *L'Œuf.*

Dans la région de Dunham, la Route des vins nous mène vers l'un des plus beaux villages du Québec, Frelighsburg. Dans l'ancien magasin général transformé en un café, *Les Sucreries de l'Érable,* on trouve des desserts irrésistibles, dont la fameuse tarte… au sirop d'érable.

L'Œuf, à Mystic.

Les centres de santé

Lieux idéaux pour se remettre d'une existence trépidante et stressante, les spas sont de plus en plus courus au Québec, y compris dans la région des Cantons-de-l'Est. Établis en forêt, à la montagne, près d'un plan d'eau ou dans un centre de villégiature et décorés sobrement, ces havres de paix fleurent bon les huiles essentielles. On peut s'y prélasser et y flâner en peignoir toute la journée. On peut y recevoir des soins esthétiques, mais ce sont généralement les massages qui l'emportent: shiatsu, watsu, californien, suédois, sous la pluie, aux pierres chaudes, etc. Certains spas se spécialisent dans un type de thérapie: algothérapie (avec des algues), hydrothérapie (sous l'eau), fangothérapie (avec de la boue), chocothérapie (avec du cacao), aromathérapie (avec des huiles aromatiques).

Outre les soins dernier cri qu'ils proposent, les spas destination favorisent une approche centrée sur la remise en forme. Unique en son genre au Québec, le *Spa Eastman*, doyen des spas de la province, est axé sur l'harmonie du corps et de l'esprit: soins, nourriture santé et promenades pour le bien-être physique, ateliers et thérapies diverses pour le bien-être mental. Grâce à l'excellente qualité des soins offerts, il a d'ailleurs acquis une grande notoriété; il fait partie des meilleurs spas au monde selon les auteurs du livre *100 Best Spas of the World*. Situé sur un domaine de 315 acres avec vue imprenable sur le mont Orford, il a l'air d'un petit village de vacances. On y a tracé une dizaine de kilomètres de sentiers adaptés à tous les types de sportifs pour la pratique de la marche anti-stress, formule exclusive au centre. Le village

comprend un pavillon avec piscine intérieure, hammam, salles de détente, salles d'entraînement, bref tout ce qu'il faut pour se remettre en forme. On y trouve même le tout premier «spa du cheveu»! Le *Spa Eastman* propose aussi une fine cuisine santé, élaborée par un chef cuisinier avec la collaboration d'une spécialiste en nutrition.

◀ Page 378 : Le *Spa Eastman.*

Certaines auberges et certains gîtes offrent aussi les services d'un spa. Au *Château Bromont,* au bas des pentes de la station Ski Bromont, le tout nouveau *Pavillon des Sens* abrite le très chic *Spa Bromont.* Le hammam (bain oriental) et le sauna préparent le corps à recevoir un massage, tel que le massage à l'huile d'olive chaude, ou tout autre soin corporel, comme le bain au lait de chèvre ou l'enveloppement corporel au cacao (95 % de cacao), énergisant et réconfortant.

En plus des soins corporels et de la massothérapie, le *Spa Chéribourg,* hôtel de villégiature sis à Orford, propose un traitement de rééquilibrage des systèmes circulatoire et lymphatique à l'aide du balancier biorythmique *tridosha.* Dans le cadre enchanteur du Manoir des Sables, près de Magog, la *Clinique Algothérapie* procure elle aussi une foule de soins personnalisés.

▼ Bain polaire au *Spa des chutes de Bolton,* à Bolton Centre.

Quant aux spas de jour, ils offrent une détente de quelques heures, à la ville ou à la campagne. Le spa nordique est en vogue au Québec. Le principe consiste à réchauffer son corps dans un sauna finlandais (chaleur sèche) ou dans un bain de vapeur turc (chaleur humide), puis à le refroidir rapidement sous une chute d'eau, dans un bassin d'eau froide ou dans l'eau glacée d'une rivière. Véritable coup de fouet pour la circulation sanguine et le système immunitaire, le spa nordique est de surcroît très relaxant, surtout quand il est suivi d'un massage.

Jouissant d'une situation exceptionnelle en bordure de la rivière Missisquoi, le *Spa des chutes de Bolton* applique en toute simplicité le précepte *sanitas per aqua* (SPA) : «la santé par l'eau». Il comprend un sauna finlandais, un bain de vapeur, des bains à remous et un bain polaire au pied des chutes. En été, les massages sont donnés sous des chapiteaux individuels installés près de la rivière, avec en bruit de fond le murmure apaisant des cascades.

À proximité de Magog, le spa *Nordic Station* est une véritable oasis, un lieu propice à la détente en pleine nature. Cet authentique spa finlandais met à la disposition des clients un bain sauna finlandais, un

▲ Le spa *Nordic Station*, à Magog.

grand bain à remous californien et un bain turc (hammam) avec vapeur aromatisée à l'eucalyptus. Et pour un meilleur « coup de fouet » à l'organisme, une cascade nordique et un bain à la rivière CastleBrook. À ces bains s'ajoutent les massages sur table, sur chaise ou en plein air. Enfin, les clients peuvent se relaxer sur une superbe terrasse ensoleillée, dans une cabane nordique avec feu de bois ou dans le hall ancestral aménagé à cette fin.

À Bromont, sur un site naturel exceptionnel, le *Spa Balnea* propose une expérience thermale hors du commun. Dans une ambiance scandinave raffinée, on y offre sauna finlandais panoramique, bain turc, bains à remous extérieurs, chute d'eau glacée, bassin en forêt, terrasse chauffée, resto-santé gastronomique et soins inspirés de ceux dispensés aux quatre coins du monde.

Dans l'ambiance chaleureuse de la Vieille Gare de Coaticook, lieu riche d'histoire et de culture, le *Spa Menthe Fraîcheur* comble les sens par les arômes et par les caresses de l'eau. Avant tout producteur et transformateur de produits dérivés de la menthe, il offre un large éventail de soins pour le corps, à l'aide de produits entièrement naturels. Au bistro, on sert des mets diététiques raffinés, inspirés de diverses cuisines du monde et préparés avec des produits biologiques et régionaux saisonniers, ainsi que plusieurs variétés de menthe.

Les Cantons-de-l'Est, s'y rendre et s'y retrouver

Pour obtenir des informations sur la région des Cantons-de-l'Est, il existe plusieurs moyens : on peut téléphoner pour demander l'envoi de brochures par la poste, on peut naviguer sur Internet (voir page 404) ou on peut s'informer sur place. Cependant, voici d'ores et déjà quelques renseignements qui vous aideront à mieux découvrir la région.

Pour y accéder

Située à moins d'une heure de Montréal (80 km) et non loin de Québec (120 km), la région des Cantons-de-l'Est est d'accès très facile. L'autoroute 10 la relie aux principales autoroutes québécoises, canadiennes et américaines. En outre, les nombreuses routes régionales et secondaires qui sillonnent le territoire facilitent sa découverte avec n'importe quel type de véhicule.

En première classe...

Vous rêvez de voyager dans un train luxueux ayant le charme de ceux d'autrefois ? L'*Orford Express* vous invite à vivre une aventure singulière en sillonnant les magnifiques régions de Sherbrooke, Magog, Eastman, Foster et Bromont sur un tronçon de la voie ferroviaire Montréal-Maine et Atlantique. Ce train vous transportera aussi dans le passé, grâce à son décor chaleureux, où dominent boiseries, cuir et velours. Les deux wagons-restaurants, coquets et confortables, peuvent accueillir jusqu'à 140 personnes, pour le goûter servi l'après-midi ou le « Souper à la Brunante ». L'*Orford Express* part de Sherbrooke, plus précisément de la Place de la gare, rue Minto, à proximité du lac des Nations.

▶ Donald Thompson accueille les visiteurs à bord de L'*Orford Express*.

Pour obtenir des renseignements touristiques

La principale source d'informations pour les visiteurs est assurément Tourisme Cantons-de-l'Est, qui publie chaque année son *Guide touristique*. Ce guide nous renseigne sur les principaux villages de la région, sur les attraits et les activités touristiques, sur les différents événements, ainsi que sur les restaurants et les établissements d'hébergement. On y trouve aussi des renseignements pratiques, tels que les coordonnées des bureaux de change et les numéros de téléphone des centres hospitaliers, des CLSC et des services de police. Le bureau permanent de Tourisme Cantons-de-l'Est est situé à Sherbrooke, rue Don-Bosco Sud. On peut s'y procurer toutes sortes de documents utiles, dont des cartes et des dépliants. Compétents et aimables, les employés répondent à toutes les questions et aident volontiers les touristes à planifier leur séjour. Au total, il existe une dizaine de bureaux d'information touristique permanents et une dizaine de bureaux saisonniers dans les Cantons.

▼ À Lac-Brome, la gare de Foster (1887) appartenait autrefois à la compagnie ferroviaire Canadien Pacifique. Fermée à la fin des années 1970, elle abrite aujourd'hui le Bureau de tourisme de Lac-Brome. Elle est située à la croisée des chemins Bondville et Lakeside, près du club de golf.

Pour s'y loger

Dans les Cantons-de-l'Est, les établissements d'hébergement abondent et sont souvent très bien situés, à proximité des principaux centres d'activité et en bordure des routes panoramiques. En voici quelques exemples destinés à illustrer la grande diversité des types d'établissements et l'excellente qualité de l'accueil dans la région.

▲ Dans un cadre paisible et enchanteur, le domaine hôtelier *Château Bromont* comprend diverses infrastructures, dont l'hôtel *Château Bromont*, l'*Auberge du Château Bromont* et le *Pavillon des Sens.*

Les établissements hôteliers

Les établissements hôteliers sont des infrastructures qui permettent d'héberger un grand nombre de touristes à la fois. Une soixantaine de complexes hôteliers répartis un peu partout dans les Cantons-de-l'Est proposent la gamme complète des services d'accueil: hébergement, restauration, activités sportives et autres distractions, et parfois même, spa et soins esthétiques. Parmi les plus prestigieux, citons le domaine hôtelier *Château Bromont,* lieu de villégiature exceptionnel au pied des pentes de ski et à proximité d'un terrain de golf, ainsi que le *Manoir des Sables,* l'*Estrimont Suites & Spa* et l'*Hôtel Chéribourg,* dans les alentours du mont Orford.

Les auberges de campagne

Les auberges sont souvent d'élégantes demeures anciennes, dans certains cas plusieurs fois centenaires, rénovées et aménagées pour offrir aux voyageurs le vivre et le couvert. Ces établissements de quelques dizaines de chambres tout au plus et gérés sur place par leurs propriétaires sont caractérisés par un accueil chaleureux et personnalisé, une cuisine de qualité et un décor champêtre.

Grâce à son emplacement en bordure du lac Massawippi, à sa table dont la renommée dépasse les frontières et à sa décoration luxueuse, le *Manoir Hovey* figure parmi les auberges les plus romantiques et les plus prestigieuses du Canada. Il fut construit vers les années 1900 comme résidence secondaire, et son architecture, enjolivée de vérandas et de colonnes blanches, s'inspire de celle de la maison de George Washington au mont Vernon, en Virginie. Converti en auberge

Un camp d'été particulier...

Camp d'été peu ordinaire, *Imagine Bromont* propose aux jeunes des cours de golf et d'équitation. Les jeunes de 12 à 17 ans peuvent y apprendre les rudiments de ces sports avec des professionnels du Club de golf du Château Bromont et du Centre équestre de Bromont. D'une durée d'une semaine, ce camp permet aux participants de concilier plaisir d'apprendre et de se dépasser avec l'agrément d'un séjour à l'*Auberge du Château Bromont*.

▲ *Imagine Bromont* permet aux enfants de découvrir le fabuleux monde des chevaux.

en 1950, le *Manoir Hovey* a obtenu pour sa gastronomie et la qualité de son accueil de nombreux prix, dont le *Best of Award of Excellence* du magazine *Wine Spectator*. Convenant aussi bien aux escapades tranquilles qu'aux vacances sportives, il dispose d'un large éventail d'équipements récréatifs pour toutes les saisons.

Située à Ayer's Cliff, sur une péninsule avec vue sur les eaux chatoyantes du lac Massawippi, l'*Auberge Ripplecove* est un véritable joyau. Alliant le raffinement des meubles anciens et le confort des installations modernes, ses 35 chambres promettent aux visiteurs un séjour des plus charmants. Dans la magnifique salle à dîner de style victorien, on sert de succulents repas, inspirés de la fine cuisine française ou internationale.

▶ Réputé pour son excellente table et la qualité de son hébergement, le prestigieux *Manoir Hovey*, à North Hatley, reflète le style des grandes maisons bâties dans la région par des notables du sud des États-Unis, qui venaient passer leurs vacances sur les rives du lac Massawippi vers la fin du XIXe siècle.

À quelques kilomètres du pittoresque village de Knowlton (Lac-Brome), l'*Auberge Quilliams* procure des moments inoubliables dans son restaurant panoramique et, l'été, dans sa véranda couverte. Pour un repas en toute intimité, la salle Saint-Vincent, aménagée avec raffinement, est idéale. La délicate cuisine régionale fait la part belle aux produits du terroir, dont la spécialité locale, le canard du lac Brome. La carte des vins, qui comprend plus de 250 étiquettes, compte parmi les plus impressionnantes de la région. Sise entre le magnifique lac Brome et la réserve faunique Quilliams, cette auberge est un excellent choix pour ceux qui aiment le canoë, le kayak, la planche à voile et la

▲ Le terrain de l'*Auberge Ripplecove,* magnifiquement aménagé sur les rives du lac Massawippi, se distingue par ses jardins anglais et par ses immenses pins blancs.

Un héritage venu du Sud

Le village de North Hatley doit en grande partie sa richesse architecturale à ses premiers vacanciers, notamment de riches aristocrates, industriels et propriétaires terriens venus du sud des États-Unis. Étant mal accueillis en Nouvelle-Angleterre (territoire yankee) après la guerre de Sécession (1865-1868), les sudistes fortunés préféraient aller « prendre le frais » au Canada. Certains s'établirent sur la rive ouest du lac Massawippi, dans de somptueuses résidences d'été. Au cours de leurs déplacements en train, ils affrétaient des wagons entiers. On raconte que la plupart d'entre eux fermaient les rideaux de leur compartiment lorsqu'ils traversaient la Nouvelle-Angleterre.

▲ Jacques Laliberté dans sa cave à vins de l'*Auberge Quilliams*.

baignade. À ne pas manquer : la découverte en canoë du marais de la réserve faunique Quilliams tôt le matin.

Séjourner à l'*Auberge Lakeview*, à Lac-Brome, c'est revivre une page d'histoire de plus de 130 ans, dans une ambiance romantique victorienne. Construit par des loyalistes en 1874, le Lake View House Hotel accueillit tout d'abord les passagers de la diligence. Plus tard, avec l'arrivée du chemin de fer, il connut un immense succès. L'auberge actuelle, classée site historique et lauréate de nombreuses distinctions, est le résultat d'un heureux mariage entre le charme d'un vieil hôtel luxueux et le confort de la vie moderne. L'*Auberge Lakeview* est membre du réseau Hôtellerie champêtre, qui regroupe les plus prestigieux établissements de ce type au Québec.

La Ruée vers Gould (certifiée Table du Terroir par la Fédération des Agricotours du Québec) rend un bel hommage aux colons écossais qui ont fondé le hameau de Gould, dans le canton de Lingwick, en 1835. Daniel Audet et Stéphanie Palle font revivre ce premier magasin général

▼ L'*Auberge Quilliams* jouit d'un superbe accès au lac Brome.

◀ L'*Auberge Lakeview,* à Lac-Brome.

du village, qui fut à l'origine d'une activité bouillonnante. Couleurs, costumes, meubles et accessoires nous transportent dans une autre époque, celle où James Ross tenait ce magasin. Dans cette auberge sympathique, on sert des plats originaux et savoureux, typiquement écossais ou français. Dans la cuisine, les odeurs des scones et du haggis se mêlent à celles du pain, du potage et du cassoulet. À l'étage, le centre culturel Oscar-Dhu présente des spectacles à saveur écossaise, des ateliers et des conférences. Outre un comptoir à bonbons, des cadeaux et des objets artisanaux fabriqués dans les environs, l'auberge offre deux chambres avec mobilier d'époque. Elle offre aussi la possibilité de séjourner dans la *Maison McAuley,* située un peu plus loin et transformée en résidence touristique. Si vous le désirez, on préparera pour vous un délicieux pique-nique, que vous pourrez déguster dans un cadre splendide, au bord de la rivière au Saumon. Encore un beau coin des Cantons-de-l'Est à découvrir !

▼ Daniel Audet, de *La Ruée vers Gould,* fait revivre l'histoire des pionniers écossais qui fondèrent le hameau dans lequel se trouve cette auberge.

À Georgeville, en bordure du magnifique lac Memphrémagog, la *Maison McGowan* est un havre de paix accueillant et confortable. Sise à quelques kilomètres de Magog, cette auberge de campagne est accessible en voiture ou en bateau. Elle compte une dizaine de chambres décorées à l'ancienne, dont certaines avec balcon et salle à manger. La terrasse couverte, qui donne sur le lac et sur un paysage grandiose, offre un menu raffiné. Fidèles à la première vocation de la

▲ L'*Auberge McGowan*, à Georgeville.

Maison McGowan, qui était autrefois une pourvoirie, les propriétaires louent des embarcations pour la pêche, mais ils proposent également diverses autres activités : croisière à bord du voilier *McGowan,* baignade, vélo, golf et tennis.

Nichée au cœur du village de Brigham, au croisement des routes cantonales et au détour de la rivière Yamaska, l'*Auberge du Manoir Brigham* reflète parfaitement la tradition hospitalière de la région. Vous tomberez sous le charme de cette villa de style néo-Renaissance érigée il y a 150 ans par Eurastus Oakley Brigham, qui fit également construire l'église du village. Après avoir été notamment une école pour garçons puis un monastère, le bâtiment abrite aujourd'hui une auberge de 11 chambres.

Le *Manoir d'Orsennens,* ainsi nommé en l'honneur d'un personnage de l'élite de Mégantic, est magnifiquement situé sur les rives du lac Mégantic, à deux pas du centre-ville. Cette demeure ancestrale construite à la fin du XIXe siècle conjugue le confort des grands hôtels et le charme des petites auberges. Décor chaleureux et délicates attentions sont au rendez-vous. Son restaurant, *Isabella*, dont les spécialités sont les grillades et les fruits de mer, jouit d'une superbe vue sur la marina et sur le lac.

► L'*Auberge du Manoir Brigham*.

L'auberge *Victorines du Lac.*

Située à la pointe nord du lac Mégantic et à quelques pas du complexe récréotouristique Baie-des-Sables, l'*Auberge Majella* donne accès à une belle plage de sable. En toute saison, elle offre une foule d'activités de plein air, dont des promenades à vélo, en motoneige ou en VTT sur des sentiers spéciaux. Les chambres douillettes au décor champêtre et la salle à manger avec foyer conviennent aussi bien aux couples qu'aux familles. Vous serez charmé par la cuisine de style « sans frontières », qui met en valeur les produits régionaux.

Sur les rives du lac Mégantic, une magnifique allée de pins mène à la discrète auberge *Victorines du Lac*. Dans cette chaleureuse maison victorienne, on peut vraiment couler des jours tranquilles. L'Espace Santé, où l'on prodigue des soins personnalisés, est un lieu particulièrement propice à la détente. Qu'on séjourne à l'auberge ou qu'on y vienne simplement pour un massage, on peut profiter du spa, de la terrasse et de la plage. Cette auberge fait partie du réseau Hôtellerie champêtre.

▲ L'*Auberge & Spa West Brome.*

Dans un cadre champêtre des plus enchanteurs, l'*Auberge & Spa West Brome* a conservé le charme de la maison de ferme qu'elle était autrefois. Les chambres sont confortables, et le restaurant offre une fine cuisine inventive, qui combine les produits régionaux de façon subtile et harmonieuse. Le spa, doté d'installations dernier cri, propose toute une gamme de soins de beauté et de remise en forme. Un séjour dans cette auberge permet de profiter de la foule d'activités et d'événements organisés dans la région de Brome-Missisquoi.

Le village de Piopolis, nom signifiant « ville du pape », fut fondé en 1871 par des zouaves pontificaux, défenseurs du pape Pie IX. Aujourd'hui, l'accueil des touristes est la principale vocation de cette charmante petite municipalité de 330 habitants située sur la rive ouest du lac Mégantic. L'*Auberge de Piopolis* se trouve en plein centre, à quelques pas du lac Mégantic et à 20 km du parc national du Mont-Mégantic. Dans cette maison centenaire, l'accueil est cordial et la cuisine, excellente. L'endroit est idéal pour passer la journée sur le lac, aller à la pêche, ou tout simplement se détendre durant l'été.

À proximité du joli petit village de Mansonville, l'auberge *La Chouette* est l'endroit rêvé pour les personnes qui recherchent le calme. Elle offre cinq chambres à coucher avec salle de bain complète et un salon avec foyer. Quant à sa table, elle met en valeur les produits du terroir. Sur l'immense terrain de 5,7 acres en bordure de la rivière Missisquoi, un magnifique étang dans lequel abondent des truites arc-en-ciel et mouchetées fait la joie des pêcheurs. Sur place, il est possible de louer des canots, des kayaks et des vélos. Cette auberge propose aussi d'intéressants forfaits aux amateurs de ski et de golf.

Bâti en 1889, l'hôtel *Mansion House* était très apprécié par les estivants et par les usagers des bateaux à vapeur faisant la navette sur le lac Memphrémagog. Cet hôtel de type victorien qui porte aujourd'hui le nom d'*Auberge Georgeville* est le plus ancien établissement hôtelier encore en exploitation au Canada. La qualité exceptionnelle de sa table, la richesse de sa cave ainsi que la beauté de ses chambres et suites lui ont valu une grande renommée. Une oasis où chacun peut vivre à son rythme.

▼ La terrasse de l'*Auberge de Piopolis* se prête merveilleusement à la détente.

À Bolton Centre, L'*Iris Bleu* (certifiée Table du Terroir par la Fédération des Agricotours du Québec) offre pour la détente un boisé, une rivière, un jardin fleuri, des livres et de la musique. Dans cette maison bourgeoise de style Nouvelle-Angleterre et joliment décorée, on sert une cuisine méditerranéenne parfumée et de bons vins. Parmi les produits régionaux mis en vedette, on note le canard du lac Brome, les fromages de l'abbaye de Saint-Benoît-du-Lac et le sirop d'érable de l'Érablière du Mont-Écho. Les petits-déjeuners copieux peuvent être pris dans la verrière ou sous le pommier. Les principaux attraits dans les alentours sont le *Spa des chutes de Bolton*, l'abbaye de Saint-Benoît-du-Lac et Les Sentiers de l'Estrie.

L'*Auberge des Grands Jardins*, maison ancestrale de style louisianais, charme par son intérieur chaleureux et, bien sûr, par ses immenses jardins. Francine Côté et Jacques Paré mettent un point d'honneur à partager avec leurs hôtes les fruits de leur verger et les légumes de leur potager. Ils élèvent aussi les animaux qui entrent dans la composition des plats au menu : cailles, pintades, faisans, oies, canards, lapins,

◀ L'*Auberge Glen Sutton*.

▲ L'*Auberge des Grands Jardins,* à Compton.

veaux, porcs, agneaux et caprins. Les clients ont accès à la miniferme, ainsi qu'à un sentier formant une boucle de 8 km et reliant l'auberge au verger Ferland et au village de Compton. Ce magnifique sentier pédestre, qui devient sentier de raquette en hiver, permet d'explorer la campagne comptonnoise.

À Courcelles, l'*Auberge d'Andromède* a obtenu, en 2004, une distinction de la Fédération des Agricotours du Québec pour la qualité de son hébergement. Les chambres ont le cachet des maisons champêtres d'autrefois. Les propriétaires, Gina Hallé et Gilles Leclerc, préparent des plats régionaux raffinés, avec des produits frais venant de leur potager écologique et de leur ferme d'élevage ; le foie gras est succulent. Désirant partager leur savoir, ils offrent des cours de cuisine centrés sur la préparation du canard et la fabrication de divers produits à base de canard. Élevant des chevaux, ils proposent aussi un forfait équestre, comprenant l'hébergement et des randonnées. En hiver, les balades en carriole font la joie des vacanciers.

Les gîtes

Les Cantons-de-l'Est comptent plus d'une centaine de gîtes de grande qualité, répartis sur tout le territoire. Certains se trouvent en pleine campagne, d'autres dans une ville ou un village.

Sur la Route des vins, à la limite du hameau historique de Pigeon Hill, une école a été magnifiquement restaurée pour être convertie en un gîte baptisé… *L'École buissonnière.* Ce gîte entouré d'arbres centenaires et d'un jardin fleuri met à la disposition des clients une élégante salle de séjour, une belle terrasse, une bibliothèque et une salle de conditionnement physique. Les cinq chambres, spacieuses et confortables, sont décorées avec goût. Chacune est dotée d'une salle de bain privée, dans laquelle on trouve d'excellents produits pour la douche et le bain, portant la marque *Bleu Lavande.* Le petit-déjeuner est préparé avec des produits locaux ou régionaux. En ce qui concerne les activités dans les environs, il est à noter la proximité de pistes cyclables, notamment celle aménagée sur le chemin Saint-Armand, tant appréciée par Pierre Foglia.

▲ Sise à Waterville, cette maison victorienne abrite le gîte *La Mère Veilleuse.*

À Saint-Venant-de-Paquette, le gîte *Mille et un Matins* séduira les amoureux de la nature. Situé en plein cœur d'une belle campagne très tranquille, il comporte trois chambres d'hôte douillettes. Au menu, petits-déjeuners copieux et repas du soir originaux, préparés avec des

◄ À Cookshire, le gîte *Aux Douceurs d'autrefois* porte bien son nom : cette maison construite au XIXe siècle a conservé tout son charme d'antan.

produits biologiques durant la belle saison. Sur le grand terrain se trouvent non seulement de jolies plates-bandes, mais aussi un petit lac pour la baignade. On peut se promener en forêt le long d'un torrent et accéder au Sentier poétique.

À Stanstead, tout près de la frontière canado-américaine, le domaine *Les Boisés Lee Farm* s'étend sur cinq acres en bordure de la rivière Tomifobia. La maison était autrefois la résidence de Lady Henrietta Banting, dont le mari, Sir Frederick Grant Banting, a reçu le prix Nobel de médecine en 1923 pour sa découverte de l'insuline. Cinq chambres romantiques garnies de meubles patinés offrent un confort raffiné. Ce gîte propose à ses hôtes de se baigner dans la piscine d'eau salée, qui est chauffée, de se détendre dans le grand spa extérieur, le sauna ou le bain thérapeutique et de se faire masser en bordure de la rivière. Il leur propose aussi de prendre sur place leur repas du soir. Le café *Lady Banting* les invite à déguster cafés, thés et desserts près de l'un de ses deux foyers d'époque ou dans un magnifique jardin anglais. Ce gîte est situé à proximité du golf Dufferin Heights, d'un sentier pédestre longeant la rivière Tomifobia et d'une piste cyclable qui rejoint le Sentier Nature Tomifobia.

▼ À Stanstead, la maison Butters, qui abrite le gîte *Le Manoir victorien 1866*, est un joyau du patrimoine architectural des Cantons-de-l'Est.

◀ *Les Boisés Lee Farm,* à Stanstead.

À Notre-Dame-des-Bois, au pied du majestueux massif du mont Mégantic et à deux pas du parc national ainsi que de l'ASTROLab, le gîte *Aux Berges de l'Aurore* accueille les visiteurs dans une demeure champêtre d'inspiration victorienne et située en pleine campagne. Ses petits-déjeuners recherchés font honneur aux produits du terroir, aux primeurs du potager et aux riches parfums des plantes sauvages. Chacune des chambres mansardées a un cachet particulier et offre une jolie vue sur les jardins et sur les Appalaches. Observation de la voûte céleste, randonnée, vélo, golf, ski de randonnée, raquette et découverte des oiseaux figurent parmi les activités proposées pour rendre le séjour encore plus agréable.

▼ *L'École buissonnière,* à Pigeon Hill, rappelle les écoles de campagne des années 1950.

Situé au cœur de Stanstead, *Le Manoir victorien* 1866 est une demeure victorienne ancestrale qui a été transformée en un magnifique gîte. Entouré de jardins féeriques, orné d'œuvres d'art et de foyers de marbre, et meublé avec des antiquités, ce gîte est des plus romantiques. Les quatre chambres sont décorées avec goût et offrent tout le confort voulu. Le petit-déjeuner complet, typiquement victorien, est servi dans la salle à manger principale, où l'ambiance est chaleureuse.

▲ Le gîte *Au Jardin de Jérémy.*

À Lambton, à proximité du parc national de Frontenac et du magnifique lac Saint-François, le gîte *Au Jardin de Jérémy* charme par son élégance. En se promenant à pied, à vélo ou en bateau, on le découvre dans un cadre enchanteur. Ce gîte compte trois chambres d'hôte joliment décorées, ainsi qu'une salle à dîner et une salle de séjour très spacieuses. Le service y est attentionné, et les petits-déjeuners y sont préparés avec soin. Un endroit idéal pour une escapade romantique.

À Sutton, le gîte *Les Caprices de Victoria* (certifié Gîte du passant par la Fédération des Agricotours du Québec) est tout indiqué pour échapper au stress de la vie quotidienne. Ses pignons, sa tourelle, son toit d'ardoises et son balcon lui confèrent tout le charme du style victorien. Parfums d'ambiance et jolies couleurs contribuent, pour leur part, à son atmosphère accueillante. Les cinq chambres confortables, chacune dotée d'une superbe baignoire sur pieds, promettent un sommeil réparateur. Les savoureux petits-déjeuners révèlent tout le raffinement de la cuisine gastronomique. Pour que la détente soit complète, on a installé un bain tourbillon à l'extérieur, et aménagé un sauna finlandais et un hammam à l'intérieur. De surcroît, on propose des massages suédois et des massages aux pierres chaudes. Et durant l'été, on entend le chant apaisant d'un ruisseau.

À Magog, le gîte *Le Point du Jour* jouit d'une vue panoramique sur le lac Memphrémagog, la ville et les montagnes. Cette magnifique maison de style géorgien offre trois chambres confortables. Sa grande galerie faisant face au lac permet de profiter du paysage attrayant et du calme de l'endroit. Situé sur le chemin des Pères, qui mène à l'abbaye de Saint-Benoît-du-Lac, ce gîte est proche de Magog, ainsi que des terrains de golf, des plages et des montagnes qui environnent cette ville.

▼ Le gîte *Le Point du Jour,* à Magog.

À Stanbridge East, en bordure de la Route des vins, on découvre un gîte peu ordinaire, baptisé *Relais des Arts.* Cette somptueuse demeure ancestrale de 1860, située dans l'un des plus beaux villages du Québec, fut construite par John Baker. Son fils J. C. Baker, un riche banquier amateur d'art et mécène, avait aménagé une galerie de tableaux dans cette maison voisine de la banque. En 1952, la banque fut convertie en une église, l'église Sainte-Jeanne-d'Arc, et la résidence en un presbytère, jusqu'en 1991. À présent, cette maison est un gîte ayant beaucoup de cachet, et les propriétaires, comme dans l'ancien temps, y exposent les œuvres d'artistes renommés.

Les centres de villégiature

Comme son nom l'indique, le *Centre de villégiature Jouvence* est un endroit vivifiant qui conjugue nature, plaisir et plein air! Sis au cœur du parc national du Mont-Orford, aux abords du lac Stukely, c'est un endroit unique au Québec en raison de la beauté du site. Pour des vacances en famille, en couple, en solitaire ou entre amis, il offre des formules «tout inclus»: hébergement, repas, activités, animation (en haute saison) et accès aux équipements de plein air. Les activités encadrées sont l'escalade (sur une paroi naturelle), la randonnée pédestre ou à bicyclette, la voile, la planche à voile, un rallye, le tir à l'arc, le canot, le kayak, l'hébertisme et le volley-ball. En hiver, l'équipement fourni gratuitement permet de pratiquer le ski de fond sur sept pistes (30 km) et la raquette sur cinq sentiers (20 km). Une glissoire permet aussi de connaître les joies de la glisse sur chambre à air.

▲ Le *centre de villégiature Jouvence* se prête à mille et une découvertes.

Plusieurs modes d'hébergement sont proposés afin de répondre aux désirs de chacun. *La Petite Auberge* offre 25 chambres confortables ainsi qu'une table raffinée et inventive. Le centre de villégiature propose l'hébergement dans l'une des charmantes maisonnettes parfaitement adaptées aux vacances entre amis ou en couple. La formule refuge comprend notamment l'hébergement dans un chalet rustique mais

avec toutes les commodités. Elle convient à de petits groupes et permet de pratiquer des activités de plein air en la compagnie d'un guide-animateur qui enseigne les rudiments du ski de randonnée et de la raquette, et qui, de surcroît, planifie les repas. Une véritable immersion dans la nature !

Le *Spa nature* propose différents soins : massages, exfoliation corporelle, enveloppement d'algues et soins du visage. Il invite à se délasser dans le sauna et le bain à remous extérieur. Les plus hardis sont souvent tentés d'ajouter à tout cela un traitement des plus revigorants : une roulade dans la neige ou un plongeon dans l'eau glacée de la rivière.

▲ Le *Hors-Piste*.

Surplombant la vallée de la rivière Missisquoi, la station de montagne *Au Diable Vert* offre différentes activités de plein air dans le cadre enchanteur d'espaces encore vierges. Ce grand territoire de 200 acres est situé sur le versant méridional du massif des monts Sutton, face aux montagnes Vertes du Vermont. L'auberge, une maison centenaire juchée à plus de 300 m d'altitude, se distingue par son ambiance chaleureuse et détendue. Après une bonne journée en plein air, rien n'est plus agréable que de déguster un bon vin près du foyer ou sur la terrasse à flanc de montagne. La station *Au Diable Vert* comprend également 30 emplacements pour le

▼ Le *Centre de villégiature Jouvence*.

camping et plusieurs refuges. Par ailleurs, elle offre un réseau de sentiers aménagés pour la randonnée pédestre, le ski hors-piste, le télémark et la raquette. Les parcours traversent de jolis ruisseaux qu'enjambent des ponts de bois construits par des artisans de la région. Ce réseau de 12 kilomètres donne accès au Parc d'environnement naturel de Sutton (PENS), où se trouvent les plus hauts sommets des monts Sutton, ainsi qu'aux Sentiers de l'Estrie, qui traversent les Cantons-de-l'Est sur plus de 135 km. Parmi les différentes activités guidées que la station propose, l'excursion en kayak, sur des eaux calmes, pour partir à la découverte de la magnifique rivière Missisquoi est particulièrement tentante. Mais les petits préféreront sans doute aller voir le troupeau de vaches écossaises!

▲ La station de montagne *Au Diable Vert*, à Glen Sutton.

Bâtie sur les contreforts du massif des monts Sutton, *L'Auberge des Appalaches* est réputée pour ses activités de plein air et son profil écotouristique. Daniel Martin, l'un des architectes du réseau de sentiers du PENS, et Micheline Côté y accueillent leurs clients de façon chaleureuse et leur offrent des chambres dont le cachet tient à la simplicité de cette auberge rustique. Ils leur offrent aussi de vivre une expérience enthousiasmante en milieu naturel, en campant sous un tipi ou sous leur tente, dans un superbe boisé d'érables matures en bordure de la rivière Sutton. Dans la salle à manger de l'auberge, ils servent de succulents repas santé, dont la riche saveur doit beaucoup aux produits du terroir. À l'automne, les samedis soir, ils y présentent des spectacles de blues.

▲ Œuvre de Daniel Haché dans les montagnes de la station *Au Diable Vert*.

En séjournant à l'*Auberge des Appalaches,* on peut profiter de toute la pléiade d'activités culturelles et de plein air qu'offre la région de Sutton. Plusieurs circuits historiques, agrotouristiques ou sportifs permettent des sorties palpitantes, accompagnées au besoin. Les cyclistes ont accès aux circuits Missisquoi Valley Rail Trail, de la Route des vins et du Tour de la montagne (90 km). Conscients de la fragilité des ressources naturelles et amoureux de la nature, les propriétaires ont fait prendre à leur entreprise le virage de l'écologie : récupération, recyclage, réduction de la consommation d'eau et d'énergie sont désormais des mots d'ordre à l'*Auberge des Appalaches*.

ZETOR 5211

Principales références

Assemblée de concertation et de développement de l'Estrie (ACDE). Carte géologique routière du Sud-Est du Québec, Groupe Géorex, 1991.

Association des Townshippers. *Cybermagazine Patrimoine Des Cantons,*
[en ligne : www.townshipsheritage.com].

Association du Patrimoine de Potton. *Potton : un joyau à découvrir,* série de brochures.

Bellavance, Marcel. *Un village en mutation : Compton, Québec de 1880 à 1920,* Ottawa, Direction des lieux et des parcs historiques nationaux, Parcs Canada, Environnement Canada, 1982, 85 p.

Bellavance, Marcel, et Nicole Clément. *Regards sur Compton, 1880-1950,* Hull, Parcs Canada, 1981, 133 p.

Booth, John Derek. *Les Cantons de la Saint-François – Townships of the St. Francis,* Montréal, Musée McCord, Université McGill, 1984, 83 p.

Bouchard, Marcel. *Les coups de cœur de Marcel Bouchard : Activités d'hiver au Québec,* Montréal, Éditions du Trécarré, 2002, 194 p.

CLD Memphrémagog. *Circuits de découvertes,* série de brochures.

Comité culturel de la MRC Memphrémagog. *La MRC de Memphrémagog, un patrimoine religieux à découvrir,* Magog, MRC de Memphrémagog, 2004, 105 p.

Comité culturel de la MRC Memphrémagog. *La MRC de Memphrémagog… un lieu de villégiature « historique »,* Magog, MRC de Memphrémagog, 2003, 16 p.

Comité culturel de la MRC Memphrémagog. *Le patrimoine bâti de la MRC Memphrémagog, une richesse dans la diversité,* Magog, MRC de Memphrémagog, 2002, 16 p.

Comité culturel de la MRC Memphrémagog. *Sur la route des diligences, à la découverte de la MRC de Memphrémagog,* Magog, MRC de Memphrémagog, 2001, 12 p.

Comité culturel de la MRC Memphrémagog. *La MRC Memphrémagog : une région qui se distingue,* Magog, MRC de Memphrémagog, 1993, 112 p.

Commission de toponymie du Québec. *Noms et lieux du Québec : Dictionnaire illustré,* 2e édition, Québec, Les Publications du Québec, 1996, 925 p. (Site Web : www.toponymie.gouv.qc.ca/ct/accueil.html).

Commission des biens culturels du Québec. *Les chemins de la mémoire,* Québec, Les Publications du Québec, 1990, 3 vol.

Corbeil, Stéphane, et Marie Eisenmann. *Le guide du plein air au Québec : 450 destinations quatre saisons,* 2e édition, Montréal, Trimédia, 2003, 242 p. (Collection Espaces).

Corpus de faits ethnographiques québécois : Estrie (Cantons de l'Est), préparé par Yves Lacasse, sous la direction de Jean-Claude Dupont, Québec, Ministère du Loisir, de la Chasse et de la Pêche, 1981, 322 p.

Dorion, Henri, Yves Laframboise et Pierre Lahoud. *Le Québec : 40 sites incontournables,* Montréal, Les Éditions de l'Homme, 2003, 335 p.

Falardeau, Patrick. *Les chemins de fer du Haut-Saint-François : Leur développement – Leur déclin,* Société d'Histoire et du Patrimoine du Haut-Saint-François, 2005, 27 p.

Fournier, Philippe. *Les Seigneuries du Lac Champlain, 1609-1854,* Bedford, P. Fournier, 2004, 274 p.

Gendron, Mario, et autres. *Histoire du Piémont des Appalaches,* Sainte-Foy, Institut québécois de recherche sur la culture, Les Presses de l'Université Laval, 1999, 411 p.

Kesteman, Jean-Pierre. *Tout le long de la rivière Magog : Se promener du lac Memphrémagog à la Cité des rivières,* Sherbrooke, GGC Éditions, 2004, 246 p. (Collection Patrimoine).

Kesteman, Jean-Pierre. *Les Écossais de langue gaélique des Cantons-de-l'Est : Ross, Oscar Dhu, Morrison et les autres…,* Sherbrooke, GGC Éditions, 2000, 88 p. (Collection Patrimoine).

Kesteman, Jean-Pierre, Peter Southam et Diane Saint-Pierre. *Histoire des Cantons-de-l'Est*, Sainte-Foy, Institut québécois de recherche sur la culture, Les Presses de l'Université Laval, 1998, 829 p. (Collection Les régions du Québec).

Laframboise, Yves. *Circuits pittoresques du Québec : Paysage, architecture, histoire,* Montréal, Les Éditions de l'Homme, 2007, 382 p.

Laframboise, Yves. *Villages pittoresques du Québec : Guide de charmes et d'attraits,* Montréal, Les Éditions de l'Homme, 1996, 349 p.

Laperrière, Hélène. *Promenades estriennes,* Montréal, Les Éditions de l'Homme, 2005, 381 p.

Larouche, Ursula. *Guide des milieux humides du Québec, 1993 : Des sites à découvrir et à protéger,* Charlesbourg, Union québécoise pour la conservation de la nature en collab. avec Les Éditions Franc-Vert, 1993, 217 p.

Leduc, Gérard et Paul Rouillard. *Potton d'antan – Yesterdays of Potton,* Association du Patrimoine de Potton, 1997, 22 p.

MRC du Val-Saint-François. *Panorama culturel du Val Saint-François,* carte.

Musée du Séminaire de Sherbrooke. *Le Québec au naturel : 27 régions à découvrir,* rédaction Patrice Bigras et autres, Québec, Les publications du Québec, Sherbrooke, Musée du Séminaire de Sherbrooke, 1992, 195 p.

Pons, Nicole. « La Route de la Colonisation », *La Presse,* 10 et 11 juillet 2004.

Réseau du patrimoine anglophone du Québec. *Circuit patrimonial,* série de brochures.

Robitaille, André et Jean-Pierre Saucier. *Paysages régionaux du Québec méridional,* Québec, Gouvernement du Québec, Ministère des Ressources naturelles, Les Publications du Québec, 1998, 220 p.

Société d'histoire de Sherbrooke. *Guide historique du vieux Sherbrooke,* recherche et rédaction Jean-Pierre Kesteman, 2e édition, Sherbrooke, Société d'histoire de Sherbrooke, 2001, 271 p.

Société d'histoire de Sherbrooke et de Magog. *Circuit patrimonial : Une invitation à Magog,* Magog, Services récréatifs et communautaires de la Ville de Magog, 26 p.

Société d'histoire des Cantons-de-l'Est. *Loyalistes ou Américains ? Seule l'histoire le sait,* recherche Marielle Saint-Pierre et Thérèse Pelletier, rédaction André Désilets, Sherbrooke, Société d'histoire des Cantons-de-l'Est, 1988, 27 p.

Société d'Histoire et du Patrimoine du Haut-Saint-François. *Terre de croyances – Land of churches.*

Société historique de Stanstead. *Une région frontalière unique : Stanstead Plain, Rock Island, Beebe Plain, Ogden, Stanstead-Est, Canton de Stanstead, Estrie,* recherche, rédaction et conception Environnement conseil BGA, Planigraph, Stanstead, Société historique de Stanstead, 1994, 15 p.

Table de concertation culturelle de la MRC de Coaticook. *Les circuits Photo découverte de la région de Coaticook,* série de 5 circuits.

Tourisme Cantons-de-l'Est et Tourisme Québec. *Cantons-de-l'Est : Guide touristique officiel 2006-2007,* 18e édition, Sherbrooke, Tourisme Cantons-de-l'Est et Tourisme Québec, 2006, 191 p.

Verity, Barbara. *35 Endroits de ski de fond dans les Cantons-de-l'Est,* version française par Louise J. Cousineau, Lennoxville, Les Guides Aventures Cantons-de-l'Est, 1996, 176 p.

Viau, Roland. *Ceux de Nigger Rock : Enquête sur un cas d'esclavage des Noirs dans le Québec ancien,* Montréal, Libre Expression, 2003, 179 p.

Principales sources d'information touristique

Pour terminer, voici une liste des principales sources d'information touristique auxquelles vous pourrez vous référer pour prendre connaissance des événements à venir, découvrir les lieux à visiter ou encore faire des réservations pour votre séjour.

Informations générales

Site touristique officiel du gouvernement du Québec	www.bonjourquebec.com
Guide touristique Le Québec c'est les vacances !	www.quebec-vacances.com
Tourisme Cantons-de-l'Est : 1 866 963-2020	www.cantonsdelest.com
Tourisme Memphrémagog : 1 800 267-2744	www.tourisme-memphremagog.com
Bureau touristique de Bromont : 1 877 276-6668	www.granby-bromont.com
Bureau d'information touristique de Sherbrooke : 1 800 561-8331	www.tourismesherbrooke.com
Bureau d'information touristique de Danville : 1 888 839-2911	www.tourismeasbestos.com
Bureau d'accueil touristique de Sutton : 1 800 565-8455	www.sutton.ca

Culture

Association du patrimoine de Potton : 450-292-4247	
Association des Townshippers	www.townshipsheritage.com/FR/Org/Societes/potton.html
Gérard Leduc - Environnement Équinoxe : 450-292-3522	www.gerardleduc.ca
La Route des vins	www.laroutedesvins.ca
La Fête des vendanges	www.fetedesvendanges.com
Le Chemin des Cantons	www.chemindescantons.qc.ca
Le parcours agrotouristique Au gré des Cantons	www.cantonsdelest.com/ATRCE/fr/modules/visite/circuits_touristiques/circuit_fr.php

Nature et activités de plein air

Aventure Écotourisme Québec	www.aventure-ecotourisme.qc.ca
Sépaq : 1 800 665-6527	www.sepaq.com
Parc national du Mont-Orford : 819-843-9855	www.sepaq.com/pq/mor/fr
Parc national du Mont-Mégantic : 1 866 888-2941	www.sepaq.com/pq/mme/fr
Parc national de la Yamaska : 450-776-7182	www.sepaq.com/pq/yam/fr
Parc national de Frontenac : 418-486-2300	www.sepaq.com/pq/fro/fr
Fédération équestre du Québec	www.feq.qc.ca
Les Randonnées Jacques Robidas : 1 888 677-8767	www.randonneesjrobidas.qc.ca
Les Sentiers de l'Estrie : 819-864-6314	www.lessentiersdelestrie.qc.ca
Les Sentiers Frontaliers	www.sentiersfrontaliers.qc.ca
Parc d'environnement naturel de Sutton (PENS) : 450-538-4085	www.parcsutton.com/accueilfr1.htm
La Route Verte	www.routeverte.com/rv/
Les Cantons-de-l'Est à vélo	www.cantonsdelest.com/velo
Traversée internationale du lac Memphrémagog	www.traversee-memphremagog.com
Massawippi Aventures : 819-844-2257	www.massawippiaventures.com
Adrénaline Aventure Nature : 819-843-0045	www.adrenaline-aventure.com
Arbre en Arbre Sutton : 1 866 538-6464	www.arbreenarbre.com/Reseau/Sutton.html
Arbre Aventure : 1 866 297-2659	www.arbreaventure.ca
École Mouvents : 819-571-7022	www.ecolemouvents.com
Safari Loowak : 450-539-0501	www.safariloowak.qc.ca/contact.htm
Station O'Kataventures : 450-297-3058	www.okataventures.com
Centre de la motoneige : 450-532-2262	www.centredelamotoneige.com
Station de montagne Au Diable Vert : 450-538-5639	www.audiablevert.qc.ca/Francais/AuDiableVert.htm
L'Auberge des Appalaches : 1 877 533-5799	www.auberge-appalaches.com
Centre de villégiature Jouvence : 1 800 567-3134	www.jouvence.com/fr
Musée de la nature et des sciences de Sherbrooke	www.expoconcept.com/mnes
Jardin zoologique de Granby	www.zoodegranby.com

Modes d'accès et de transport

Aéroports de Montréal : 514-394-7377	www.admtl.com
Aéroport de Sherbrooke : 819-832-4314	www.aeroportdesherbrooke.com
Air Sherbrooke : 819-832-1223	www.airsherbrooke.com
Autobus – Sherbrooke (Limocar) : 1 866 692-8899	www.limocar.ca/fr-CA/index.aspx?CatID=5
Autobus – Cowansville- Sutton- Mansonville : 1 866 348-5599	www.veoliatransport.qc.ca
L'Orford Express (train touristique Sherbroooke-Magog) : 1 866 575-8081	www.letrain.ca

Index

N

O

P

Q

R

S

Table des matières

Chapitre III : Nature et plein air

Chapitre IV : Les arts, la gastronomie et l'accueil

Achevé d'imprimer au Canada en avril 2007
sur les presses de Quebecor World Saint-Jean